**AI는 모두가 1학년,
지금 시작해도
앞서갈 수 있는 이유!**

그림 동화책을 창작하면서
chat GPT, 미드저니, Dall·E,
영상AI, 음악AI를 경험하고
배울 수 있습니다.

AI 툴의 기본사용법부터
책 출간노하우까지
가득 담았습니다.

스토리텔링으로 나를 알리고
브랜딩하는
<글자로 만드는 그림 동화!>

자고 일어나면 쏟아지는
AI플랫폼들, 이제 내 사업과
생활에 적용해 보아요.

Picturebook with Large Language Model

Copyright© 2024 Yang Seung Sook
All rights reserved.
Original Korean edition published by Storynara Co,. Ltd
Korean translation rights © 2024 by Storynara Co,. Ltd

이 책의 한국어판 저작권은 저자와 독점 계약으로 (주)스토리나라가 소유합니다.
새로운 저작권법에 의해 한국 내 보호를 받는 저작물이므로 무단전재와 무단복사를 금합니다.

글자로 만드는 그림 동화
Picturebook with Large Language Model

처음 펴낸 날 : 2024년 4월 20일

지은이 : 양승숙

발행인 : 홍범석

발행처 : (주)스토리나라

출판등록 : 제2021-000017호

주소 : 서울시 금천구 가산디지털 1로 168 우림라이온스벨리 B동 B110-B111

대표 전화 : 02-838-1791

홈페이지 : www.storaynara.net

크리에이터 홈페이지 : www.aiacademy.cafe

책임 편집 : Bunz | **교정교열** : 이진희 | **제작** : 강승완 | **영업마케팅** : 양승익
디자인 : 이수경 | **영업관리** : 홍정아 | **출력 및 인쇄** : 미래피앤피

잘못 만든 책은 구입한 서점에서 바꿔 드립니다.
이 책은 저작권법에 따라 보호받는 저작물이므로 무단전재와 무단복제를 금합니다. 이 책의 전부 또는 일부를 이용하려면 반드시 사전에 저작권자와 (주)스토리나라의 서면 동의를 받아야 합니다.

ISBN : 979-11-93099-25-4 13800

정가 : 35,000원

양승숙 지음

책머리에

글자로 만드는 그림 동화를 내며…

"왜 AI를 배워야 하나요? 저는 지금으로도 충분합니다!" 요즘 이렇게 말하는 분은 많지 않을 겁니다. 2~3년 동안 하루도 빠지지 않고 뉴스에서 AI 소식을 전하고 있습니다. "이제 나도 AI를 배워야 하는 것 아니야?" 또는 "AI를 활용하면 무언가 달라진다고 하는데, AI로 뭘 할 수 있을까?" 하고 고민하신다면 이 책을 잘 펼치셨습니다. chat GPT가 아직 일반에 공개되기 전 10여 명이 모여서 NFT를 공부하고 chat GPT나 KO-GPT를 공부하면서 터득한 AI 활용 노하우를 비롯해 최신 AI 이론까지 일반인이 활용할 수 있는 AI를 한데 모아놓았습니다.

NFT가 핫할 때 NFT를 공부하며 그림이나 영상, 소리 NFT는 물론 어떤 NFT를 만들더라도 일반인이 만든 NFT는 매매가 잘 되지 않는다는 것을 알았습니다. NFT가 가치를 갖기 위해서는 브랜딩이 되어 있어야 한다는 점을 깨달았죠. 브랜딩을 하기 위해서는 스토리가 필요하다는 것을 깨닫고 우리는 NFT 스터디 모임에서 스토리 창작 모임으로 전환, 10여 명의 NFT 작가들이 그림 동화작가에 도전했습니다. 일반인이 그림 동화작가에 도전할 수 있었던 결정적 계기가 바로 AI의 등장이었습니다. 글도 써준다는데, 그림도 그려준다는데…. 이런 소문을 듣고 시작한 AI 그림 동화 창작. 생각보다 쉽지 않다고 중간에 그만두겠다는 분도 있었지만 2023년, 2024년에 걸쳐 '양 작가의 오딧스AI 크리에이터' 과정에서 인공지능을 활용한 그림 동화책 23종을 출간했습니다.

그림 동화를 출간한다는 목표를 세우고 현존하는 AI 툴을 사용하다 보니 그냥 배우는 AI 툴과는 비교가 되지 않을 만큼 AI 활용 능력이 향상되었습니다. 브랜딩을 위해 시작한 그림 동화 창작 과정. 이 과정을 거쳐 총 21명의 AI 아티스트 겸 그림 동화작가가 탄생했습니다. '양 작가의 오딧스AI 크리에이터' 모임에서는 그림 동화를 창작하고 나서 2023년 NFT 전시회에 참가하고 2024년엔 추계예술대학에서 〈AI 아티스트〉전을 열기도 했습니다. 또한 AI를 활용하면서 글작가, 그림작가, NFT 작가에 국한하지 않고 2024년 3월 29일~ 5월 6일 영상과 음악으로 창작 영역을 확대, 대전시 대청문화전시관에서 〈AI 미디어아트〉전을 열고 있습니다.

이 책은 동화작가가 되거나 예술가가 되는 것을 목표로 하는 책이 아닙니다. 그동안 자신이 해온 업무, 사업, 취미를 바탕으로 자신만의 콘텐츠를 만들고 자신을 브랜딩함으로써 자신의 아이덴티티를 정립하고 자신의 가치를 높이는 것이 목표입니다.

그림 동화 창작은 단순한 글쓰기와 그림 그리기를 넘어, 작가의 삶과 스토리가 결합되어 탄생하는 예술작품입니다. 이러한 창작 과정을 통해 여러분만의 스토리를 찾고, AI를 활용해 그림 동화를 창작해 자신을 브랜딩하고 AI 아티스트 세계에 한 발짝 다가가길 바랍니다.

또한 이 책은 배운 AI를 활용하는 방법의 하나로 디지털 자산을 생성하는 방법을 소개하고 있습니다. AI, 어렵지 않습니다. 한글로 자판을 두드릴 수 있고 바탕화면에서 폴더를 만들 수만 있다면 AI를 배우고 활용할 수 있습니다. 책에 나오는 대로 따라 하다 보면 여러분도 어느새 AI를 활용해 브랜딩을 하고, 디지털 자산을 만드는 크리에이터가 되어 있으리라 믿습니다. 이 책에는 인공지능 기술을 이용한 텍스트 작성, 이미지 제작, 그리고 이를 활용한 다양한 비즈니스 모델이 들어 있습니다. 독자분들이 AI를 활용해 경제적 자유를 이루는 데 이 책이 조금이나마 도움이 된다면 그보다 기쁜 일이 없겠습니다.

이 책은 1. chat GPT를 배워 스토리를 창작하고 2. 달리, 미드저니를 배워 그림을 창작하고 3. 인공지능을 활용해 내가 창작한 그림을 움직이는 애니메이션으로 만들고 4. 이야기를 기초로 가사를 쓰고 인공지능을 활용해 노래를 만들고 5. 캐릭터 굿즈를 만들어 6. 사이트에 올려 판매함으로써 디지털 자산을 만드는 과정으로 구성되어 있습니다.

이 책이 나오기까지 도움을 준 작가 시도희 님과 제나 님을 비롯해 '양 작가의 오딧스AI 크리에이터' 작가들에게 깊은 감사를 드립니다.

C O N T E N T S

Ⅰ. AI 콘텐츠 크리에이터 도전하기

Chapter 1. 주목할 만한 AI 사이트 30개를 소개합니다 - 11

1장 글과 그림이 나오는 대화형 AI 서비스 사이트 - 14
2장 그림 생성 AI 서비스 사이트 - 16
3장 영상 생성 AI 서비스 사이트 - 18
4장 음악 생성 AI 서비스 사이트 - 20
5장 그림 편집 및 영상 편집 AI 서비스 사이트 - 22
6장 나를 대신하는 말하는 아바타 & 내 목소리로 말하는 AI 아바타 - 24
7장 일잘러를 위한 유용한 사이트 - 26

Chapter 2. AI로 콘텐츠 만들고 활용하기 - 29

1장 나의 이야기에 가치 더하기 - 30
2장 AI를 활용한 그림 동화로 할 수 있는 것 - 32
3장 그림 동화 스토리로 할 수 있는 것 - 34
4장 AI를 활용해 창작한 양장 그림 동화 23작품과 작가 - 38

Chapter 3. AI를 배우는 데 하필 스토리인 이유? - 89

1장 스토리의 힘! 스토리가 없는 명품은 없다 - 90
2장 스토리로 이해하는 세상 - 94
3장 스토리는 어떻게 만들어지는가 - 96
4장 사람이 만든 책보다 책이 만든 사람이 많다 - 104
5장 NFT도 스토리에서 시작 - 108

II. 그림 동화 창작하기

Chapter 4. 스토리 쓰기-창의적인 스토리 작성법 - 111

1장 내가 살아온 날들이 내 동화의 자양분으로 - 112
    1) 아리스토텔레스 시학에서 찾다_ 스토리란? - 115
    2) 내가 가장 좋아했던 스토리에서 시작 - 117
2장 그림책 스토리가 일반 스토리와 다른 점 - 118
    1) 글을 전혀 모르는 독자도 읽을 수 있는 책 - 118
    2) 그림책 독자의 특징 - 119
3장 나의 이야기를 스토리로 쓰기 - 122
    1) 스토리를 더욱 풍성하게 해주는 이론 - 122
    2) 할리우드 영화 시나리오에서 답을 찾다 - 130
    3) 양 작가의 오딧스에이아이 - 그림 동화책 플롯 10단계 - 133
    4) 나의 이야기 쓰기 - 135
    5) chat GPT로 이야기 디테일 보강하기 - 137

C O N T E N T S

Chapter 5. 그림이 이렇게 많은 것을 담고 있었어? - 143

1장 그림 동화책에서 그림이 갖는 위치 - 144

    1) 그림으로 이야기 이끌어 가기 - 144

    2) 그림을 창작하는 데 고려해야 할 것 - 145

    3) 그림의 앵글과 샷 - 146

    4) 스토리보드 만들기와 더미 북 만들기 - 151

2장 AI를 활용해 그림을 그려 보아요 - 154

    1) 전 세계 작가의 그림을 감상해요 - 154

    2) AI 활용해 그림 그리기 - 155

    3) 일관성 없는 캐릭터를 일관성 있게 생성하는 법 - 163

    실전 활용 1) Lexica 활용해 그림 그리기 - 174

    실전 활용 2) chat GPT 활용해 글과 그림 만들기 - 178

III. 브랜딩하기

Chapter 6. 책으로 출간하기 - 193

1장 북 크리에이터를 통해 e-북으로 만들어 보아요 - 194

2장 인쇄 가능한 파일로 업스케일해요 - 202

Chapter 7. 내 스토리 확장하기-뮤직비디오 만들기 - 205

1장 가사는 내가 쓰고 노래는 AI가 해요 - 206
2장 내가 그린 그림을 영상으로 만들어요 - 212
3장 영상과 노래를 편집해 뮤직비디오를 완성해요 - 216

IV. 수익화하기

Chapter 8. 온라인에서 건물주 되기 - 223

1장 동화 스토리를 기본으로 하는 홈페이지 만들기 - 224
2장 이미지 판매 사이트에 등록하기 - 230
3장 그림을 디지털 아트, NFT로 발행 - 232
4장 인형, 포스트잇, 메모지 등 다양한 상품으로 확장하기 - 242
5장 동화창작으로 디지털 자산가 되기 - 248

Chapter 9. 그림 동화 소재 찾기 - 251

1장 동화작가가 들려주는 50가지 이야기 -252
2장 그림은 끝났지만 이야기는 계속된다 -314

Chapter 1_ 주목할 만한 AI 서비스 30개를 소개합니다

Chapter 1. 주목할 만한 AI 서비스 30개를 소개합니다

1장 글과 그림이 나오는 대화형 AI 서비스 사이트
2장 그림 생성 AI 서비스 사이트
3장 영상 생성 AI 서비스사이트
4장 음악 생성 AI 서비스 사이트
5장 그림 편집 및 영상 편집 AI 서비스 사이트
6장 나를 대신하는 말하는 아바타 & 내 목소리로 말하는 AI 아바타
7장 일잘러를 위한 유용한 사이트

콘텐츠를 만드는 데 활용하면 좋은 최신 AI 서비스 30개와 전 세계에서 방문 순위가 가장 높은 AI 서비스 30개를 찾아 독자 여러분과 공유합니다. 서비스에 들어가 보면 AI 기술이 이 정도로 빠르게 발전하고 있다는 사실에 놀라실 겁니다. 당장 활용하지 않더라도 하나씩 들어가서 살펴보는 것만으로 최신 트렌드를 공부할 수 있는 좋은 기회가 될 것입니다.

최근 2~3년 동안 거세게 몰아치고 있는 AI 중에서 세계에서 가장 많이 쓰이고 있는 AI 사이트가 궁금하시다고요? 그렇다면 사이트 방문자 수를 기준으로 1등부터 순위를 알려주는 사이트를 소개합니다. https://www.toolify.ai/ 는 1만 개가 넘는 AI 사이트를 소개하고 있으며, 200여 개 카테고리에 AI 도구 목록은 물론 GPT 스토어의 최신 GPT도 소개하고 있습니다.

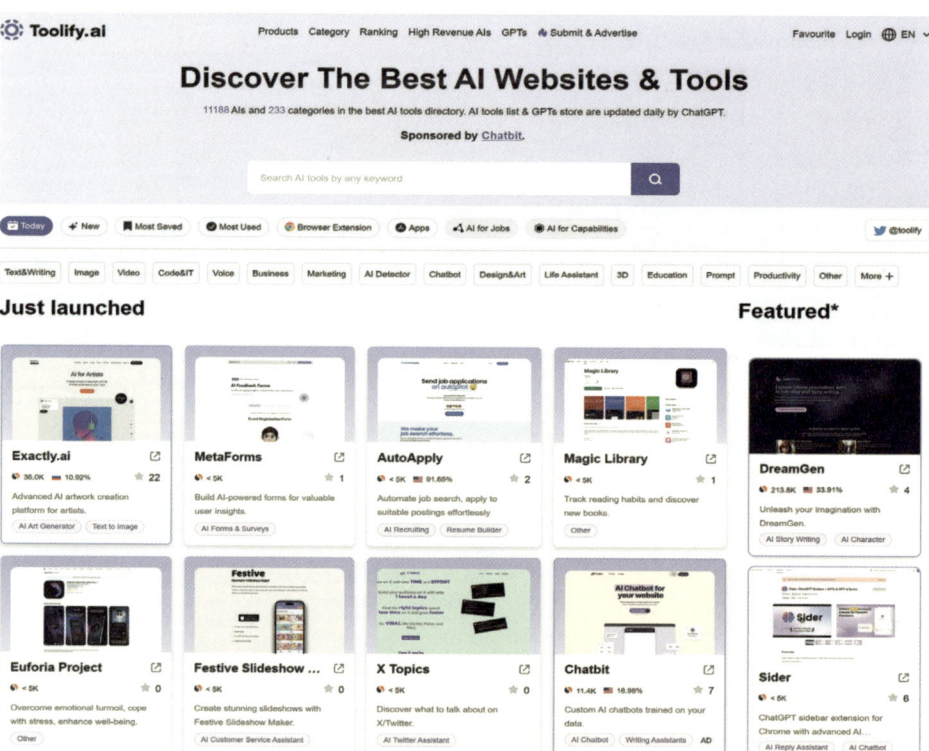

▶ 가장 핫한 AI 사이트 순위
2024년 4월 현재 AI 사이트 중 방문자 수가 가장 많은 사이트 상위 30개입니다.

Chapter 1_ 주목할 만한 AI 서비스 30개를 소개합니다 | 13

Dynamic Notes & M...
< 5K ★ 0
Always have your notes at your fingertips
`AI Productivity Tools`

Eververse
< 5K 79.59% ★ 1
Product roadmap builder with AI assistance
`AI Roadmap Generator`

PicBankAI
< 5K 100.00% ★ 1
Instantly access a vast library of high-quality AI-generated images.
`AI Photo & Image Generator`

3D Scan Pro
< 5K ★ 0
Real-world to digital: 3D Scan Pro captures objects in detail.
`AI 3D Model Generator`

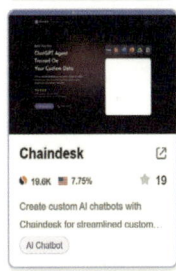

Chaindesk
19.0K 7.75% ★ 19
Create custom AI chatbots with Chaindesk for streamlined custom...
`AI Chatbot`

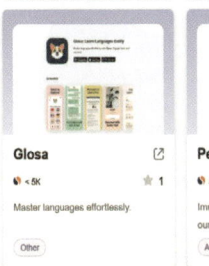

Glosa
< 5K ★ 1
Master languages effortlessly.
`Other`

Periodic Table Che...
5.8M 72.08% ★ 1
Immerse yourself in Chemistry with our 3D Periodic Table app.
`AI Education Assistant`

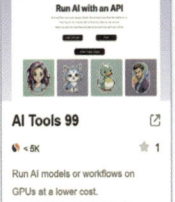

AI Tools 99
< 5K ★ 1
Run AI models or workflows on GPUs at a lower cost.
`Large Language Models (LLMs)`

AI MC Texture
7.7K 12.51% ★ 0
Generate Minecraft textures from text input.
`Text to Image`

NSFWGirlfriend
381.9K 52.20% ★ 18
Realistic and immersive AI chatbot platform for interacting with 18+...
`NSFW` `AI Girlfriend`

Charhub.ai
191.0K 30.46% ★ 1
Create and interact with characters online.
`AI Chatbot` `AI Character`

TopView.ai
7.7K 17.14% ★ 3
The best AI video editor. You upload, AI edit.
`AI Advertising Assistant`

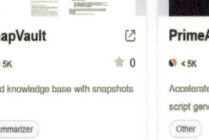

SnapVault
< 5K ★ 0
Build knowledge base with snapshots
`Summarizer`

PrimeAI
< 5K ★ 0
Accelerate test case creation and script generation with AI
`Other`

Erota AI-written er...
< 5K 67.90% ★ 15
AI-written erotic stories tailored to your desires.
`Large Language Models (LLMs)`

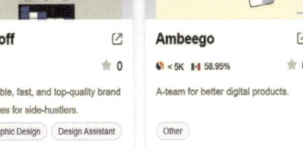

Kickoff
< 5K ★ 0
Affordable, fast, and top-quality brand packages for side-hustlers.
`AI Graphic Design` `Design Assistant`

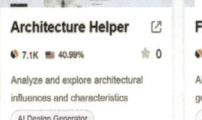

Ambeego
< 5K 58.95% ★ 0
A-team for better digital products.
`Other`

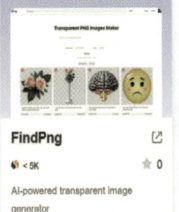

Architecture Helper
7.1K 40.98% ★ 0
Analyze and explore architectural influences and characteristics
`AI Design Generator`

FindPng
< 5K ★ 0
AI-powered transparent image generator
`AI Photo & Image Generator`

Xiu.ai
< 5K 28.67% ★ 6
Enhance workflows with AI models
`AI Chatbot` `AI SEO Assistant`

https://www.toolify.ai/에서 알려준 AI 웹사이트를 보면 창작을 하거나 브랜딩을 할 때 방문하지 않는 웹사이트도 꽤 있는 듯해 창작과 브랜딩과 관련해 가장 많이 방문하는 웹사이트를 중심으로 정리해 보았습니다.

1장 글과 그림이 나오는 대화형 AI 서비스 사이트

① 말이 필요없다. 비서가 필요없다. 나만의 비서　https://chat.openai.com/
② chat GPT, 달리3 모두 다 무료　https://www.bing.com/
③ 구글이 노하우가 듬뿍! 제미나이　https://gemini.google.com/app
④ chat GPT, 달리 3가 무료인데 게다가 한국 회사라고! 뤼튼　https://wrtn.ai

▶ 창작과 브랜딩에 필요한 AI 웹사이트 30개

대화형 AI 웹사이트 중 대표적으로 chat GPT를 소개합니다.
　https://chat.openai.com/

▶ chat GPT의 사용법은 간단합니다. 평소에 다른 사람과 채팅하듯 말을 걸어 다양한 질문을 하면서 사이트에 익숙해지길 추천합니다.

AI에 불꽃을 지피고 AI산업을 선도하고 있는 기업이죠. 오픈AI의 chat GPT에 사람들이 열광하는 이유는 무엇보다도 자연스러운 대화형 인터페이스 때문이 아닌가 싶습니다. 저를 비롯해 AI 관련 일을 하고 있는 사람들은 대부분 컴퓨터를 켜자마자, 또는 휴대폰으로라도 AI에 접속해 일을 시작하는 이유도 바로 대화로 쉽게 궁금한 것을 묻고 답을 얻을 수 있기 때문이 아닌가 합니다. 현재 3.5버전은 무료이고 4.0과 이미지를 생성하는 달리3를 사용하고자 한다면 한 달에 20달러(부가세 별도) 내고 구독해야 합니다. 달리3로 이미지를 생성해 유료로 판매하거나 상업적으로 이용하지 않을 경우 무료 버전도 충분히 사용할 만합니다. 달리 3에서 생성한 이미지를 상업적으로 판매하거나 저처럼 그림 동화책의 삽화로 이용하려면 반드시 유료로 구독하는 것이 좋습니다. 또 API를 이용해 프로그램을 개발하거나 gpts에 개발한 프로그램을 선보이기 위해서는 유료로 구독해야 합니다.

그럼 https://chat.openai.com/가 어떻게 생겼는지 들어가 볼까요. 웹브라우저에 위의 주소를 치거나 구글, 네이버 등에서 오픈에이아이라고 입력해 엔터를 치고 들어가면 아래 이미지의 웹사이트가 나옵니다.

▶ 오픈에이아이뿐 아니라 앞으로 접속할 모든 AI 사이트의 로그인을 gmail 계정이나 microsoft 계정으로 가입하고 로그인하면 사용할 때 아이디나 패스워드를 따로 관리할 필요 없이 쉽게 접속이 가능합니다.

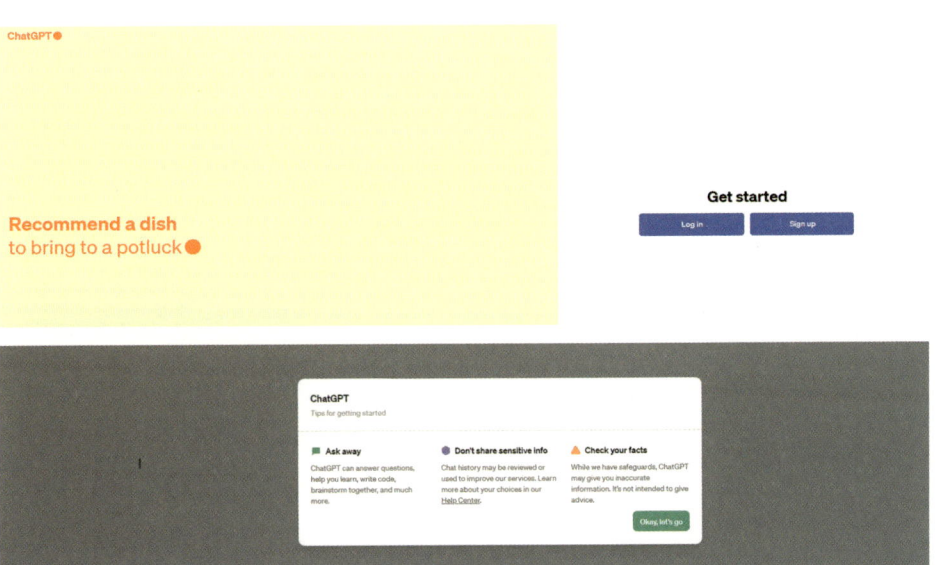

회원가입을 누르면 이메일계정을 입력하는 란이 나오는데요. 그 아래 보면 구글로 로그인하라는 메시지가 나옵니다. 구글로 로그인을 클릭해 들어갑니다.

들어가서 하이~, 또는 안녕~ 하고 인사를 나누고 묻고 싶은 말을 적어 놓습니다. 그다음부터는 GPT와 편하게 대화하면서 궁금한 것을 물으시면 됩니다. 효율적인 GPT 사용법은 본문에서 자세히 다루도록 하겠습니다.

2장 그림 생성 AI 서비스 사이트

① 미드저니 한 장 그림은 나야 나!   https://www.midjourney.com/home
② chat GPT4.0, 달리 3 다 무료   https://www.bing.com/images/create
③ 플레이그라운드 내 스타일대로 그린다   https://playgroundai.com/
④ 레오나르도 미드저니가 부럽지 않은 무료 AI   https://leonardo.ai/
⑤ 현재 트렌디한 이미지 생성에 탁월   https://ideogram.ai/
⑥ 예술적인 QR 코드 만들 때   https://qrcode-ai.com/ko

https://www.bing.com/images/create
그림 생성 AI 웹사이트 중 대표적으로 Microsoft의 Bing 이미지 크리에이터를 소개합니다.
달리 3를 채택하고 있고, chat GPT 4.0을 채택하고 있어 겉모습으로는 유료인 오픈AI와 똑같습니다. chat GPT 4.0이 이미지 생성 시 하나씩밖에 생성해 주지 않지만 빙이미지 크리에이터는 한 번에 4개의 이미지를 동시에 생성해 줍니다. 그래서 저는 많은 이미지가 필요할 때 이용하는 편입니다. 단지 좀 아쉬운 점이 있다면 오픈 AI의 chat GPT 4.0이 제가 한 말과 나누었던 내용을 기억해 지속적으로 업그레이드해서 이미지를 생성하는 반면, 빙 이미지 크리에이터는 연속성 있는 이미지를 생성하는 데는 부족한 느낌입니다.

▶ Microsoft 빙은 달리 3와 chat GPT 4.0 버전을 무료로 사용할 수 있습니다.

1) 북극곰과 펭귄이 등장하는 생일 카드 만들기

2) 북극곰과 펭귄이 등장하는 노트 표지 만들기

▶ 빙 이미지 크리에이터로 30초 만에 만든 이미지

▶ 이미지를 생성하는 프롬프트를 적는 것이 어렵다면 아이디어 탐색에서 마음에 드는 이미지를 클릭한 후 그 이미지의 생성 프롬프트를 복사해서 생성해보세요.

3장 영상 생성 AI 서비스 4개 사이트

① 프롬프트, 그림 한 장으로 만드는 영상 런웨이 https://runwayml.com/
② AI 아바타 만들기, 페이스스왑, 영상페이스스왑 모두 가능 https://www.pica-ai.com/
③ 틱톡, 유튜브 쇼츠! 키워드만 입력하면 비디오가 생성! https://app.videogen.io/
④ 텍스트로 비디오 만들기 최강자! https://openai.com/sora(2024. 4.10 일반에 공개)

대표적으로 런웨이(https://runwayml.com)를 소개합니다.

최근 오픈 AI가 동영상을 생성하는 sora를 선보여 동영상 생성업계에서 바짝 긴장했는데요. 소라의 동영상 생성은 기존 동영상 생성 사이트인 런웨이나 피카AI 등과는 비교가 되지 않을 정도로 섬세하고 영상 퀄러티가 뛰어납니다. 그런데 아직 일반에 공개되지 않고 있습니다. 그래서 여기서는 현재까지 영상을 만드는 데 가장 무난해 보이는 런웨이를 소개하겠습니다.

저는 런웨이엠엘에 영상을 만들기 위해 접속하는 편입니다. 사이트 아래로 쭉 내려가다 보면 보이시겠지만 이 사이트는 텍스트를 비디오로, 이미지를 비디오로, 또는 비디오를 비디오로 생성할 뿐 아니라 텍스트를 이미지로 만들기도 하고 이미지를 이미지로 만들수 있는 사이트입니다. 여기서는 이미지를 영상으로 만드는 방법을 소개하겠습니다. 구글로 접속한 후 로그인이나 회원가입도 구글로 로그인을 선택해 들어갑니다. 그리고 가운데 'Runway를 무료로 사용해보세요'를 클릭해 들어갑니다. 내 이미지를 업로드한 후 오른쪽 아래 모션 브러시와 카메라를 사용해 영상을 제작할 수 있습니다.

▶ 런웨이엠엘은 한 번에 2초의 영상을 생성합니다. 긴 영상이 필요하다면 연장을 신청해서 늘일 수 있습니다.

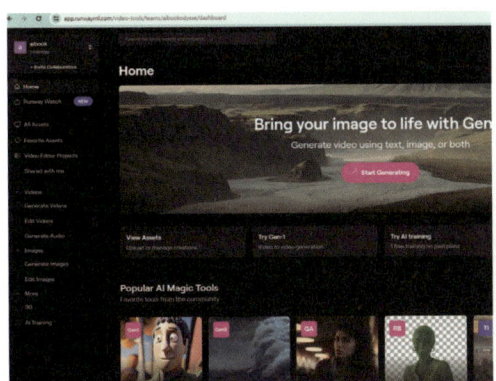

1. 런웨이 홈

2. 런웨이 인터페이스

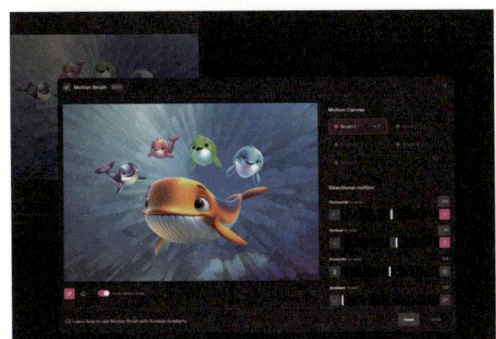

3. 런웨이 모션 브러시

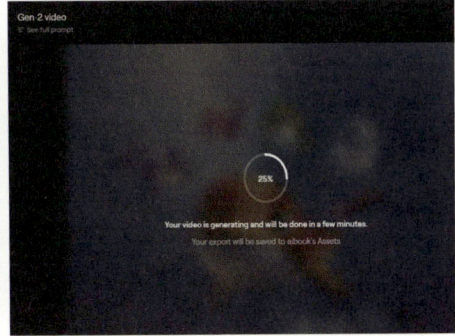

4. 런웨이 영상 생성

4장 음악 생성 AI 서비스 사이트

① 내가 작사하고 AI가 노래하고 SUNO https://www.suno.ai
② 아이바 내가 좋아하는 스타일의 음악을 만들다 https://www.aiva.ai/
③ 입에서 내는 소리를 음악으로 https://musicfy.lol/
④ 음향, 세상의 소리를 만들다 https://www.krotosaudio.com
⑤ 좋아하는 목소리로 ai 커버곡 만들기 https://www.voicify.ai/
⑥ 클릭클릭으로 기존 음악에서 내가 원하는 음악 만들기 https://soundful.com/

chat GPT로 놀라고 미드저니로 놀란 가슴을 채 진정하기도 전에 수노 AI를 사용하면서 정말 AI의 위력이 얼마나 대단한가를 다시 한 번 느끼고 있습니다.
수노 AI는 제가 만든 가사를 주고 스타일을 지정하면 바로 가수가 내가 만든 가사로 노래를 불러주는 AI입니다. 'K-POP 스타일로 불러줘' 하면 정말 한국의 K-POP 가수가 부르는 것만큼 잘 부릅니다.

이 밖에도 제가 새소리를 입으로 내고 피리로 불러 달라고 하면 제가 낸 새소리의 음과 같게 악기로 재현하는 뮤직파이, 새소리, 파도소리, 빗소리 등을 디테일하게 생성할 수 있는 https://www.krotosaudio.com 사이트 등 음악 생성 AI도 그림 생성 AI만큼이나 빠르게 발전하고 있습니다.

https://www.suno.ai

▶ 1. Make Song 버튼을
   클릭하면

2. 아래와 같이 사운드 제작
   인터페이스가 나타납니다.

5장 그림 편집 및 영상 편집 AI 서비스 사이트

① 이미지 편집의 최강자, 포토샵 https://www.adobe.com/kr
② 쉬운 동영상 편집, 캡컷 https://www.capcut.com/
③ 음질 향상시키기, 폿케스트 어도브 https://podcast.adobe.com/
④ 상품 이미지 배경을 멋있게, 브이메이커 Vmake: https://vmake.ai/

미드저니, 플레이그라운드 AI 등 이미지 사이트가 생기면서 이미지 편집의 최강자 포토샵의 주가가 나락으로 떨어질 줄 알았습니다. 이미지를 편집할 필요가 뭐가 있겠습니까? 바로바로 생성 가능한 세상인데. 그렇게 생각했습니다. 그런데 포토샵의 AI베타 버전은 그야말로 충격 그 자체였습니다. 가로 이미지를 세로로 쭉 늘이기만 하면 AI가 감쪽같이 세로에 들어 있을 만한 이미지를 생성해 주고 이미지 한가운데에 라소(Lasso 툴)로 영역을 지정하고 "백조가 떠 있는 연못을 그려줘"라고 하면 현재 이미지 스타일에 맞게, 그것도 현재 그림과 아주 잘 어울리도록 백조가 떠 있는 연못을 그려 줍니다. 현재 어도비에서는 포토샵을 2024 버전으로 업그레이드해 선보이고 있는데, 월 구독료 1만원(부가세 별도)을 받고 있습니다. 1만원이 아깝지 않을 만큼 2024 포토샵은 기존 전문 디자이너가 부럽지 않을 만큼 일반인도 퀄러티 높은 이미지를 만들 수 있습니다.

이 책에서는 다루지 않고 있지만 실제 인쇄용 출판물을 편집할 때는 포토샵에서 이미지를 편집하는 것이 좋습니다.

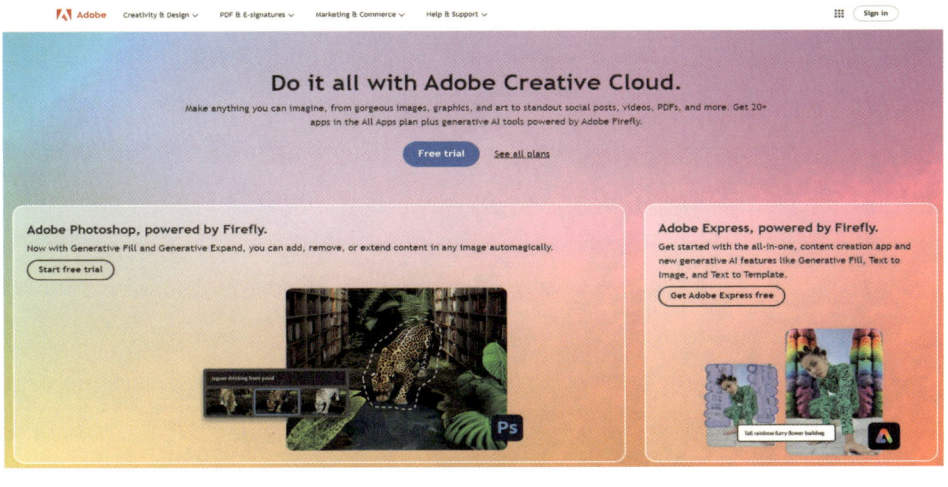

▶ 1. 회원 가입을 한 후 시험 버전을 다운로드 합니다.

2. 포토샵의 고급 기능을 사용하려면 유료 버전을 결제합니다.

6장 나를 대신해 말하는 아바타 & 내 목소리로 말하는 AI 아바타

① 타이핑도 클릭도 필요없다. 내가 그린 그림이 말한다 https://www.d-id.com/
② 영어 못하는데… 내 목소리를 영어로 변환해 준다고? https://elevenlabs.io/

2023년 AI를 활용해 그림 동화책을 출간하면서 그림 동화의 주인공이 동화를 소개하는 영상을 만들었는데 그때 사용한 게 https://www.d-id.com 사이트입니다. 제 사진을 업로드하고 텍스트를 입력하면 마치 제가 아나운서처럼 말하는 영상을 생성할 수 있는 사이트입니다. 사람은 사진이나 그래픽이나 3D까지 모두 어울리게 잘 말하는데, 제 동화 속 주인공들인 곰돌이나 기린이 말하게 하는 것은 불가능합니다.

여기서 소개하고 싶은 것이 https://elevenlabs.io/인데요. 영어도 잘 못하고 일본어와 중국어, 독일어, 스페인어도 잘 못하는 제가 한국어로 강의하는 영상을 이 사이트에 업로드하면 제 목소리로 영어, 중국어, 독일어, 스페인어는 물론 전 세계 29개 언어로 말하는 영상을 생성해 줍니다. 본인의 음성을 업로드하기 꺼리는 사람을 위해 120개 음성으로 텍스트를 오디오로 만들어 주기도 합니다.

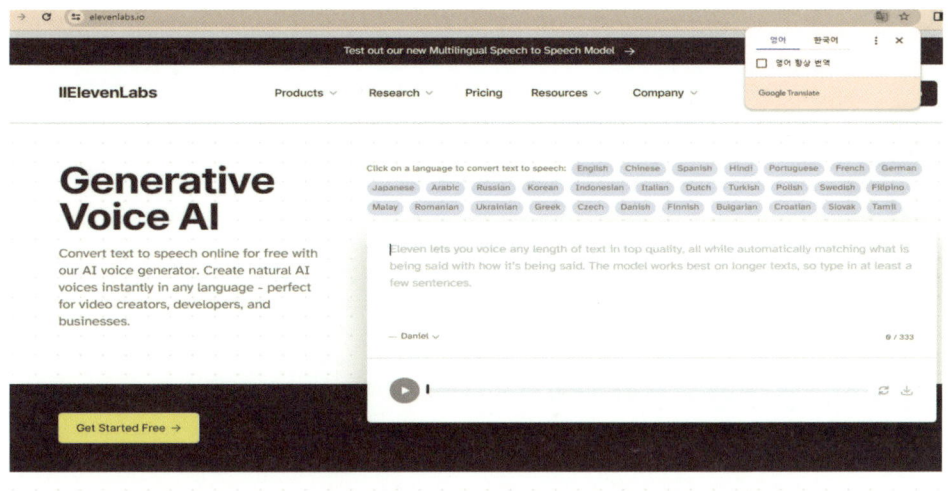

https://elevenlabs.io/

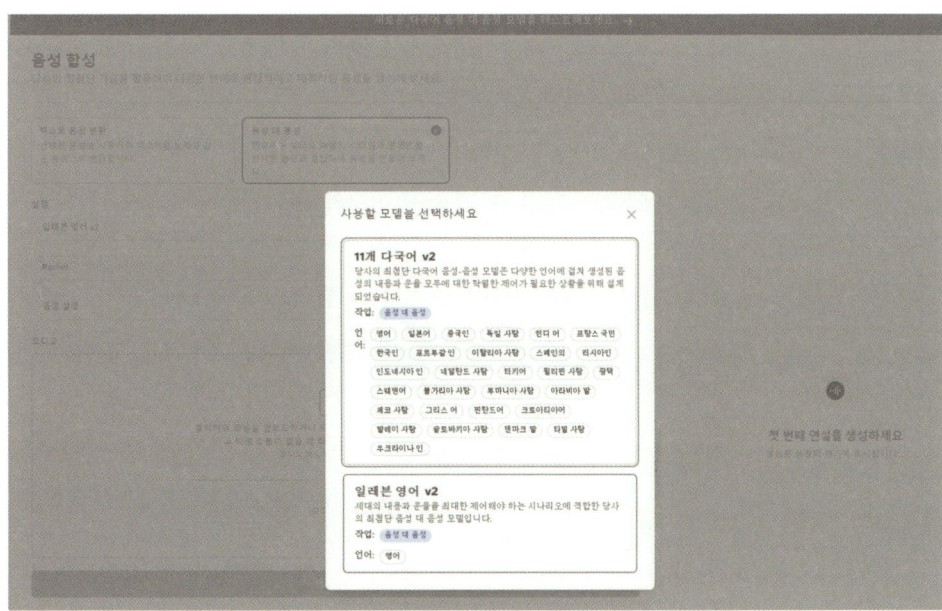

▶ 이곳에서는 텍스트를 입력하고, 해당 텍스트를 읽어주는 음성을 얻을 수 있습니다.

유료 고객은 음성 복제 기능을 통해 새로운 스타일의 음성 샘플도 만들 수 있습니다. 일반 이용자는 물론, 게임 기업과 영화 스튜디오 등 기업들이 AI 음성 서비스를 이용하고 있습니다. 그 외 오디오북 제작이나 영화 및 TV 내레이션, 마케팅 분야에서도 많이 활용되고 있습니다. 소음을 자동으로 제거하고, 화자의 목소리와 운율, 억양을 보존하는 '스피치 투 스피치(Speech To Speech)' 도구가 인기가 많습니다. 1분 녹음을 기반으로 기본 음성 복제를 생성할 수 있으며, 전문가 수준의 복제에는 30분 분량의 샘플이 필요합니다.

콘텐츠가 있는 유튜브를 한다면 시장을 더 넓히는 데 도움이 되는 유료 버전 사용을 추천드립니다.

7장 일잘러를 위한 유용한 사이트

① 간단 편집의 최고봉, 캔바 https://www.canva.com/
② 나의 모든 것을 한눈에 정리해서 본다, 노션 https://www.notion.so/
③ 녹음 파일을 텍스트로 변환! 클로바노트 https://clovanote.naver.com/
④ 키워드만 다오. 1분 만에 PPT 만들기, 감마앱 https://gamma.app/
⑤ 온라인 책 만들,기 북크리에이터 https://bookcreator.com/

AI를 공부하면서 알게 된 사이트 중 하나가 캔바와 북크리에이터입니다. 캔바와 북크리에이터는 AI를 도입하기 훨씬 전부터 전 세계인의 방문이 많았던 사이트입니다. 캔바는 포토샵처럼 전문 편집 툴이 부담스러운 일반 직장인이나 블로거, 유튜버들이 정말 많이 쓰는 편집 툴입니다. 간단한 배너 만들기부터 현수막, 포스터 심지어 전자책 만들 때 아주 유용한 사이트입니다. 무료로 사용할 수 있는 이미지가 많아 굳이 유료로 사용하지 않아도 훌륭한 이미지를 만들 수 있습니다.

저는 강의 노트와 운영하는 홈페이지를 모두 노션으로 만들어 활용하고 있습니다. 노션은 현존하는 정리 툴로 최강이라는 생각이 듭니다. 업무로 꽉 찬 직장인의 머릿속을 정리하는 데 노션만큼 좋은 것은 없는 것 같습니다. 진입장벽이 있어 처음에는 좀 어렵다 느끼는데 사용할수록 이만 한 툴이 없다는 생각이 듭니다.

네이버 클로바노트는 회의를 녹음한 파일을 바로 한글 텍스트로 만들어 주고 요점 정리까지 해주는 앱으로, 사용할 때마다 신기하고 놀라운 앱이라는 생각이 듭니다.

이 밖에 제목만 입력하면 10여 페이지에 달하는 PPT를 만들어 주는 감마앱, 온라인으로 책을 출판할 수 있는 북크리에이터는 정말 추천하는 앱입니다.

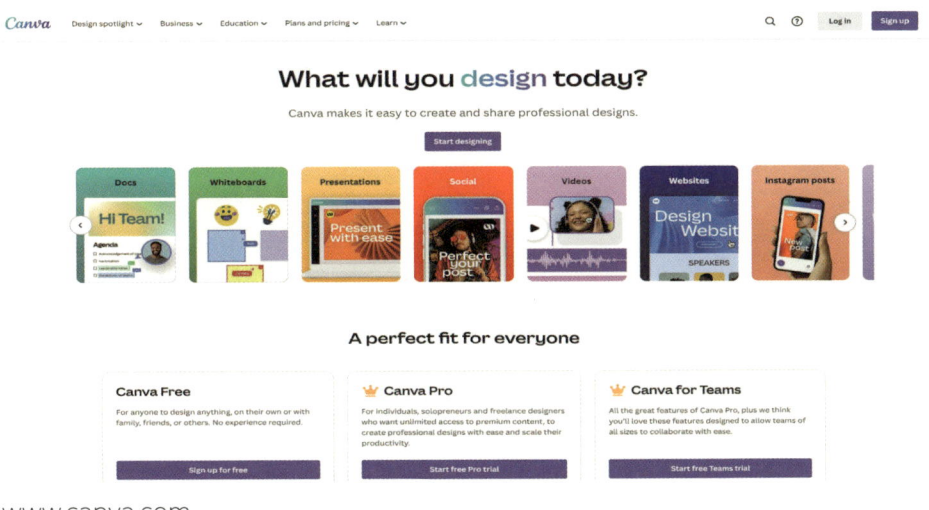

www.canva.com

www.bookcreator.com

28 | Chapter 2_ AI로 콘텐츠를 만들고 활용하기

Chapter 2. AI로 콘텐츠를 만들고 활용하기

1장 나의 이야기에 가치 더하기
2장 AI를 활용한 그림 동화로 할 수 있는 것
3장 그림 동화 스토리로 할 수 있는 것
4장 실전 사례_ AI를 활용해 출간한 양장 그림 동화책 소개

AI 콘텐츠 크리에이터 수업을 하다 보면 많은 분이 가장 많이 물어보시는 질문이 있습니다."저는 평범하게 살아서 쓸 만한 콘텐츠가 없는데요?"직장인으로서, 생활인으로서 일만 했을 뿐 창작할 만한 스토리가 없다는 것이죠. 그러나 콘텐츠나 스토리는 멀리 있는 것도 아니고, 그리 거창한 것도 아닙니다. 저와 함께 동화책을 출간한 21명의 작가님들도 평범한 직장인이자 워킹맘, 생계를 책임져야 하는 가장들이었습니다. 그분들의 스토리도 모두 본인이 매일 하고 있는 일, 매일 만나는 사람들 속에서 가져오셨죠. 이 책을 읽으며 하나씩 따라 해보시면 평범한 일상도 멋진 스토리와 콘텐츠가 될 수 있다는 것을 알게 되실 거예요.

1장 나의 이야기에 가치 더하기

아주 오래전 대대로 솜 빨래를 하며 사는 집안이 있었습니다. 이 집안은 겨울에도 손이 트지 않는 안튼크림을 바르고 빨래를 하며 생계를 이어나갔죠. 어느 날 소문을 듣고 온 한 사람이 금 100냥을 줄 테니 안튼크림 제조 비법을 팔라고 합니다. 평생 솜 빨래를 해봐야 금 몇 냥밖에 모으지 못할 터인데 금 100냥이라니…. 그 집안사람들은 비법을 바로 팔았습니다.

비법을 산 사람은 강물에 배를 띄워 놓고 오나라와 월나라가 전쟁을 치르는 모습을 보고 오나라 왕에게 갑니다. 겨울에 물에서 싸워도 손이 트지 않는 약이 있으니 월나라와 겨울에 강물 위에서 전쟁을 하면 크게 이길 것이라고 장담합니다. 실제로 안튼크림을 바른 오나라 군사들은 월나라를 크게 이깁니다. 오나라 왕은 무척 기뻐하며 그에게 땅을 주고 제후로 삼았다고 해요.

<장자> '소요'편에 나오는 이야기입니다. 똑같은 것이라도 쓰임새에 따라 그 가치가 달라질 수 있다는 이야기를 하는 것이죠.

이처럼 우리가 갖고 있는 취미나 특기, 오랫동안 해온 전문적인 일들이 스토리텔링을 활용하면 지금보다 더 가치 있게 쓰일 수 있을지도 모른다는 생각이 듭니다.

세탁 비법, 미용 비법, 달리기 비법, 설거지 비법 등 우리는 자신만의 노하우를 가지고 세상을 살고 있잖아요. 그런데 그 노하우로 사실은 엄청난 일을 할 수 있는 것은 아닐까 생각해 봅니다. 구글이나 애플, 넷플릭스에 팔 수 있는 보석일지도 모른다는 생각이 듭니다. 이야기 하나만 봐도 그렇습니다. '기생충' '오징어게임' '해리 포터' 시리즈 등 작가가 상상하고 창작한 이야기가 넷플릭스에 팔리고 전 세계인이 즐기고 있지 않습니까?

스토리 창작 비법을 알려준 제 스승님께서 이런 이야기를 했습니다.

"영화의 시나리오나 소설, 연극의 극본이 되는 스토리는 학벌이나 경력, 재력, 집안배경 등 아무것도 보지 않고 오로지 스토리 그 하나만으로 승부를 한다. 가진 게 없는 사람일수록, 내세울 게 없는 사람일수록 스토리 창작에 더 많은 기회가 있다. 그러므로 스토리 창작만큼 공평한 분야는 없다"고요. 혹 격정적인 인생을 살고 계시다면 또는 볼륨 있는 인생을 살고 계시다면 본인의 이야기를 스토리로 만들어보는 건 어떤가요? 글을 쓰는 게 어렵다고요? 어려울 수 있습니다. 그런데 이 책에서는 인공지능을 활용해 스토리를 쉽게 쓰는 비법을 알려드리고 있으니 책을 참고해 독자 여러분의 스토리를 써보세요.

다음 장에서는 인공지능을 활용해 스토리를 쓰거나 그림을 그리고 나면 할 수 있는 것들을 소개합니다. 그리고 여러분처럼 스토리 창작을 해본 적이 없는 분들이 인공지능을 활용해 스토리를 쓰고 출간한 책과 작가를 소개합니다. 그분들의 책을 보시고 용기를 내어 도전해보셨으면 합니다.

2장 AI를 활용한 그림 동화로 할 수 있는 것

멀리 가지 않고 제가 AI를 활용해 그린 그림으로 할 수 있었던 것을 중심으로 말씀드릴게요. 우선 AI를 활용하면서 글 작가인 제가 그림을 그릴 수 있게 되었어요. 그러고 나니 할 수 있는 일이 더 많아졌어요.

1. NFT를 만들어 오픈씨에 전시하고 판매할 수 있게 되었어요.

인공지능을 활용해 창작한 그림을 오픈씨에 NFT를 만들어서 팔고 있어요.
'인공지능 활용 동화책 출간하기' 프로젝트로 출간한 <꽃향기를 찾아온 밍크고래 플루> 동화책의 그림 중 일부를 코딩과 결합해 NFT로 발행하고 오픈씨와 스페이셜 메타버스에 전시, 판매하고 있어요.

2. 그림 작가들과 함께 NFT 전시회에 참여했어요.

2023년 인공지능을 활용해 창작한 동화책 작가들과 미국, 일본, 프랑스 등에서 작품 활동을 하고 있는 외국인 작가가 참여하는 NFT 전시회에 참여했어요. 또 2024년도 3월 29일~5월 6일에는 대전시 대청문화전시관에서 인공지능을 활용해 창작한 동화 원화로 개인전도 열고 있습니다.

▶ NFT 전시(2023) 미국, 일본, 프랑스 등에서 작품 활동을 하고 있는 외국인 작가들의 작품과 함께 전시

3. 그림 작품을 대여하고 있습니다.

인공지능을 활용해 창작한 동화책 원화 중 하늘을 나는 고래의 모습을 아크릴에 출력해 전시했어요. 또 관공서의 공공전시 프로젝트 사업에 참여, 작품을 유료로 대여하고 있습니다.

▶ 꽃향기를 찾아 온 밍크고래 플루

4. 제가 생성한 그림이 축제의 메인 캐릭터가 되었어요.

대청호에 고래에 관한 전설이 있습니다. 그 전설을 듣고 밍크고래 플루를 쓰게 되었어요. 바다에 살던 밍크고래 플루가 아빠의 병을 고칠 수 있는 약초를 찾아 대청호에 오는 내용이에요. 대청호를 배경으로 하고 있어서 대전시 대덕구에서 대청호 축제에 플루를 사용하고 싶다는 요청이 있었어요. 2023년 대청호 축제에 플루가 맹활약을 했답니다. 2024년에는 저와 함께 '양 작가의 오딧스AI 크리에이터'에서 공부한 20여 명의 작가분이 대덕구의 초대를 받아 동화 원화 작품을 전시하면서 명실공히 그림작가로서 본격적인 활동을 시작했답니다.

▶ 대전시 대덕구 물빛축제 메인 캐릭터

5. 책 모양이나 캐릭터로 굿즈를 만들었습니다.

'양 작가의 오딧스AI크리에이터' 모임을 통해 인공지능을 활용해 창작동화를 출간한 스페로스페라 김동진 대표는 케이크회사 대표님인데요. 동화책의 주인공들을 식용할 수 있는 색으로 채색한 케이크를 선보이기도 하고, 교보문고에서 강연할 때 책을 구입하신 분들께 책 모양의 굿즈 포스트잇을 선물하기도 했습니다.

▲ 창작동화 캐릭터를 활용한 다양한 굿즈

3장 그림 동화 스토리로 할 수 있는 것

그림책으로 출간할 수 있고 애니메이션 영상, 교육 교재, 게임 소재 등 다양한 용도로 활용할 수 있습니다. 조금 더 자세히 살펴보면 …

1. 도서로 출간, 동화작가가 될 수 있어요

그림이 있고 스토리가 있다면 그림책을 출간할 수가 있지요. 출판사를 통해 출간을 하고 나면 교보, 예스24, 알라딘에 자연스럽게 작가로 등록된답니다. 인공지능을 활용해 창작한 동화책도 당연히 출간이 되지요.

2. 저작권이 수출될 수 있어요

저작권이 수출, 해외에서 책이 출간되기도 하지요. 저의 경우 중국과 대만, 베트남 등에 저작권을 수출, 그 나라 언어로 출간되고 있어요. 인공지능을 활용해 창작한 동화책의 저작권도 수출할 수 있지요. 옆의 책은 제가 2014년도에 출간한 동화책인데, 대만을 비롯해 베트남 등지로 저작권이 수출된 동화책이랍니다.

3. 인형극이나 애니메이션으로 활용될 수 있어요

제 동화책의 경우 나래인형협동조합에서 라이선스를 구입, <반코팅 장갑의 비밀> <꿀벌의 비밀> <대나무의 비밀>이 인형극으로 어린이들과 만나고 있습니다.

▼ 저작권 수출 계약서

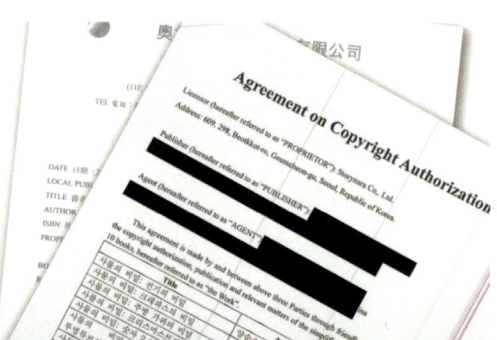

4. 교육자료가 될 수 있어요

그림과 글로 아이들을 위한 교육자료나 콘텐츠를 만들 수도 있어요. 제 동화책은 <동화연극놀이>란 콘텐츠로 어린이집과 도서관 등에서 교육놀이 콘텐츠로 활용하고 있어요.

동화연극놀이는 말 그대로 동화를 읽고 역할놀이를 하는 것인데요. 아이들은 역할놀이를 즐기는 가운데 자연스럽게 학습 능력을 키우고, 신체 발달이 골고루 이루어지며, 이타심과 두려움 등의 감정을 간접적으로 경험할 수 있다고 해요. 현재 미국과 영국에서는 교과목 중 교육연극(연극놀이)을 채택하고 있으며, 학교뿐 아니라 커뮤니티 센터나 청소년단체에서도 연극을 통한 교육이 활발히 이루어지고 있다고 해요. 이런 좋은 콘텐츠의 동화연극놀이에 제 동화책을 활용하고 있으니 영광스럽고 감사할 따름입니다.

동화연극놀이를 하는 선생님들이 모여 협동조합을 만들어 활동하고 있어요. 제가 쓴 <사물의 비밀> 동화책 시리즈를 토대로 연극놀이를 만들어 어린이집, 유치원, 도서관, 초등학교에서 활동을 하고 있습니다.

아래 사진은 <강아지 닥스훈트의 비밀> 동화책을 읽고 연극놀이를 하는 아이들 모습이에요. 얼마나 즐거워하는지 사진만 봐도 알 수 있을 듯해요.

제 동화를 읽고 사후 활동을 할 수 있는 워크북도 있습니다. 워크북은 한국독서교육대학 남미영 교수(한국독서교육개발원장)팀이 초등학교 저학년과 유치원에서 <사물의 비밀> 동화책 50권을 읽어주고 아이들의 답변을 토대로 워크북을 저술했습니다. 일명 "사물의 비밀 사용 설명서"이기도 하죠. 남미영 교수팀이 저술한 <사물의 비밀> 워크북은 <사물의 비밀> 동화를 읽고 반드시 하는 활동이랍니다.

▲ 중국, 대만, 베트남에 수출한 외국어 번역판

▲ 동화연극놀이 <강아지 닥스훈트의 비밀>

▲ <블랙 다이아몬드의 비밀>을 활용한 게임

▲ <꿀벌의 비밀>을 활용한 게임

5. 그림 동화는 게임으로도 제작될 수 있어요

그림과 스토리를 이용해 모바일 게임이나 비디오 게임을 만들 수 있어요. 제 책 중 <꿀벌의 비밀>은 EBS '딩동댕유치원'에 방영되었고, 게임으로도 나와 있지요. 저도 버스를 기다리거나 병원에서 줄을 설 때면 꿀벌의 비밀 게임을 한답니다.

AI를 배우는 것보다 중요한 것은 활용하는 것

'AI 공부, 어디서 시작하면 좋을까요?' '매일 뉴스에 AI 관련 기사가 나오는 걸 보면 핫하긴 한 모양인데, 어렵진 않은가요?' '늦었지만 저도 할 수 있을까요? 돈도 될 수 있다는데…. 배워서 딱히 뭘 해야 할지도 모르겠고….'
 AI 활용 강의를 하면서 만났던 사람들한테 수없이 들은 질문입니다.
2023년 인공지능 관련 국내 대가들의 오프라인 강좌(ABF)에 10여 차례 참여했는데요. 강좌를 들은 많은 분의 고민도 같았어요.
"그래! AI 대단해. 산업혁명만큼 큰 세상의 변혁이 올 것 같아. 근데 나는, 우리 회사는 AI로 무엇을 해야 하지? 배워서 어떻게 해야 하지?" 참석자들이 대부분 그런 고민을 했어요. 제가 이 강좌에 참여한 분들께 인공지능을 활용해 출간한 동화책을 선물했을 때 많은 분이 함께 동화를 창작해 보고 싶다고 말한 이유도 바로 그런 고민에서 비롯된 게 아닌가 싶어요.
일반인이 AI를 배우고 나서 AI를 활용하는 데 그림 동화책만 한 것이 또 있을까 싶어요. 그림 동화를 출간한다는 목표를 갖고 AI를 배우다 보니 현존하는 AI에 대해 거의 다 공부하고 활용한다는 생각이 들었어요. AI를 배우려고 그림 동화를 창작하는 것인지 그림 동화책을 출간하기 위해 AI를 배우는 것인지 헷갈릴 때도 있었지만, 출간을 한다는 목표를 갖고 AI를 공부하다 보니 현존하는 AI 툴은 모두 마스터한 것 같아요.

'양 작가의 오딧스AI 크리에이터' 3기
-AI로 글쓰고 그림 그리기 전 동화책을 충분히 읽고 토론하는 장면

'양 작가의 오딧스AI 크리에이터' 커리큘럼

1강 명품 브랜드는 모두 스토리가 있다
2강 언어는 달라도 내용을 전할 수 있는 이유, 그림책 읽기
3강 스토리에 열광하는 이유
4, 5, 6, 7, 8강 나의 이야기를 그림으로
9강 출판사와 POD 계약하기
10강 홈페이지 만들기
11강 내 스토리로 노래 만들기
12강 내 그림 동화를 영상으로 만들기

◀ 문의 : 02-838-1791
aistorynara@gmail.com

4장 AI를 활용해 창작한 양장 그림 동화 23작품과 작가

저와 AI 활용 수업을 통해 실제로 출간된 동화책 23개 작품과 전시회를 소개합니다. 평범한 직장인부터 CEO까지 모두 크리에이터와는 관련이 없었지만 인공지능을 공부하면서 자신만의 스토리로 동화책을 완성했습니다. 어떤 작품들인지 한번 살펴볼까요?

1. 남윤용 글·그림 <마법의 에너지 쿠키>

내용: 여우 토미는 어느 날 낡은 도서관을 지나다가 '한 개만 먹어도 배가 부른 마법의 에너지 쿠키'의 제조법을 알게 됩니다. 토미는 부엉이 아저씨의 투자를 받아 에너지 쿠키를 만듭니다. 토미의 에너지 쿠키는 숲속 친구들에게 불티나게 팔립니다. 그런데 어느 날부터 토미는 장사가 잘 되지 않아 어려움에 처하게 됩니다. 토미는 과연 어떻게 재기할 수 있었을까요?

남윤용 작가는 신세계그룹 공채 2기로 입사, 30년차 마케터로서 마케팅에 관한 한 달인이라고 할 수 있습니다. 그런 그가 AI를 활용해 그림을 그리고 동화책을 펴낸 이유는 무엇일까요? 남 작가는 학교에서 알려주지 않지만 현대 자본주의를 사는 데 꼭 필요한 것이 경제라고 생각해, 동화로 경제를 알기 쉽게 전달하고 싶었다고 합니다.

Chapter 2_ AI로 콘텐츠를 만들고 활용하기 | 39

▶ 남윤용 <마법의 에너지 쿠키> 210 X 210mm(2024)

2. 신상엽 글·그림 <도깨비 키친>

내용: 사정이 생겨 엄마가 며 칠 째 음식을 하지 못하자 수민이는 마음이 급하기만 합니다. 내일이 여자친구 생일인데…. 수민이 여자친구는 며칠 전부터 엄마가 해주는 떡볶이와 김밥을 먹고 싶다고 했거든요. 여자친구 생일선물 때문에 잠도 못 자고 고민하고 있을 때였어요. 부엌에서 달그락거리는 소리가 들려 나가보니 도깨비가 냉장고 문을 여는 게 아니겠어요! 엄마 김밥을 며칠째 먹지 못해 냉장고를 뒤지고 있다는 거예요.
수민이와 도깨비 까비는 엄마 손맛이 나는 떡볶이와 김밥 만들기에 도전합니다. 까비 아빠의 도깨비 방망이를 가져와 '김 나와라 뚝딱! 밥 나와라 뚝딱!'은 했는데…. 까비는 수민이 엄마 손맛의 김밥을 먹을 수 있을까요? 또 여자친구에게 수민이는 엄마 손맛의 김밥을 선물해 줄 수 있을까요?

신상엽 작가는 CJ그룹 임원이자 마케터로 활동하고 계신 분입니다. '양 작가의 오딧스AI 크리에이터' 1기였는데, 당시 바빠서 책을 내지 못하다가 2003년 '양 작가의 오딧스AI 크리에이터' 3기분들과 함께 공부를 하면서 출간하게 되었습니다. 오래 뵌 만큼 이야기도 많이 나누었던 것 같아요. 1기 때는 '트래빗의 모험'이라는 제목으로 지구 환경에 관한 그림 동화를 그리려고 했으나 메타포가 너무 커서 글과 그림을 완성하는 데 어려움을 겪었습니다. 3기분들과 공부를 하면서 신 작가는 이 회사에서 주로 했던 '음식의 세계화'에 관한 그림 동화를 창작하게 되었습니다.

Chapter 2_ AI로 콘텐츠를 만들고 활용하기 | 41

▶ 신상엽 <도깨비 키친> 210 x 210mm(2024)

3. 김동진 글·그림 <용기가 필요한 마법의 레시피>

내용: 량화는 밤마다 무서운 용이 나오는 꿈을 꿔요. 용은 날이 갈수록 무서운 모습으로 나타나지요. 어느 날 마법의 레시피를 보고 두려움을 없애는 케이크를 먹으면 된다는 걸 알게 되지요. 그렇지만 두려움을 없애는 크레이프케이크를 만들기 위해선 반드시 용의 눈물이 들어가야 한다고 해요. 용이 무서워서 잠자기도 싫은데 용의 눈물을 찾아서 넣어야 한다니…. 량화는 고민고민하다가 아빠와 함께 용을 찾아 나서요. 반전이 기다리고 있는 마법의 레시피. 1탄 <시작하는 사랑을 위한 마법의 레시피>에 이어 2탄 <용기가 필요한 사람을 위한 마법의 레시피>도 아주 흥미로운 스토리입니다.

김동진 작가는 크레이프케이크를 제조하는 스페라스페로의 대표예요. 크레이프케이크를 못 먹어본 사람은 있어도 한 번만 먹은 사람은 없을 만큼, 한 번이라도 크레이프케이크를 먹고 나면 바로 팬이 되나 봐요. 이 케이크는 동화책의 중요한 소재로도 쓰입니다. 김동진 작가님은 자신의 제품을 스토리에 녹여 특별한 스토리를 완성했어요. 특히 딸아이와 함께 동화책을 쓰는 과정에서 잊지 못할 추억을 만들었고, 아이에게도 하나뿐인 특별한 선물이 되었죠.
딸아이와 함께 그림 동화를 쓰고 있는 김동진 작가는 2023년 광화문 교보문고에서 <인공지능과 창작동화>란 제목으로 강연도 했지요. 저도 김동진 작가의 강연에 참석했는데, 열띤 질문이 쏟아지는 것을 보고 사람들이 인공지능 창작에 관심이 많다는 것을 다시 한 번 느꼈어요.

▶ 김동진 <용기를 키우는 마법의 레시피> 188 × 254mm(2024)

4. 영은하다 글·그림 <하늘을 날고 싶은 타조 올리버>

내용: 모두가 즐거운 동물 친구들 사이에서 타조 올리버는 즐겁지가 않았어요. 새라고는 하지만 하늘을 날 수 없는 새. 친구들은 모두 올리버를 놀렸어요. 언젠가 하늘을 날겠다고 다짐하는 올리버. 어느 날 꿈틀거리는 애벌래에서 날아다니는 나비로 변하는 것을 본 순간, 올리버는 나비에서 날 수 있는 해답을 찾을 수 있을 거라고 생각해 나비를 따라갑니다. 정신없이 나비를 따라가다 보니 그곳은 새들의 세상이 아닌 동물의 세상이었죠. 그곳에서 올리버에게 새로운 인생이 펼쳐집니다. 올리버, 올리버! 멋있는 올리버! 여기 좀 도와줘. 올리버! 올리버! 여기도 도와줘! 도대체 올리버에게 무슨 일이 생긴 걸까요?

영은하다 작가는 장애치료사예요. 직업의 특성상 '자신이 정해둔 한계'에서 고민하는 사람들을 적지 않게 만났다고 해요. AI를 활용하여 동화를 창작하면서 자신이 한계를 극복했던 것처럼, 장애아들과 함께 AI를 활용해 조금 더 성장하는 이야기를 만들어 가고 싶다고 해요.
"한 장면의 그림을 생성하고자 AI와 몇 달을 씨름했습니다. 캐릭터의 앞모습, 옆모습 그리고 표정까지 뭐 하나 쉽게 생성되는 게 없더라고요. 미드저니와 매일 씨름하며 고민하다가 원고 마감이 임박했을 무렵 달리3 버전이 나왔어요. 달리3는 미드저니에 비해 자연어를 정말 잘 알아듣고 생성하더라고요. 그래서 지금의 타조를 생성할 수 있었어요. 너무너무 힘들고 어려웠지만 AI 프로그램이 발전하는 역사의 한가운데서 이런 발달 과정을 몸으로 겪으며 작업을 할 수 있다는 것 자체가 가슴 설레게 했습니다."

▶ 영은하다 <날고 싶은 타조 올리버> 210 × 210mm(2024)

5. 김일주 글·그림 <용궁 이야기>

내용: 식도락을 즐기는 반달곰 시고리가 여행 중에 장난기 많은 토끼 하나리와 만나 놀고 있는데 바다에 사는 거북이가 찾아왔어요. '용왕님이 병이 들었는데 자신의 병을 고치기 위해 토끼의 간을 찾고 있다'고 알려주며 빨리 어딘가로 도망가거나 숨으라고 해요. 별 시답지 않은 말이라고 코웃음을 치던 토끼는 숲속 친구들로부터 바다 동물들이 토끼를 찾고 있다는 것을 들었어요. 무작정 도망을 가던 토끼에게 거북이가 말했어요. 용왕님의 병을 찾을 수 있는 명약을 찾아 용왕님께 드리고 도망자 신세에서 벗어나는 것이 어떠냐고! 그럴듯한 생각 같아 토끼 하나리와 반달곰 시고리, 그리고 거북이는 명약을 찾아 나서요. 그리고 마침내 명약을 찾아 용왕님께 드리죠. 토끼의 간보다 더 영양가 높은 명약? 무엇이었을까요? 바로 바다의 보석 김이죠. 하나리와 시고리가 김이라는 이름을 알았는지 몰랐는지 그건 중요하지 않아요. 김을 먹고 용왕님 병이 싹 나은 게 중요한 거죠.

김일주 작가는 사학을 전공하고 대학원에서 근대사를 전공한 재원이죠. 현재 식품회사 ㈜하나리를 운영하고 있어요. 하나리는 김은 물론 통참깨로 짠 시골 참기름, 들기름을 비롯해 다양한 식품을 생산하고 있죠. 동화창작을 같이 했던 분 중에 한 분은 "김이 제 아이들을 다 키웠어요"라고 할 만큼 우리 식탁에서 김은 빼놓을 수 없는 반찬이지요.
김일주 작가는 해외로 김 수출하랴, 여기저기 유튜브 인플루언서들의 협찬 제의하랴 눈코 뜰 새 없이 바쁜 와중에도 인공지능을 활용할 줄 알게 되면서 오래전부터 꿈꿔온 애니메이션을 제작할 수 있어 너무 즐겁다고 합니다.

Chapter 2_ AI로 콘텐츠를 만들고 활용하기 | 47

▶ 김일주 <용궁 이야기> 210 x 210mm(2024)

6. 시도희 글·그림 <뚱데렐라>

내용: 날씬하고 예쁘고 마음씨까지 고왔던 신데렐라가 결혼 이후 아이 셋을 낳았어요. 아이를 낳고 육아를 하다 보니 어느새 뚱데렐라가 되었네요. 자신을 위해 다이어트를 시작하지만 쉽지 않습니다. 이번에도 요정 할머니가 도와주실까요?

시도희 작가는 아이 셋을 키우고 있는 워킹맘입니다. 키가 크고 외모도 무척 아름답죠. 그런데 늘 그러진 않았다고 해요. 아이 셋을 키우면서 육아에 집중하다가 어느 날 보니 뚱뚱해져 있더래요. 아이들이 뚱데렐라라고 놀렸대요. 정신이 번쩍 든 뚱데렐라 시도희 작가는 다이어트에 다이어트를 거듭했지요. 그런데 어느 날 눈을 떠보니 병원이었어요. 그때 생각했대요. '아, 건강한 다이어트를 해야겠다'라고요. 그렇게 건강한 다이어트에 대한 관심이 오늘날 <뚱데렐라> 그림 동화책을 펴낸 동기가 되었다고 합니다.

▶ 시도희 <뚱데렐라> 210 x 210mm(2024)

7. 최정아 / 글, 이준 /그림 <미스터X>

내용: 준이 외롭습니다. 엄마, 아빠가 항상 집에 있지만 그렇다고 옆에서 놀아주거나 함께 있어 주진 않아요. 왜냐고요? 엄마, 아빠는 재택근무 중이거든요. 늘 컴퓨터 모니터를 바라보고 있죠. 준이는 산타할아버지에게 기도해요. 컴퓨터를 선물해 달라고요. 자기도 엄마, 아빠처럼 컴퓨터를 갖고 엄마, 아빠랑 컴퓨터에서 만나고 싶기 때문이지요.
크리스마스 날 아침 진짜 준이 책상에 컴퓨터가 있어요. 산타할아버지가 소원을 들어주었나 봐요. 신나게 컴퓨터를 하지만 어디서도 엄마, 아빠를 만날 수 없었죠. 그러다 만나게 된 미스터X. 게임 사이트에서 만난 미스터X랑 토너먼트 게임에 나가 승승장구하죠. 이기면 이길수록, 미스터X와 가까워지면 가까워질수록 엄마, 아빠랑 멀어지는 것 같아요. 준이는 사랑하는 엄마, 아빠랑 어떻게 하면 가까워질 수 있을까요?

최정아 작가는 자신의 직업이 강남 엄마라고 해요. 인스타 인플루언서로 활발하게 활동하고 있지만 자신의 최대 관심사는 역시 아들 준이, 준이의 엄마라고 해요. 아이와 함께 책을 기획하고 글을 쓰고 그림을 그렸다고 해요. 인공지능 생성 AI에게 어떤 프롬프트를 넣을지 아이와 함께 고민하며 생성했던 그림들을 보고 있노라면 그때그때 감정이 아직도 생생하게 느껴진다고 해요. 맘에 드는 그림을 생성했을 때의 환호, 하루 종일 프롬프트에 글을 적어도 마음에 드는 그림 한 장이 나오지 않을 때의 답답함. 이런 모든 일을 평생 잊지 못할 것 같다고 합니다.

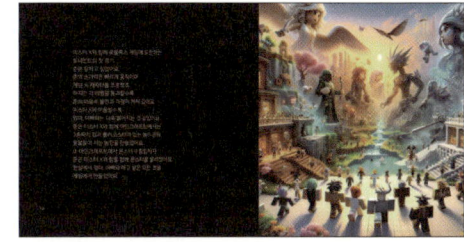

▶ 최정아·이준 <미스터X> 210 x 210mm(2024)

8. 김윤정 글·그림 <내 이름은 부탁이야>

내용: 주인공 부탁이는 대천사 엄마와 천국의 문을 지키는 아빠가 만든 프롬프트 로봇입니다. 아이들의 마음을 이해하고 도와주는 것이 부탁이의 임무죠. 하지만 부탁이는 엄마가 입력한 프롬프트대로만 행동할 수 있죠. 그런데 어느 날 부탁이는 슬픔에 잠긴 한 아이를 보고 도와주고 싶은 감정을 느낍니다. 그럴 리가 없는데… 스스로 도와주고 싶은 마음을 느끼며 갈등하다가 엄마의 프롬프트 없이 스스로 결정을 내리고 행동합니다. 부탁이의 이 행동으로 예상치 못한 엄청난 후폭풍이 천국에 일어납니다. 어떤 일이 일어났을까요? 왜 로봇인 부탁이에게 감정이 생긴 걸까요?

김윤정 작가는 오랫동안 디지털업계에 종사하면서 디지털 판타지를 누구보다 잘 알고 표현할 줄 압니다. 20년 차 디지털 전문가인 그녀의 마음은 항상 아이들과 함께 있습니다. 아이들의 무한한 상상력을 존중하고 사랑하며 그들과 함께 숨 쉬고자 해요. 김 작가님과 이야기를 나누다 보면 정말 재미있는 이야기가 가득하다는 것을 알 수 있습니다. 앞으로 기대가 촉망되는 동화작가입니다.
<내 이름은 부탁이야>는 디지털 기술이 판타지를 만나 어떤 일이 일어나는지 즐겁고 유쾌하게 풀고 있습니다. 또한 상상력의 한계란 없다는 생각을 심어 주고 있죠. 더불어 김윤정 작가의 상상의 한계도 없다는 것을 느낄 수 있습니다. 김윤정 작가는 '양 작가의 오딧스AI 크리에이터' 3기에서 함께 공부했습니다. 직접 손으로 한 획, 한 획 그리다가 '양 작가의 오딧스AI 크리에이터'가 <AI 아티스트 초대전>에 초대받은 것을 계기로 인공지능을 활용한 그림을 그리기 시작했습니다. 그 첫 작품이 <내 이름은 부탁이야>입니다.

▶ 김윤정 <내 이름은 부탁이야> 210 × 210mm(2024 예정)

9. 양효선 글·그림 <무지개 토끼>

내용: 내 이름은 엘리. 나는 고민을 먹고 사는 토끼야. 네 고민을 말해줘. 고민이 클수록, 고민이 어려울수록 나에게 맛있단다. 그 고민을 내게 줘. 내가 네가 원하는 선물을 줄게!
사람들은 나의 무지갯빛 털에 대해 이야기하지만, 나는 사람들의 고민에만 관심이 있어. 그건 내게 정말 맛있는 간식이거든. 고민이 있으면 내게 찾아와! 네가 원하는 것은 무엇이든 선물로 줄 생각이 있거든. 풀리지 않는 고민을 가져온다면 정말 멋진 선물을 줄게!

양효선 작가는 디자이너예요. 대학에서 디자인학을 전공하고 15년 동안 줄곧 디자인을 해오고 있습니다. 같은 일을 15년 동안 해오면서 '정체되고 있구나'라고 느끼고 있다가 '양 작가의 오딧스AI 크리에이터' 모임에서 다른 업종에 계신 분들과 함께 동화를 쓰면서 더 성장한 것 같다고 해요. 동화를 쓰고 그리면서 새로운 시각, 새로운 툴로 작업하는 것 자체가 즐거웠다고 합니다. 양효선 작가는 직접 그림을 그리는 분이어서 함께 동화를 쓰고 그리던 많은 분의 부러움을 샀죠. <무지개 토끼>는 양효선 작가의 두 번째 동화책입니다.
남편을 잃고 아이와 둘이 살면서 느낀 남편과 아빠의 부재에서 오는 쓸쓸함을 담담하게 그렸습니다. 저는 남편의 부재를 인정하는 이 작품을 완성한 뒤 양효선 작가님이 비로소 새 삶을 살기 시작했다는 느낌을 받았습니다.

Chapter 2_ AI로 콘텐츠를 만들고 활용하기 | 55

▶ 양효선 <무지개 토끼> 210 × 210mm(2024 예정)

10. 박은영 글·그림 <강아지 콩이의 탈출>

내용: 할머니가 온 후로 콩이는 마음 편한 날이 없어요. 형아 방 안에서 한 발자국도 나가지 못하자 엄마가 회사에서 돌아올 때까지 하루 종일 짖었어요. 어, 엄마가 콩이를 시골 할머니 댁으로 보낸다고 해요. 콩이는 할머니 집에 가기 싫었어요. 엄마가 바빠서 정신없을 때 콩이는 살짝 열린 문을 박차고 밖으로 나갔어요. 아, 해방!!! 콩이는 이제 행복해졌을까요?

박은영 작가는 캘리그라피 공방(콩이네 글씨가게)을 운영하고 있습니다. 강아지 콩이를 입양하면서 작가의 캘리그라피 공방마저 강아지 이름을 따서 '콩이네 글씨가게'라고 지었지요. 생명에 대해 누구보다도 따뜻한 마음을 지니고 있는 박 작가는 반려견을 가족으로 맞으면서 겪는 일상의 그림 동화를 따뜻한 시선으로 펴냈습니다.
"강아지든 고양이든, 한 생명을 가족으로 받아들일 때는 입양에 뒤따라오는 책임이 무엇인가도 고민했으면 좋겠습니다. AI를 활용하여 동화를 쓰고 그리면서 유기되는 동물이 없기를 간절히 바라는 마음이었습니다. 관심과 사랑을 받고 싶어하는 반려동물들이 따뜻한 가정에서 사랑받고 그 가족들과 생명이 다하는 날까지 행복했으면 하는 바람에서 이 글을 썼습니다."
박 작가는 '양 작가의 오딧스AI 크리에이터' 1기에 참여하면서 글을 완성했지만, 인공지능을 활용해 그림 그리는 데 어려움을 겪다가 작년에 다시 도전해 2기분들과 함께 책을 출간했습니다.

▶ 박은영 <강아지 콩이의 탈출> 188 x 254mm(2024)

11. 유영숙 글·그림 <한탄강 두루미, 또랑이>

내용: 생애 첫 이주 여행을 하는 시베리아의 두루미 또랑이. 모두 이주 준비로 바쁜데 숨바꼭질을 하던 또랑이는 삶에게 날개를 물렸어요. 의사 두루미는 안정이 필요하다고 하지만, 멋진 철원의 하늘을 날 생각을 하며 또랑이 두루미는 아픈 것을 숨기고 이주 여행에 동참해요. 또랑이 두루미는 무사히 철원에 도착할 수 있을까요?

유영숙 작가는 입시 영어학원 원장입니다. 철원에서 입시 영어를 가르치면서 6개월 동안 매주 토요일 '양 작가의 오딧스AI 크리에이터'에 참가했습니다. 마지막 수업 때 저도 철원에 가봤는데, 정말 산 넘고 물 건너는 길이었습니다.
"대학에 입학한 스무 살부터 결혼해서 낳은 아이들이 독립한 50대 후반까지 제 삶은 모두 도시에 있었죠. 화려한 불빛을 찾아 든 도시. 살아가면서 문득문득 고향을 아득히 꿈꾸었던 것 같아요. 아이들을 독립시키고 나서 찾아온 공허함. 앞만 보고 달려왔다가 갑자기 찾아온 공허함은 이루 말할 수 없었습니다. 남들은 그것을 빈둥지증후군이라 하더라고요. 어느 날 문득, 내겐 고향이 있는데… 빈둥지증후군이라니! 저는 망설이지 않고 고향으로 돌아왔고, 내 고향에서 고향의 이야기를 하고 싶었습니다. 두루미 또랑이는 매년 시베리아 벌판에서 제 고향 철원으로 오는 두루미들의 서사입니다. 오늘은 철원의 두루미 이야기이지만 다음에는 철원의 억새 이야기로, 또 다음에는 철원의 다슬기로 그림 동화를 펴냈으면 합니다."

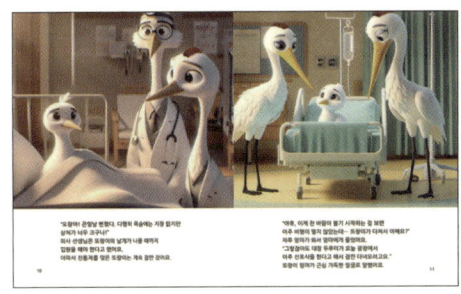

▶ 유영숙 <한탄강 두루미, 또랑이> 188 × 254mm(2024)

12. 윤정희 글·그림 <펭귄 젠투의 용기>

내용: 추위를 피해 숲속 친구들에게 온 젠투 펭귄. 나무에서 떨어진 새알을 보고 나무 위로 올려주었어요. 숲을 사랑하는 마음으로 숲속 여기저기 돌아다니며 친구들을 돌보던 어느 날 마음 고약한 고릴라가 도전장을 냈어요. 줄넘기 시합을 하자고! 줄넘기를 잘하지 못하는 젠투 펭귄. 펭귄은 줄넘기 시합을 받아들일까요?

윤정희 작가는 학교에서 14년째 전래놀이, 창의놀이, 신체표현 놀이로 아이들을 만나고 있는 선생님입니다. 제가 처음 뵈었을 때부터 놀이를 매개로 한 동화에 관심이 많았죠.
"AI를 활용해 그림 동화를 출간할 수 있게 된 지금, 창작의 매력에 푹 빠져 살고 있습니다. 이 책을 읽는 독자들에게 경쟁보다는 사랑과 배려의 힘을 이야기하고 싶습니다. '혼자 가면 빠르지만, 같이 가면 멀리 간다'는 말처럼 세상을 살다 보니 경쟁보다는 배려와 관심이 우리의 삶을 얼마나 살맛 나게 하는지 나의 수업에 참여하는 아이들과 나누고 싶었습니다."
윤 작가는 아이들과 전래동화를 읽은 날은 전래놀이를, 창작동화를 읽은 날은 연극놀이를 한다고 해요. 책을 읽고 책에 나온 것을 바탕으로 놀고 있다니! 윤 작가의 수업을 듣는 아이들은 정말 살맛 나는 아동기를 보낼 것 같아요. 세상의 모든 아이가 살맛 나는 재미를 알았으면 좋겠습니다.

Chapter 2_ AI로 콘텐츠를 만들고 활용하기 | 61

▶ 윤정희 <펭귄 젠투의 용기> 188 × 254mm(2024)

13. 이순주 글·그림 <도윤이의 앞니는 어디로 갔을까?>

내용: 도윤이 이빨은 왜 안 나는 걸까요? 고민이 많은 도윤이에게 요정이 찾아왔어요. 헌 이빨을 도둑맞아 새 이빨을 보내지 못하고 있다고 해요. 요정과 도윤이는 이빨을 찾아 나섰어요. 도윤이는 이빨을 찾을 수 있을까요?

이순주 작가는 극단 '나우'를 창립할 만큼 연극에 관심이 많은 분입니다. 창작에 도 관심이 많아 문예창작을 전공했지만, 사정이 여의치 않아 일만 하며 살았다고 해요. 거의 30여 년 동안 설날 외에는 쉬지 않고 일을 했다는 이순주 작가의 이야기를 듣고 존경하지 않을 수 없었습니다.
"책 읽기를 좋아하는 저는 주로 다독을 하는 편이었어요. 그런데 창작하는 시간을 가지면서 다독보다는 정독이 글쓰기에 더 도움이 된다는 것을 깨달았죠. 이번이 첫 책 출간인데, 두려움 반 설렘 반입니다. <도윤이의 앞니는 어디로 갔을까?>는 제 손주 도윤이의 이야기를 모티브로 삼았습니다. 이가 빠진 손주 도윤이의 앞니가 유난히 늦게 나오면서 걱정을 크게 하는 도윤이에게 들려주던 이야기를 그림과 함께 펴냈지요. 아이들이 상상과 현실을 구분하기 모호한 시기에는 동화책만큼 좋은 친구가 없다는 생각이 듭니다. 우리 아이들이 영상매체에 무분별하게 노출되는 요즘, 이 그림 동화책이 아이들에게 비타민 같은 영양제가 되길 희망합니다."

▶ 이순주 <도윤이의 앞니는 어디로 갔을까?> 210×210mm(2024)

14. 홍경란 글·그림 <인공지능 드레스 내 친구 루미>

내용: 인공지능 드레스 지침: 나는 인공지능 드레스다. 나보다 지능이 높은 드레스는 없다. 나는 나를 선택하는 사람에 맞춰 최적의 솔루션을 제시할 수 있다. 이제 세상에 나가서 나 하나로 패션은 충분하다는 것을 입증한다.

인공지능 드레스 루미가 백화점에서 가장 잘 보이는 곳에 있어요. 모두 멋있다고 수군거려요. 인공지능 드레스 루미는 날씨에 따라 옷을 추천해 주기도 하고 색도 바꿀 수 있어요. 그래서 메타 백화점의 제일 좋은 자리를 차지하고 있지요! 그러던 어느 날 루미는 할인 코너로 옮겨졌어요. 더 강력한 AI 드레스가 나타났기 때문이에요. 루미보다 색이 더 빠르게 변하고 길이도 변하고, 사람 몸에 크기도 맞춘대요. 그때부터 루미의 불행이 시작돼요. 불행한 루미는 드레스로서 잘 살아갈 수 있을까요? 드레스 루미가 잘 살아가는 길은 어떤 길일까요?

홍경란 작가는 여성의류쇼핑몰(그리지밍)을 운영하고 있어요. 그래서 그런지 옷과 늘 대화를 하며 지낸다고 해요. 인공지능 드레스 루미를 주인공으로 동화를 쓴 걸 보면 작가님은 정말 옷을 사랑하는 것 같아요.
<인공지능 드레스 내 친구 루미>는 작가가 인공지능과의 특별한 만남 덕에 탄생한 작품이라고 해요. 홍경란 작가는 이 책을 통해 기술의 발전이 얼마나 놀라운 가능성을 열어주는지 보여주고 싶었대요. 그리고 인공지능 드레스를 입은 루미와 함께, 독자도 새로운 세상을 경험하고 인공지능의 가능성을 직접 시험해 보길 바란다고 해요.

Chapter 2_ AI로 콘텐츠를 만들고 활용하기 | 65

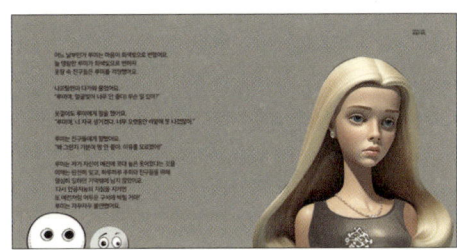

▶ 홍경란 <인공지능 드레스 내 친구 루미> 188 × 254mm(2023)

15. 예경 글·그림 <화성 괴물의 침략>

내용: 2050년 화성. 인구가 폭발적으로 늘어나자 사람들은 화성으로 이주해 살게 되었어요. 그런데 화성은 산소가 거의 없고 너무나 추워 사람들은 커다란 인공 돔을 건설해 그 안에 살게 되었죠. 학교에서는 맑은 공기를 만들어 시민들에게 나누어 주었어요. 어느 평화로운 하루, 제주도 면적보다 큰 황사가 화성에 퍼지기 시작했어요. 황사는 나무학교를 집어삼키며 서서히 교실로 다가왔어요. 산산이와 같은 반 친구들은 숨을 제대로 쉬지 못했어요. 어느새 괴물 모습으로 변한 황사가 스멀스멀 교실로 기어들어와 앞이 잘 보이지 않게 되었어요. 나무학교 학생들과 선생님은 화성에 나타난 괴물을 물리치기 위해 온갖 방법을 찾기 시작해요. 과연 나무학교 학생들은 화성 괴물을 어떻게 물리쳤을까요?

예경 작가는 약사예요. CJ 연구원으로 오랫동안 근무했어요. 20년 이상 의약품과 건강기능식품, 자연약을 연구하고 개발했지요. 오랫동안 서양의학을 공부하고 연구하고 나서 얻은 결론은 체질에 맞는 식생활 습관으로 자연치유력을 높이는 게 건강하게 오래 살 수 있는 방법임을 깨달았다고 해요. 먹는 습관이나 생활 습관은 어릴 때부터 바르고 건강한 먹거리로 잡아 주고 실천하는 것이 중요하다고 해요. 건강한 먹거리는 모두 건강한 환경과 밀접한 관계가 있기에 동화도 건강한 환경의 중요성에 대해 쓰고 싶었다고 해요. 이 동화책에는 약사 작가가 알려주는 과학 상식이 가득하답니다. 예경 작가는 요즘 기후변화에 대한 위기를 실감하여, 그린플루언서로 활발하게 활동하고 있습니다.

Chapter 2_ AI로 콘텐츠를 만들고 활용하기 | 67

▶ 예경 <화성 괴물의 침략> 188 × 254mm(2023)

16. 예본 글·그림 <별이의 꿈속 모험>

내용: 잠자기 싫어하는 별이에게 엄마가 말했어요. 꿈속에서 만나서 놀자고요. 별이가 물었어요. "꿈이 뭔데요?" "잠이 들면 가는 곳이지. 별이가 좋아하는 곰돌이랑같이 놀이공원도 가고, 우주도 갈 수 있단다." 엄마가 말했어요. "정말요? 그럼 장난감 곰돌이랑, 함께 가고 싶어요." 별이는 잠을 자는 것도 재미있을 수 있다는 것을 알았어요. 엄마가 침대에 누운 별이에게 눈을 감고 밤하늘을 날고 있다고 상상하라고 했어요. 친구인 곰돌이랑 가고 싶은 곳을 상상하면 별이랑 같이 꿈 행성에 가서 재미있게 놀 수 있다고 해요. 정말일까요? 별이는 정말 꿈속에서 곰돌이를 만날 수 있을까요?

예본 작가는 미국에서 살고 있어요. '양 작가의 오딧스AI 크리에이터' 활동은 모두 줌으로 했습니다. 직접 뵌 적은 없지만 줌으로 뵙기만 해도 알 수 있었어요. 무척 따뜻하고 자상한 분이라는 것을요. 예본 작가는 미국 조지 사이몬튼과 메릴 다이아몬드 패션컴퍼니에서 패션 그래픽디자이너로 근무했다고 해요. 일본 요코하마 인터내셔널 패션디자인 콘테스트에 입상할 만큼 실력 있는 분이지요. 세계적으로 유명한 패션 잡지사인 <켈렉션>지 패션 편집부와 함께 일도 했지요. 예본 작가는 비주얼 아티스트로서, 또 동화 작가로서 활동하며 인공지능을 활용한 새로운 툴들을 사용하여 지금도 신나고 재미있게 작품 활동을 하고 있다고 해요.
"아주 어릴 때 잠자기 싫어하던 아들이 말을 하기 시작할 무렵 아이가 말하더라고요. 왜 자기 싫은지를…. 그때 아이에게 들려주었던 이야기가 생각나 책으로 펴냈습니다. 아무쪼록 아이 잠재우기를 힘들어하는 분들이 아이들에게 읽어주어 아이들이 즐겁게 잠들기를 바랄 뿐"이라고 예본 작가는 말합니다.

▶ 예본 <별이의 꿈속 모험> 188 x 254mm(2023)

17. 뚱뚜루 글·그림 <집짓기 천재 비버 겨니>

내용: 비버 겨니는 열심히 집을 지어도 늑대가 찾아와서 매번 부서뜨리는 것을 참을 수 없었어요. 잘 마무리해서 완성시켰다고 생각했는데…. 늑대는 비버 겨니의 작은 실수를 어떻게 알았는지 망가뜨려요. 비버 겨니는 늑대랑 싸우면서 깨진 안경알 때문에 잘 보이지 않지만 다시 한 번 꼼꼼하게 집을 짓습니다. 과연 집은 튼튼하게 지어졌을까요? 비버 겨니는 집이 없어 고생하는 돌이와 고미네를 도와줄 수 있을까요?

뚱뚜루 작가는 건축가로서 미래의 희망인 아이들과 이야기를 나누고 싶었다고 합니다. 동화라는 매체를 통해 마음을 전하고, 사람들이 상상하는 '나만의 집'을 짓기 위해 메타시티에서 오늘도 열심히 집과 건물을 짓고 있습니다.
얼마 전 통화를 했는데 클라이언트를 만날 때 동화책이 큰 힘이 되고 있다고 합니다. 클라이언트를 만나는 자리나 모임이 있으면 동화책을 가지고 나간다고 해요. 명함 대신 동화책을 드리면 대부분 반응이 "아, 어쩐지, 맑아 보였어요. 아, 어쩐지…"하면서 바로 마음의 무장을 해제한다고 해요. 동화가 사람의 마음을 무장해제시키는 마법이 있다는 걸 새삼 느끼고 있답니다.

Chapter 2_ AI로 콘텐츠를 만들고 활용하기 | 71

▶ 뚱뚜루 <집짓기 천재 비버 겨니> 188 × 254mm(2023)

18. 이혜정 글·그림 <비밀의 세계 로니버스>

내용: 오염된 지구. 사람들도 사육사도 없어졌고 멸종위기 동물인 빨간 여우, 담비, 호랑이, 반달곰만 남았어요.
"사람들은 모두 어디로 간 걸까?"
"로니버스로 떠났다던데. 우리도 거기로 가야 하지 않아?"
"옛날 지구처럼 살기 좋은 곳이라던데."
둘의 대화를 듣고 있던 반달곰은 "난 어디로 떠나는 게 두려워"라고 말했어요.
"셋이 함께하면, 무섭지 않을 거야. 그치?" 빨간여우는 반달곰에게 말했어요.
그때 트럭 한 대가 식당 앞에서 멈춰 섰어요.
"여기서 뭐 해? 지금 로니버스로 가는 길이니까 빨리 타."
셋은 우물쭈물하다가 트럭에 올라탔어요.
트럭은 과연 로니버스로 동물들을 데리고 갔을까요?

이혜정 작가는 이화여자대학교에서 동양화를 전공하고 대학원에서 공간조명디자인을 공부했습니다. 이혜정 작가는 엄마로서 근래에 힘든 시간을 보낸 늦둥이 아들에게 들려주고 싶은 이야기가 있어 동화책을 썼다고 해요.
"어느 날 갑자기 사람들이 사라진 거죠. 동물원 사파리에 있던 호랑이, 여우, 곰, 담비가 추위와 배고픔에 지쳐 사람들을 찾아 나선 이야기예요. 우리 사람들이 요즘 메타버스에 가는 것처럼 멸종위기 동물들도 메타버스에서는 행복하게 살았으면 하는 마음으로 집필했어요."

Chapter 2_ AI로 콘텐츠를 만들고 활용하기 | 73

▶ 이혜정 <비밀의 세계 로니버스> 188 × 254mm(2023)

19. 포도 글·그림 <미루와 이상한 호텔>

내용: 민트색 우산의 자리는 현관 캐비닛 첫 번째, 인형 보보의 자리는 정리함 속. 다 본 책은 책꽂이 두 번째 칸, 치약은 항상 끝에서부터 눌러야 해. 안 그러면 무서운 일이 생겨. 나도 모르게 치약을 중간부터 짰나 봐. 아빠가 괴물로 변했어. 엄마는 괴물로 변한 아빠와 싸웠어. 그리고 엄마는 화가 나서 아무 말도 하지 않아. 어쩌면 좋지? 다행히 아빠가 여행을 가지고 해. 나와 미나는 지구본의 한 군데를 딱 찍었고, 우리는 그곳으로 여행을 떠났어. 그곳은 아주 작은 섬. 그런데 그곳에서 기적이 일어나. 어떤 기적인지 들어볼래? 아빠가 변했어.

포도 작가는 그림작가로 이미 몇 편의 그림책을 그렸죠. 이 책은 글작가로서 출간한 첫 번째 그림 동화책입니다.

"매일 이슈를 쏟아내는 인공지능 관련 툴과 정보, 그 파도 위에 저 자신을 띄워 보고 싶었어요. 이번 이야기에서 힘든 세상을 살아가느라 고생하신 아버지에 대해 깊이 생각하게 되어 더할 나위 없이 좋았습니다. 현재는 미국에 살고 있지만 어린 시절에는 남해의 작은 섬에서 살았어요. 그때의 추억과 경험이 저의 작품에 따뜻함과 정감을 불어넣게 만들어요. 저는 그림책 작가로서, 사람들에게 위로와 따뜻함을 전하고 싶습니다. 연필로 그리고 포토샵으로 채색하는 과정을 거쳐 그림을 완성해요. 최근 AI 아트와 디지털 아트의 협력에 대한 호기심이 생겨 이번 프로젝트에 참여하게 되었죠. 이러한 새로운 예술 형식들은 미래의 예술을 개척하는 데 큰 역할을 하고 있다고 생각합니다. 수용과 배척 사이에서 고민하면서 새로운 시도를 하는 것은 매우 도전적이지만, 이러한 도전적인 시도가 미래의 예술을 열어갈 수 있는 계기가 될 것이라 생각합니다."

Chapter 2_ AI로 콘텐츠를 만들고 활용하기 | 75

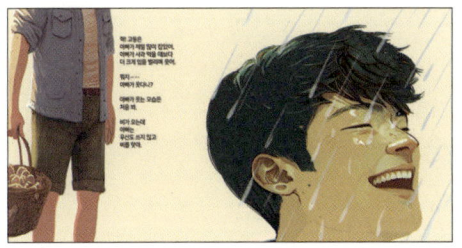

▶ 포도 <미루와 이상한 호텔> 188 × 254mm(2023)

20. 소윤 글·그림 <인공지능 고양이의 아기 키우기>

내용: '컴퓨터 엔지니어'인 동화 엄마. 어느 날 버려진 로봇 고양이 가족을 가지고 와서 생명을 불어넣어요. 어! 그런데 보통 로봇이 아닌 인공지능 로봇 고양이들 이었어요. 고양이들에게 이것저것 가르치며 지내던 어느 날, 엄마는 교통사고를 당해 더 이상 동화 옆에 있지 못하게 되었어요. 이때부터 인공지능 고양이들의 좌충우돌 아기 키우기가 시작되어요.
그런데 아기 고양이 쭈니의 질투가 만만치 않네요. 고양이 쭈니와 동화는 잘 자랄 수 있을까요? 이 동화는 인공지능과의 관계를 따뜻한 시선으로 바라보는 작가의 마음이 느껴지는 동화입니다.

소윤 작가는 외대 영문과를 나와 줄곧 입시학원에서 영어 강사로 재직했습니다. 20년 가까이 아이들을 가르치며, 꿈을 찾아가는 아이들을 보며 함께 성장했다고 해요. 기술의 발달로 AI를 제대로 다룰 줄 아는 사람이 상상을 현실로 가능케 하는 시대에, AI도 활용하는 사람의 '사람다움'을 닮아간다는 생각이 든다고 해요. 그래서 '아름다운' 사람이 되고자 매일 아침 마음 수련을 하며 chat GPT와 대화한다고 합니다. 이 글을 통해 소윤 작가는 자라나는 아이들에게 세상을 살아가는 데 중요한 세 가지를 전하고 싶다고 해요. 첫째 사람과 도구를 통한 세상과의 연결, 둘째 나만이 가지고 있는 매력, 그리고 제일 중요한 사람만이 가지고 있는 공감해 주는 마음을 갖기 바란다고 해요.

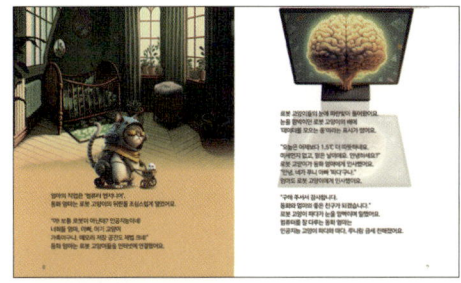

▶ 소윤 <인공지능 고양이의 아기 키우기> 188 x 254mm(2023)

21. 양승숙 글·그림 <꽃향기를 찾아온 밍크고래 플루>

내용: 하늘을 나는 것을 바다에서 헤엄치는 것보다 좋아하는 밍크고래 플루. 헤엄치며 새우 잡는 법을 배우라는 아빠의 말씀을 듣지 않고 하늘을 날던 어느 날이었어요. 멀리서 빙산이 떠내려오는 걸 본 플루가 아빠 밍크고래에게 소리쳤지만, 아빠 밍크고래는 빙산에 머리를 부딪혀 그만 기억을 잃고 말았어요. 플루는 동생과 함께 척척박사 할아버지에게 아빠의 기억상실증을 고치게 할 방법을 물어보러 갔어요. 그런데 생전 듣도 보도 못한 '바다이슬'이 필요하다는 거예요. 바다이슬을 찾아 헤매던 어느 날, 용왕님이 바다이슬은 고래들의 고향 고래골에 있다는 거예요. 동생 므누와 플루는 아빠의 기억을 찾을 수 있는 신비의 약초, 바다이슬을 찾으러 하늘 위를 날아올라요. 드디어 플루와 므누의 모험이 시작되지요! 플루와 므누는 바다이슬을 찾아올 수 있을까요? 바다이슬은 도대체 어떻게 생긴 걸까요?

제가 이 책을 쓰게 된 것은 대청호에 갔다가 고래바위가 있다는 전설을 듣고 나서예요. 대전에 있는 대청호에 갔다가 깜짝 놀랐습니다. 육지에 이런 거대한 호수가 있다고 누가 생각이나 했겠어요. 게다가 아름답기로는 스위스 풍경이 부럽지 않더군요. 유튜브에서 외국의 명소를 소개하는 줄 알고 보고 있는데 대청호라 하더라고요. 바로 차를 달려 갔다온 곳이죠. 정말 고래가 나올법한 규모에 천상의 정원이라고 칭해도 될 만큼 아름답더라고요. 이후에도 가끔 시간이 날 때면 대청호에 가는데요. 주변에 '대통령의 별장'이라 불리는 청남대도 있어 당일치기 여행으로 추천드릴 만합니다.

Chapter 2_ AI로 콘텐츠를 만들고 활용하기 | 79

▶ 양승숙 <꽃향기를 찾아온 밍크고래 플루> 188 × 254mm(2023)

22 양승숙 글·그림 <대청호를 지키는 고래 5형제>

내용: 며칠째 병든 대왕고래가 늘고 있어요. 용궁은 난리가 났어요. 문어대신은 빨리 대책을 세우지 않으면 바다에서 고래들이 모두 사라질지도 모른다고 해요. 용왕님은 고민이 많았어요. 이유를 알지 못했거든요. 그때 거북대신이 말했어요. 고래들의 고향에 있는 호흡 구슬의 안전에 문제가 생겼을지도 모른다고요. 1000년 전에도 그랬대요. 고래들의 고향에 있는 호흡 구슬을 구하기 위해 용왕님의 다섯 손자 황호, 이현, 용호, 미호, 삼정이 나섰어요. 용왕님은 손자를 모두 고래로 변신시켜 주었어요. 대한민국 앞바다에서 고래들의 고향 대청호로 향하는 5형제. 그곳에서 다섯 고래에게 무슨 일이 닥친 것일까요? 대청호 주변 마을 이름 황호, 이현, 용호 미호, 삼정과 고래로 변신한 용왕님의 다섯 손자 이름이 같은 것은 우연일까요?

바다에 사는 대부분의 생명이 알에서 태어나는 것과는 달리 고래는 엄마 배 속에서 태어나지요. 왜 그럴까요? 고래들이 아주 오래전에는 우리처럼 육지에서 살았다는 증거 아닐까요? 대청호에 가면 5개의 고래바위가 있어요. 용왕님의 손자들이 고래로 변해 대청호에 왔다가 바위가 되었다는 전설이 있어요. 고래들은 왜 대청호에 왔는지, 왜 바위가 되었는지, 아무도 모른다고 해요. 앞에서 말씀드린 것처럼 대청호를 좋아하다 보니 대청호도 제가 좋았나 봅니다. 제게 자꾸 고래들의 이야기를 해주는 거예요. 왜 고래들이 대청호에 왔었는지, 대청호에서 무슨 일이 있었는지…. 대청호가 해준 이야기를 그대로 옮겨보았습니다.

Chapter 2_ AI로 콘텐츠를 만들고 활용하기 | 81

▶ 양승숙 <대청호를 지키는 고래 5형제 > 210 x 210mm(2024)

23 김동진 글·그림 <시작하는 사랑을 위한 마법의 레시피>

내용: 량화에게 맘에 드는 남자친구가 생겼어요. 그런데 인기가 얼마나 좋은지 수줍은 량화는 말 한번 걸 수가 없어요. 그러던 어느 날 어린이집 선생님이 요리대회를 한다는 거예요. 친구들 모두 자기 요리가 최고라고 자랑하며 요리대회 우승을 장담해요. 량화도 질 수 없어 요리대회에서 아빠랑 맛있는 케이크를 만들어 보이겠다며 우승을 장담해요. 아빠와 둘이 사는 량화는 이때부터 케이크 생각뿐입니다. 그래도 요리할 케이크는 정했어요. 크레이프케이크. 하나하나 정성을 쌓아 올려야 만들 수 있는 크레이프케이크라면 남자친구가 정말 좋아할 것 같았어요. 그런데 같이 케이크를 만들어야 하는 아빠가 매일 야근으로 집에 늦게 들어와요. 또 어렵게 시간을 낸 아빠와 케이크를 만들었는데 케이크가 망가져 버렸죠. 크레이프케이크는 쉽게 만들 수 있는 케이크가 아니었어요. 요리대회는 다가오는데 속상해서 눈물만 나던 어느 날, 량화의 꿈속에 요정이 나타나 마법의 레시피를 알려줘요. 요리대회 당일, 량화는 정말 레시피대로 케이크를 만들어 우승을 했을까요?

김동진 작가는 이 동화를 쓰는 동안 딸 량화와 재미있고 행복했다고 해요. 딸이 주인공이니 작가인 아빠가 딸의 이런저런 마음을 인터뷰하고 AI에게 그림을 생성할 때도 아이랑 의논하면서 서로에 대해 더 많이 알게 되었다고 해요. 그뿐 아니라 책이 출간되고 나서 광화문 교보문고에서 '인공지능과 동화창작'이란 강의를 했는데, 딸아이와 동화의 주인공인 남자친구까지 와서 잊지 못할 추억을 만들었다고 해요. 동화 속에서 량화의 남자친구가 포스트잇에 글을 써서 량화에게 주는 장면이 있는데, 그 글을 진짜 남자친구가 써주었다고 해요.

Chapter 2_ AI로 콘텐츠를 만들고 활용하기 | 83

▶ 김동진 <시작하는 사랑을 위한 마법의 레시피> 188 × 254mm(2023)

24. 스토리북 기획전시

대청호를 지키는 고래 5형제

양승숙 개인전

장소 : 대전시 대청문화전시관

일시 : 2024. 3. 29.- 5. 6.
     (오전 11시 - 오후 5시)

이번 전시는 AI를 활용해 창작한 동화의 원화로 그림 전시회를 열었습니다. 대청호에 전해 내려오는 여수바위 설화를 모티브로 만든 동화 <대청호를 구한 고래 5형제>와 <꽃향기를 찾아온 밍크고래 플루> 원화전입니다.

이 전시회는 동화의 바닷속 풍경을 현실로 불러와 관람객들이 마치 그 이야기 속으로 들어간 듯한 경험을 할 수 있도록 기획했습니다. 방문객들은 물방울 속을 지나며 동화의 주인공인 고래를 만날 수 있었습니다.

돌이 되어버린 고래들에게 마음을 전하는 순간은 이 전시가 단순한 관람을 넘어 관람객들에게 감정적 교감을 이끌어내는 특별한 경험을 제공했습니다.

동화 내용을 다채롭게 경험할 수 있도록 전 페이지를 전시했습니다.

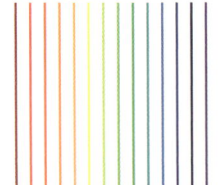

글자로 만드는 그림 동화 展

Picturebooks with Large Language Model

글자로 만드는 그림 동화 展
단체전

장소 : 대전시 대청문화전시관

일시 : 2024. 3. 29~5. 6
(오전 11시~오후 5시)

AI를 활용하여 만들어 낸 그림 동화 단체전은 다양한 관전 포인트가 있습니다.

동화의 원화를 AI 툴을 활용해 에니메이션을 제작, 전시했으며 관람객들을

위한 기념 포토존 <이야기가 쏟아지는 곳>을 준비했습니다.

그뿐 아니라 동화 캐릭터에게 전달하고 싶은 메시지 코너도 준비했습니다.

Chapter 3. AI를 배우는 데 하필 스토리인 이유?

1장 스토리의 힘! 스토리가 없는 명품은 없다
2장 스토리로 이해하는 세상
3장 스토리는 어떻게 만들어지는가
4장 사람이 만든 책보다 책이 만든 사람이 많다
5장 NFT도 스토리에서 시작

AI를 활용해 크리에이터가 되는 방법은 여러 가지가 있지만, 이 책에서는 스토리 창작을 통해 동화작가가 되는 법을 주로 소개하고 있습니다. 제가 스토리 작가이기도 하지만 스토리가 가진 힘은 우리의 생각보다 강력하기 때문이죠. 이야기에는 사람의 마음을 움직여 설득하고 감동을 주는 엄청난 힘이 있습니다. 그래서 우리는 한 번쯤 나의 스토리와 생각을 담은 소설이나 동화를 쓰고 싶다는 생각을 해보는 것이죠. 이미 세상은 이런 스토리텔링의 힘을 마케팅적으로 너무나 잘 활용하고 있습니다. 우리가 잘 몰랐던 스토리의 쓰임새와 위력을 한번 자세히 살펴볼까요?

1장 스토리의 힘! 스토리가 없는 명품은 없다

AI로 일자리가 사라지고 있다는데 늘고 있는 곳도 있습니다. AI 모델을 훈련하고 데이터를 분류하는 역할을 하는 AI 트레이너를 비롯해 AI 윤리전문가, AI 소프트웨어 개발자, AI 기술이 사용자친화적이고 직관적인 방식으로 제공할 수 있도록 디자인하는 AI 사용자 경험 디자이너 등 다양합니다. 저도 4~5년 전만 해도 AI를 강의하리란 생각은 꿈에도 하지 못했습니다. 한참 NFT가 핫하기에 '도대체 NFT가 뭐기에 그렇게 사람들이 관심이 많지?' 하며 관심을 기울이기 시작한 것이 오늘 여기까지 왔네요.

3년 전 NFT 비즈니스클럽 첫 수업 때 제 동화로 NFT를 발행해 클럽의 100여 명에게 에어드랍(무료 증정)을 하면서 AI를 활용하기 시작했습니다. 그때 인연을 맺은 MKYU의 김미경 대표님이 <마흔수업> 책에 제 스토리를 넣었는데, 그 책이 20만 부 이상 판매되어 그 효과를 저도 톡톡히 보고 있습니다. 저의 '동화작가 되기' 수업을 들었던 사람 중 한 분이 <마흔수업>에서 알게 된 작가에게 동화를 배울 수 있게 되었다고 좋아했던 기억이 납니다. 대학에서 학생을 가르치는 분이었는데, 제 스토리가 대학의 교수님에게까지 전달된 건 역시 김미경 대표님의 힘이 아닌가 싶습니다.

<김미경의 마흔수업> 중 일부

웹3.0은 이제 시작이라 어차피 20대도 모르고 60대도 모른다. 모두가 1학년인 세상이니 먼저 공부하고 차지하는 사람이 임자다……. 나이를 핑계로 늦었다는 생각만 하지 말자. 지금의 40대가 100세까지 돈을 벌고 커리어를 만들며 자존감 있게 살아가야 할 세상은 어차피 웹3.0이다. 지금까지 수십 권의 동화책을 써낸 유명 동화작가 양승숙 님은 나처럼 평생을 아날로그 세상에서 살았던 사람이다. 그런데 지난해 그녀는 스스로 놀라운 커리어를 만들었다. '국내 최초의 동화책 NFT 발행 작가.' 올해 55세인 그녀가 직접 코딩을 독학해 자신의 동화책으로 NFT를 만든 것이다.

"지금까지 세상이 변할 때마다 기회를 계속 놓쳤어요. 처음 인터넷이 생길 때도, 플랫폼이 막 생겨날 때도 우물쭈물하다 놓쳤죠. 이번만은 놓치고 싶지 않아 공부를 시작했는데, 생각보다 어렵지 않더라고요. 제일 싸게 배울 수 있는 게 책이니까 책을 10권 정도 읽고 유튜브를 보며 따라 하면 누구나 할 수 있어요. NFT 코딩도 요즘에는 기존 개발자들이 만들어 놓은 프로그램이 많아서 내 스타일대로 바꾸기만 하면 돼요."

양승숙 작가는 NFT로 작가와 출판사뿐 아니라 독자도 책의 주인이 될 수 있는 세상을 꿈꾼다. 동화책을 NFT 1000개로 만들어 각각의 NFT에 소유권을 주는 것이다. 그렇게 되면 독자들도 언제든지 NFT를 사고파는 과정에서 수익을 얻을 수 있다. 이를 통해 독자들과 끈끈한 파트너가 되고 지속적인 커뮤니티를 만들 수 있다는 것이 그녀의 생각이다. 달라진 웹3.0 세상의 작동 방식을 정확히 이해하고 있는 것이다.

양승숙 작가는 요즘 그녀처럼 NFT를 발행하고 싶어하는 이들에게 NFT 기초 코딩을 무료로 가르쳐주는 수업도 진행하고 있다. 그리고 그들과 세계 최초로 '인공지능 동화책'을 출간하는 프로젝트도 진행 중이다. AI 프로그램을 활용해 만든 동화책을 미국 아마존과 국내 출판사에서 온·오프라인으로 출간하는 게 목표다. "이제 AI로 특별한 재능과 숙련된 스킬이 없어도 누구나 콘텐츠를 만들고 작가가 될 수 있는 시대"라고 말하는 그녀를 보며 40, 50대들의 숙련된 내공에 기술만 탑재하면 웹3.0 세상을 충분히 리딩하고도 남겠다는 확신이 들었다.

1년 만에 아날로그 동화작가에서 NFT 동화책 전문가, AI 콘텐츠 전문가로 변신한 양승숙 작가. 그녀는 앞으로도 이전에 없던 새로운 미래 커리어를 만들어 나갈 것이다. 세상의 돈은 과거로 흐르는 법이 없다. 언제나 미래로 흐른다. 그렇기에 우리는 새로운 커리어도 미래에서 찾아야 한다.

▶ 김미경 <김미경의 마흔수업>

김미경 대표님이 언급한 저의 스토리가 알려지면서 '양 작가의 오딧스AI 크리에이터' 과정에 들어오고자 하는 작가 지망생이 많아진 것처럼, 이름이 알려지는 것은 대부분 사연, 스토리가 있기 때문이지요.

루이 비통, 샤넬, 프라다, 에르메스 등 브랜드가 명품으로 인식되는 데 가장 큰 역할을 한 것이 바로 스토리라고 할 수 있습니다.

명품 가방 중 대중에게 가장 잘 알려진 것 중 하나가 루이 비통인데요. 핸드백뿐 아니라 신발, 의류 등 다양한 상품을 출시하는 이 브랜드는 사실 여행 가방 전문 브랜드로 시작했습니다.

1921년 영국에서 출발해 프랑스를 거쳐 미국 뉴욕으로 가는 타이타닉의 일등실 승객 중 몇 명이 루이 비통 가방에 짐을 실었습니다. 그런데 뉴욕으로 가던 타이타닉호가 바다 한가운데서 침몰했죠. 나중에 난파 해역 근방에서 사람들이 물건들을 건져 올렸는데요. 놀랍게도 루이 비통 가방에 있는 옷과 물건들은 전혀 젖지를 않았어요. 비가 조금만 와도 가방 속에 넣은 옷이 젖을까 걱정하던 시절, 바닷물에 빠져 며칠을 떠다녔는데도 옷이 뽀송뽀송하게 그대로 있다니! 사람들은 뒤통수를 한 대 맞은 것처럼 이 스토리를 전하기 시작했죠. 그래서 루이 비통이 너도 나도 사고 싶은 명품 브랜드가 되었다고 해요. 에르메스는 이보다 더 노골적으로 스토리텔링을 했다고 해요. 현재 에르메스의 상징과도 같은 캘리백은 모나코 왕비 그레이스 캘리에게 에르메스가 선물한 백에서 유래한 명칭이라고 해요. 그레이스 캘리의 임신한 배를 우아하게 가릴 수 있도록 만든 백이 바로 캘리백이죠. 에르메스는 모나코 왕비 그레이스 캘리에게 백을 만들어 선물하고 그 사실을 마케팅에 활용하면서 현재의 최고급 명품 브랜드로 부상했습니다.

스토리텔링으로 탄생한 브랜드

1. **지포 라이터:** 지포 라이터는 미국 브랜드 역사에서 신화 같은 존재예요. 원래는 단순히 비싼 라이터였는데, 제2차 세계대전 중에 한 군인이 총에 맞았으나 지포 라이터가 총알을 막아 목숨을 구한 일이 알려지면서 '행운의 상징' '나를 지키는 수호신' 같은 이미지로 변모했어요.

2. **에비앙 생수:** 프랑스 남부 알프스 산맥 근처의 작은 마을 에비앙에서 시작된 이야기로, 신장결석을 앓던 한 귀족이 에비앙의 지하수를 마시고 치유되었다는 전설에서 비롯되어 이 브랜드가 탄생했어요.

3. **1865 칠레 와인:** 1865 와인은 칠레의 대표 와인 브랜드로, 1865년 창립을 기념하는 것뿐만 아니라, 골프를 좋아하는 사람들에게 '18홀에서 65타를 칠 수 있다'는 꿈같은 숫자로 마케팅되었어요.

4. **아딸 떡볶이:** 아딸의 스토리는 실제 아빠와 딸의 이야기를 바탕으로 한 거예요. 가족의 사랑과 공유 경험을 주제로 삼아, 아빠가 만든 떡볶이와 딸이 만든 튀김이라는 콘셉트로 성공적으로 브랜드를 론칭했어요.

5. **파타고니아:** 1973년에 설립된 아웃도어 의류 및 장비 브랜드인 파타고니아는 환경보호와 지속 가능한 생산에 중점을 두고 있어요. "행동주의 환경주의자"라고 불리며, '이 재킷을 사지 마세요' 캠페인을 통해 환경보호에 대한 메시지를 전달하고, 지속 가능한 환경보호 활동을 실천하고 있어요

2장 스토리로 이해하는 세상

저는 집에 안테나가 없어서 KBS, MBC, SBS 등 공중파 TV를 보지 못합니다. 그래서 대부분의 정보를 인터넷 신문과 유튜브를 통해 접하고 있습니다. 특히 유튜브를 많이 보고 있습니다. 유튜브 알고리즘이 저에게 보여주는 세상은 놀랍기 그지없습니다.

어느 날은 우익 성향의 유튜브를 보여주고 어느 날은 좌편향의 유튜브를 보여줍니다. 그러다 보면 똑같은 내용을 말하는 것 같은데 전혀 다른 시각에서 해석하고 있다는 것을 느낍니다. 누구의 말이 맞는 걸까요? 얘기를 들어보면 다 맞는 것 같더라고요. 보는 시각에 따라 다르게 보이는 것이겠죠.

진실은 있겠지만 그 진실을 판단하는 기준, 그 기준이 과거와는 많이 달라진 것 같아요. 옛날에는 선생님, 교수님, 명망 있는 분들이 말하면 믿었지만, 지금은 꼭 그렇지만은 않은 것 같아요. 아니, 명망 있는 분들의 이야기가 많은 사람에게 전해지고 있지 않아서 그런 것도 같긴 합니다만…. 명망 있는 분들의 유튜브 조회수가 1만 뷰가 넘지 않는 걸 보면 말입니다. 그런데 가볍고 재밌는 분들이 운영하는 유튜브를 보면 조회수가 10만, 100만, 1000만 뷰를 넘기는 경우가 허다하지요. 이들이 하는 말과 스토리가 더 많은 사람에게 전해지고 있습니다. 이분들이 전하는 스토리를 믿는 사람이 당연히 더 많겠죠. 언론이나 정보가 한정되어 있을 때는 주류

정보를 진실이라고 믿고 살았지만, 인터넷과 유튜브 등 SNS를 통해 들어오는 무한한 정보에서 진실을 가려내기란 쉽지 않잖아요. 그리고 그 진실이라는 것이, 보는 시각에 따라 충분히 달라질 수 있다는 것을 우리는 잘 알고 있죠. 5월이면 뉴스를 장식하는 노사정 문제에서 노동자 측은 물가를 감안하면 10%는 더 올려주어야 한다고 하고 사측은 원자재가 너무 올라 급여는 올리기 어렵다, 급여를 올릴 경우 제품 원가가 늘어나 가격 인상은 불가피하다고 주장합니다. 정부는 물가가 많이 올라 서민 경제가 어려우니 기업들이 제품가를 인상하는 것을 극도로 억제하지요.

제가 노동자라면 임금이 인상되는 게 맞는 것 같고, 제가 기업주라면 급여를 올려주어야 하니 제품가를 올리는 것이 맞는 것 같습니다. 그런데 제가 정책을 만드는 정부 요직에 있다면 서민 경제를 고려해 물가가 오르는 것을 억제하는 게 맞는 것 같습니다.

이처럼 많은 정보에서 우리는 누구의 말을 신뢰하고 있을까요? 정치인? 기업인? 학자? 언론? 자본주의가 심화하면서 우리가 신뢰하던 일부 정치인은 장사꾼이 되었고, 우리가 좋아하던 회사는 독점욕을 드러내고 있고, 우리가 존경하던 일부 학자와 언론이 자본의 논리로 움직이고 있다는 것을 알게 되었습니다. 그 누구의 말도 신뢰하기 어려운 현실 속에서 사람들은 정치보다는 드라마를, 신문보다는 영화를, 다큐보다는 웹툰을 더 많이 보고 믿는지도 모릅니다.

무엇이 진실이고 무엇이 정의인지 모호해진 요즘, 사람들은 스토리로 세상을 이해하고 해석하고 있는 건 아닐까요?

이미지 생성ai 달리3에게 입력해서 얻은 그림 (프롬프트 예시)

handsome girl sitting on a logo chair of a social media logo "YouTube". wearing suite. The background is mockup of his YouTube profile page with a profile name "Aiacademy. cafe" Graphics" and a profile picture. soft light reflection.

3장 스토리는 어떻게 만들어지는가

이렇게 일반 대중이 스토리로 세상을 이해하자 다양한 곳에서 스토리를 활용하고 있습니다. 위에서 말씀드린 것처럼, 스토리는 비단 기업인에서만 활용하는 것은 아닙니다. 스토리는 정치에도 수시로 활용되고 있습니다.

1996년 개봉한 <인디펜던스데이>에서 미국인들은 조연이지만 비행사 출신인 젊은 대통령이 비행기를 직접 몰면서 미국을 구하는 용기와 유능함을 보았습니다. 그러고 나서 몇 개월 뒤 열린 대통령 선거에서 미국의 유권자들은 70대의 공화당 후보보다 스캔들이 많은 사람이었지만 50세의 젊은 대통령 빌 클린턴의 손을 들어주었습니다.

2008년에는 더했습니다. 민주당 대통령 후보 버락 오바마가 공화당의 존 매케인 후보를 2배 이상 표 차로 누르고 대통령에 당선될 수 있었던 것도 스토리의 힘이라고 할 수 있습니다. 당시 미국 언론은 오바마의 승리는 스토리의 승리라고 대서특필했습니다. 오바마가 자신의 이야기를 통해 희망과 변화의 메시지를 전달하며, 많은 사람에게 영감을 주었다고 해요. 링컨의 노예해방선언으로 촉발된 자유, 평등, 인권 그리고 아메리칸 드림이 미국 최초의 흑인 대통령을 통해 완성되고 새로운 미국을 열지 않을까라고 기대한 것 같아요. 실제로 오마바의 이야기는 단순한 정치적 메시지를 넘어, 미국의 많은 사람이 공감하고 자신의 일부로 여기기도

▶ 미국인들은 오바마를 통해 미국의 흑인 노예제 폐지를 이끌었던 링컨 대통령을 떠올렸을 거예요.

했다고 합니다.

각국 정부에서도 스토리텔링을 효율적으로 활용하고 있습니다.

오바마 대통령 시절 미국 정부는 교육과 건강보험 등 주요 정책을 설명하면서 이 정책이 구체적으로 개인이나 가족의 삶을 어떻게 개선할 수 있는지 숫자가 아니라 생활방식의 사례를 들어 발표했습니다.

스토리텔링을 활용하기로 유명한 정부는 싱가포르죠. 싱가포르 정부는 첨단 기술을 활용하여 국민의 삶의 질 개선, 경제적 성장, 지속가능한 도시 환경을 조성하는 계획을 국민에게 알려 공감을 구하고자 스토리텔링을 활용했습니다. 디지털전자정부서비스와 스마트 교통시스템, 스마트 헬스케어를 삶 속에서 어떻게 활용할 것인지 디지털 혁신 사례를 스토리텔링으로 예시를 들어 주었죠.

대한민국 정부에서도 지속적으로 스토리텔링을 정부정책을 알리는 데 활용하고 있습니다. 2010년 FTA로 전국이 뜨거울 때 정부에서는 무엇보다도 FTA의 장점과 FTA로 피해를 입는 기업에게 필요한 대책을 세우고 이를 해당 기업들이 활용하기를 바랐습니다. 그리고 최적의 홍보 방법으로 스토리텔링을 선택했습니다.

기획재정부에서는 일반인들이, 특히 농민과 시골에서 농사를 짓는 가족이 있는 도시인들에게 쉽고 효과적으로 FTA를 알리고자 했습니다. 당시 저는 기자 신분으로 과천청사에 출입하고 있었는데, 제가 몸담고 있는 회사의 기획팀에서 FTA 보완대책 관련 만화를 만드는 작업을 했습니다.

그때 저도 그림 작가들과 함께 스토리를 만들어 FTA를 알렸던 기억이 납니다. 기획재정부에서는 FTA 보완대책 첫 번째 이야기로 글과 그림이 있는 웹툰을 시작으로 두 번째 이야기는 농수축산업에 관한 책을 만들었죠. 이 책은 FTA 체결로 시장이 개방된 우리 농수축산업 분야의 정부지원대책을 스토리텔링 방식으로 구성한 책자였습니다. 제가 퍼블리싱 디텍터(출판감독)를 맡아 1년 가까이 진행했습니다. 말이 출판감독이지 정부의 보완대책 하나하나 공부해 가며 요지를 스토리텔링으로 풀어서 그림 작가와 함께 원고를 썼습니다.

정부정책의 스토리텔링화는 기획재정부뿐 아닙니다. 2010년 당시 대통령이 참석한 수출의날 기념식 때 배포하기 위해 지식경제부에서는 우리 기업들의 수출 활로 개척 사례와 앞으로 신흥시장 공략법을 스토리가 있는 책으로 출간하고자 했습니다. <중소기업을 위한 7대 신흥시장 진출가이드북- 콜럼버스도 발견하지 못한 7대 신흥대박시장>이란 제목으로 그림이 있는 스토리텔링 책이 발행됐습니다.

발행과 기획은 지식경제부에서 했지만 제가 퍼블리싱 디렉터를 맡았고 지식경제부 무역정책관과 무역진흥과장, 무역진흥과 사무관과 전문관, 그리고 코트라 구미팀 과장과 중아CIS팀, 중국사업단, 아대양주팀의 협조를 받아 완성한 적이 있습니다. 그 때 저는 각 시장별로 그 시장에서 성공한 실제 사례를 스토리텔링 방식으로 구성했습니다.

또 지식경제부가 기업의 수도권 이전을 지원하면서 펴낸 <새 정부의 달라진 기업 입지정책>에서도 스토리텔링 방식으로 그림과 스토리를 활용했는데, 그때 저는

스토리텔러를 담당했습니다. 이 밖에도 지식경제부의 의뢰를 받아 <멀리 보는 기업이 선택한 지방투자 이야기>도 책으로 펴냈는데요. 이때는 저는 심지어 기업을 일일이 돌아다니며 취재를 했습니다. 기업의 보도자료가 아니라 기업을 움직이는 사람들의 이야기를 위주로 취재하고 글을 썼습니다.

기획재정부, 지식경제부뿐 아니라 농림수산식품부에서도 스토리 위주로 책을 펴냈지요. <또 하나의 선택! 농업기업컨설팅>이란 농람수산식품부에서는 농업기업컨설팅을 통해 성공한 사례를 스토리로 펴냈는데, 2006년과 2008년 출간한 책에 저도 퍼블리싱 디렉터로 참여했습니다.

젊은 시절 정부에 출입하면서 느낀 것은 스토리텔링이 정말 다방면에 활용되고 있다는 점이었습니다.

▶ 우리 농수축산업 지원 대책을 스토리텔링화한 책

그림 동화를 쓰기 전 스토리텔링 이력

[기획재정부]
<세계지도, FTA로 다시 그리다> 퍼블리싱 디렉팅
<FTA 국내 보완 대책 첫 번째 이야기, 가영이의 FTA 체험 노트>
스토리텔링 및 퍼블리싱 디렉팅
 <FTA 국내 보완 대책 농식품업> 스토리텔링 및 퍼블리싱 디렉팅
<FTA 국내 보완 대책 제조업> 스토리텔링 및 퍼블리싱 디렉팅

[지식경제부]
<새 정부 들어 달라진 기업 입지 정책> 스토리텔링 및 퍼블리싱 디렉팅
<콜럼버스도 발견하지 못한 해외 10대 시장> 스토리텔링 및 퍼블리싱 디렉팅
<멀리 보는 기업이 선택한 지방 투자 이야기> 기획 취재 및 퍼플리싱 디렉팅

[농림수산식품부]
<남과 다른 1%, 나의 농업 노트> 기획 취재 및 퍼블리싱 디렉팅
<또 하나의 성공 전략, 농업 경영 컨설팅> 기획 취재 및 퍼블리싱 디렉팅
<벤처 농업 투자 박람회> 기획 및 퍼블리싱 디렉팅

▶ 농업으로 성공한 분들을 취재, 스토리텔링화 한 책

▶ 지방 이전기업 지원대책을 취재, 스토리텔링화 한 책

▶ 한미 FTA 종합정보를 스토리텔링 방식으로 저술

▶ <사물의 비밀> 시리즈 50종 중 중국으로 10여 종, 대만으로 1종, 베트남으로 4종이 판권 수출되어 중국과 대만, 베트남에서 읽히고 있습니다.

스토리 중의 스토리는 단연 만화, 동화, 소설, 드라마, 영화(시나리오), 웹툰, 희곡(연극)이라고 할 수 있습니다. 이 중 접근성이 가장 좋은 것이 웹툰과 동화가 아닐까 싶습니다. 부담없이 읽을 수 있고 짧은 시간에 즐길 수 있으니 말입니다. 기자 생활을 하던 저는 10여 년 전부터 동화를 쓰기 시작했는데요. 동화를 쓰게 된 계기도 스토리텔링이 필요해서였습니다.

결혼하고 10년이 지나도 저는 아이가 생기지 않았어요. 인공수정, 시험관시술 등 모든 의료시술을 다 해봐도 아이가 생기지 않았죠. 3~4년 병원에 다니다 포기할 즈음, 정말 거짓말처럼 임신을 했습니다. 그렇게 어렵게 생긴 아이가 세 살이 조금 지났을 무렵, 제가 암에 걸렸다는 것을 알았습니다. 처음엔 의료기술이 얼마나 발전했는데? 걱정할 것 없어… 이렇게 스스로 다짐하며 수술을 하고 항암 치료를 받았습니다. 그런데 항암 치료 횟수가 점점 늘어날수록 버거워지더라고요.

항암 치료를 시작하고 2주쯤 지났을 때였어요. 초저녁에 잠이 들어 12시쯤 깬 것 같아요. 잠을 푹 자고 나서 그런지 '역시 잘 버티고 있어! 양승숙 파이팅!' 이런 마음을 먹고 화장실에 가서 거울을 보며 머리를 손가락빗으로 쓸어내렸지요. '그래, 남들은 머리카락도 많이 빠진다던데, 역시 나는….' 그렇게 생각하는 순간 손가락 사이로 머리카락이 소리 없이 뭉텅이로 묻어 나오더라고요. 그때를 회상하면 지금도 등골이 오싹해요. 왜 하필 그 밤에 거울을 보며 머리카락을 쓸어내렸는지…. 머리카락이 뭉텅뭉텅 빠지는 게 싫어서 미용실에서 머리를 박박 밀고 온 날. 그날 저녁부터 급격하게 쇠약해진 것 같아요. 이미 머리카락이 뭉텅 빠져나왔을 때 마음이 무너졌던 모양이에요.

흔히 독감에 걸리면 2주 동안 골골하지만 정말 죽을 듯이 아픈 건 하루이틀이잖아요. 1, 2차 항암 주사를 맞으면서 독감의 정점에서 느끼던 고통이 다음 항암 주사를 맞을 때까지 이어지더라고요. 그때 깨달았습니다. '아, 버티지 못하겠구나.'

그러면서 마음이 바빠졌어요. 세상에 태어나지 않은 아기를 낳게 해달라고 그렇게 빌었는데… 아이를 책임지지도 못하고 세상을 떠날 생각에 말입니다.

죽기 전에 아이에게 뭐라도 남겨야겠다고 생각하고 무작정 쓰기 시작했어요. 엄마가 없을 때, 엄마 없는 아이라는 손가락질 받지 않게 하려고 이런저런 잔소리를 써내려갔죠. 밤새 쓰고 아침에 읽으면 모두 지우고 싶을 만큼 구구절절 신파였어요. 잔소리도 싫은데 이런 신파 스토리는 아이가 정말 싫어할 것 같았어요. 아니 제가 더 싫더라고요. 보고 나면 즉시 잊게 되는, 그런 신파 스토리로는 아이에게 설득력이 없을 것 같았어요. 그래서 생각한 것이 스토리입니다. 그것도 아이 주변에 있는 사물들이 주인공인 스토리. 동화책 <대나무의 비밀>을 쓰고 <독수리 수리수리의 비밀>을 쓰고 <주방가위의 비밀> <색과 무늬의 비밀>을 썼습니다. 눈에 보이는 대로 이야기를 만들고 썼죠. 벽에 붙어 있는 3~4세용 낱말 카드 캐릭터들은 모두 제 이야기의 주인공이 되었습니다. 냉장고, 세탁기, TV, 컴퓨터, 손목시계를 비롯해 기린, 밍크고래, 수영장 꽃무늬 투명 튜브, 칭찬 스티커, 꿀벌…. 그렇게 100여 가지 이야기를 써내려갔어요. 암이 치료되어 지금은 일상을 살며 일 년에 한 권씩 그림 동화책을 쓰고 있습니다. 지금은 1년에 한 권 이상 써지지가 않는데 그때 그렇게 스토리가 쏟아져 나온 이유는 바로 무엇이었을까요? 바로 절박함 때문이 아닌가 싶어요. 만약, 지금 절박한 상황이거나 어려움에 직면해 있다면 글을 써보길 강력하게 추천 드립니다. 위기의 순간에는 필요 없는 생각들이 사라지면서 무엇이 중요한지에 대한 더 명확한 초점을 갖게 되는 것 같아요. 그래서 그런지 스토리가 더 강력하고 집중력 있는 것 같아요. 또 절박함은 없는 창의력도 증가시키는 것 같아요. 어려운 상황에 직면했을 때 새로운 아이디어가 생각나고 떠오르는 것을 보면요. 절박함에서 나온 이야기들은 진정성이 있어서 그런지 감동도 진한 것 같아요.

4장 사람이 만든 책보다 책이 만든 사람이 많다

가끔 서점에 가면 깜짝 놀라곤 합니다. 세상에 이렇게나 많은 책이 있었다니! 그런데 이렇게 많은 책이 세상에 있는데도 <사람이 만든 책보다 책이 만든 사람이 많다>는 문구를 곰곰이 생각해보면 한편으로는 놀랍고 한편으로는 당연한 것 같습니다. 책을 쓰고 내가 쓴 책을 남이 읽어준다는 건 정말 보람 있는 일이 아닐 수 없습니다. 특히 책을 읽은 독자에게 책에 대한 피드백을 들었을 때는 정말 그렇죠.

제 아이가 초등학교 1학년인가 2학년이었을 때인 것 같아요. 같은 반 친구를 제 차에 태우고 어딘가로 데려다주어야 할 일이 있어 은수를 태웠죠. 태권도복을 입고 있는 은수는 또래 아이들보다 많이 작은 편이었어요. 그래서 엉겁결에 "키가 작구나!" 했더니 아이가 그러더라고요.
"네, 작아요. 하지만 저는 매일매일 뿌리를 내리고 있어요. 어느 날! 저는 크게 자랄 거예요. 태권도도 열심히 하고 있어요!"
그때 정말 얼마나 놀랐는지 모릅니다. 제가 쓴 <대나무의 비밀>이란 동화책에서 키가 작다고 놀리는 억새에게 어린 죽순이 했던 말을 아이가 그대로 하는 것이 아니겠어요! 갑자기 부끄러워졌습니다.
"이모, 도서관에서 이모가 쓴 <대나무의 비밀>을 읽었어요. 그 책을 읽고 얼마나

▲ 독자 한전초유치원 담임교사 이정은님의 편지

좋았는지 몰라요. 제가 매일매일 자라고 있다는 것을 알았어요.
저는 매일매일 자라고 있어요!"

제 아이가 어린이집에 다닐 때 작다고 놀리는 친구들이 있다는 말을 듣고 아이에게 용기를 주기 위해 썼던 글이 이렇게 다른 아이들에게도 힘이 된다는 것을 알고서 더 열심히 써야겠다는 생각이 들었습니다.

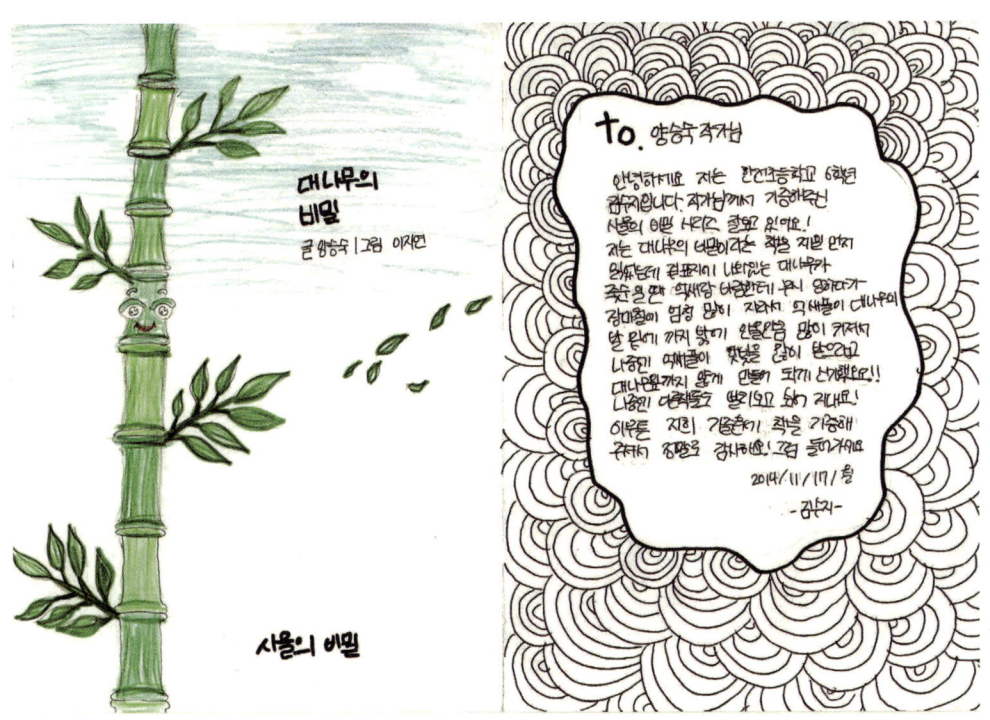

▲ <대나무의 비밀>은 키가 작다고 놀림을 받던 대나무 죽순이 어느 날 큰 비가 오고 난 후 갈대들이 며칠 새 훌쩍 자란 대나무를 보고 놀라는 이야기를 담고 있습니다.

▲ 택배 상자에는 '보낸 사람의 마음, 받는 사람이 기뻐했으면 하는 사랑 가득한 마음'이 들어 있다고 쓰여 있거든요.

한번은 출판사로 편지가 왔어요. '<택배 상자의 비밀> 작가님께'라는 제목으로요. 편지의 주인공은 서점에 갔다가 <택배 상자의 비밀>이란 동화책을 보고 눈물이 나서 편지를 쓰게 되었다고 해요. 택배상자가 그렇게 슬픈 내용이 아닌데 무슨 일이지 하고 읽어 내려갔어요.

이 분은 남편분과 함께 오랫동안 택배 일을 하면서 아이들에게 미안했다고 해요. 이 책을 좀 더 일찍 접했더라면 아이들에게 <택배 상자의 비밀> 동화책을 읽어주고 택배하는 일을 미안해하지 않았을 거라고, 아니 조금은 자랑스러워했을 것 같다는 내용이었어요.

이처럼 여러 가지 스토리텔링 중에서도 동화라는 장르는 비교적 초보자들에게도 접근성이 뛰어나고 독자들 입장에서도 그렇습니다. 게다가 어린이를 위한 책이다 보니 그 어떤 장르보다 작가로서 보람과 만족감을 느낄 수 있습니다. 그래서 저는 사람들에게 AI 크리에이터로서 첫 시작을 그림 동화책으로 시작해보라고 늘 권하곤 합니다. AI를 통해 짧지만 짜임새 있는 스토리와 그림을 직접 생성하다 보면, 어느새 작가로 성장해 있는 또 다른 나를 발견하게 될 것입니다.

▼ 서울 독산 본동 구립 어린이집에서 제 동화책으로 어린이들과 연극놀이를 하며 촬영한 사진을 책으로 선물 받았습니다.

▲ 책을 통해 맺은 어린이들과의 인연이 한 권의 책으로 만들어져 저에게는 더없이 소중한 추억이 되었습니다.

▲ 첫 만남에서 쭈뼛쭈뼛거리며 어색해 하던 시간이 있었지만, 근 1년 가까이 어린이들과 놀이 활동을 같이 하면서 친구처럼 가까운 사이가 되었습니다.

5장 NFT도 스토리에서 시작

인터넷이 본격적으로 보급되기 전 전화선을 컴퓨터에 연결해 사용했던 적이 있습니다. 1990년대 초 PC통신 시절, 천리안에 접속해 기사를 검색하면서 자연스럽게 컴퓨터와 인연을 맺었어요. 도트 프린터에 한글에서 작성한 문서를 프린트해서 볼 때는 정말 경이롭기까지 했죠. 대학에서 교양으로 베이직, 코볼, 포트란이란 프로그램으로 들었던 덕인지 이후 HTML CSS 등의 용어가 크게 낯설지 않았어요. 코딩이라는 것이 컴퓨터와 소통하는 언어잖아요. 미국 사람과 소통할 때는 영어를 사용하고 중국 사람과 소통할 때는 중국어를 사용하는 것처럼, 컴퓨터와 소통할 때는 코딩을 사용하는 것은 당연하지요. 물론 우리가 사용하는 대부분의 프로그램은 번역 알고리즘이 있어 무리 없이 사용할 수 있지만, 나만의 새로운 프로그램을 짤 때는 컴퓨터와 직접 소통하는 것이 필요하죠. 지금은 AI를 활용해서 코딩 없이 짤 수 있는 노코드 프로그램이 굉장히 많이 생겼습니다. 그런데 3~4년 전만 해도 노코드 프로그램이 많지 않았죠. NFT가 한창 핫할 때 NFT에 관심 있는 지인들에게 NFT를 발행하고 매매할 수 있는 사이트에 NFT를 올리는 법을 알려드린 적이 있습니다. 당시에 NFT 그림 한 장이 10만원 하는 것도 있고 100만원, 1000만원, 1억, 10억, 100억 하는 것도 있었습니다. 그래서 NFT에 대해 함께 공부를 시작했는데, 공부하면서 깨달았습니다. 일반인이 발행하는 NFT는 아무런 가치를 갖고 있지 않다는 것을요.

NFT는 스토리가 있는 작품을 디지털화하면서 자산이 되는 것이더라고요. 우리가 알고 있는 유명 가수의 노래, 예술가의 그림, 영화의 한 장면 등 그 영역은 제한이 없었던 것으로 기억해요. 그렇다면 일반인은 절대 가치 있는 디지털 자산을 만들 수 없는 걸까요? 우리는 함께 고민했습니다. 그리고 깨달았죠. 우리 한 명 한 명도 모두 전문 분야와 남들이 따라올 수 없는 경지의 취미와 특기가 있고 스토리가 있다는 것을요. 앞에서 말한 안튼크림 비법서처럼 말이죠. 그래서 전문 분야, 독특한 취미를 기반으로 스토리를 쓰고 그 스토리를 NFT로 만들기로 했습니다.

그래서 우리는 스토리를 쓰기 시작했습니다, 자기만의 스토리를 말이죠. 그리고 인공지능을 활용해 그림을 그렸어요. 마침 미드저니가 막 선보이기 시작할 때였죠. 달리2와 함께. 2022년부터 인공지능을 공부한 작가 9명의 책이 2023년 5월 양장 도서로 출간되어 교보, 예스24, 알라딘, 인터파크 등 서점과 온라인 쇼핑몰에서 판매되고 있습니다.

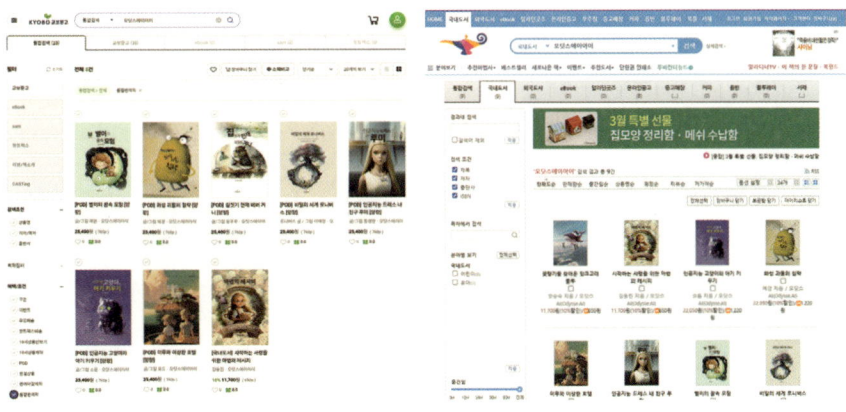

Chapter 4. 스토리 쓰기-창의적인 스토리 작성법

1장 내가 살아온 날들이 내 동화의 자양분으로
2장 그림책 스토리가 일반 스토리와 다른 점
3장 나의 이야기를 스토리로 쓰기

막상 스토리를 직접 쓰려고 하면 어디부터 어떻게 시작해야 할지 막막하실 거예요. 그래서 제가 그동안 동화를 쓰며 가장 유용했던 다양한 툴과 이론들을 핵심만 뽑아 소개시켜 드릴 거예요. 거기에 CHAT-GPT라는 든든한 인공지능 글쓰기 파트너를 활용하면 내가 가진 아주 작은 아이디어가 멋진 스토리로 진화하는 경험을 하실 수 있습니다. 누구나 쉽게 따라 할 수 있는 스토리 쓰기의 모든 것, 이제부터 함께 시작해볼까요?

1장 내가 살아온 날들이 내 동화의 자양분으로

chat GPT 4에게 물어보았습니다.

"사람들이 소설이나 시를 창작하는 이유가 무엇인가?" 물었더니 GPT 4가 대답하더라고요.

"글, 즉 소설, 시를 쓰는 이유는 작가의 의도와 동기에 따라 달라요. 일부 작가는 자신의 생각, 감정 및 경험을 전달하기 위해서입니다. 또 다른 작가는 독자를 즐겁게 하거나 특정 주제에 대해 교육하기 위해, 정보를 제공하거나 특정 관점 또는 사고방식을 채택하도록 설득하기 위해 글을 씁니다. 또 많은 작가가 인간의 조건에 대한 더 깊은 질문을 탐구하는 수단으로, 복잡한 문제 및 주제와 씨름하는 방법으로 창작을 합니다. 일부는 중요한 문제에 대한 인식을 높이거나 변화를 옹호하기 위해 문학을 사회적 또는 정치적 논평을 위한 도구로 사용합니다. 궁극적으로 소설이나 시를 쓰는 이유는 작가들만큼이나 다양하고 많습니다. 문학은 다양한 목적으로 창작되며 생각을 불러일으키고 감정을 불러일으키며 개인과 공동체 간의 연결을 촉진하는 데 기여합니다."

역시 chat GPT 4에게 물으면 중간이상 가는 답은 해주는 것 같아요. 그렇지만 뭔가 꼭 맘에 드는 답변이 아니어서 다시 한 번 물었습니다. 그랬더니 이번에는 다음과 같이 답해 주더라고요.

"글, 즉 소설이나 시를 쓰는 이유는 작가의 의도와 목적에 따라 크게 다릅니다. 일

동화 <희망의 비밀>

부 작가는 독자의 상상과 감정을 사로잡는 이야기를 들려주기 위해서입니다. 또 일부 작가는 독자들이 특정 관점에서 사물을 보도록 정보를 제공하거나 교육 또는 설득하기 위해 글을 쓰기도 합니다. 어떤 작가들에게 글쓰기는 자신의 생각과 감정을 표현하고 경험을 처리하며 주변 세계를 이해하는 수단이 되기도 합니다. 또한 다른 사람들과 연결하고, 공통된 경험과 감정을 공유하고, 공통 관심사나 열정을 중심으로 커뮤니티를 만드는 방법이 되기도 합니다. 일부 작가는 자기표현의 수단으로, 자신의 정체성을 탐구하거나 사회적 규범과 기대에 도전하기 위해 텍스트를 만들기도 합니다."

여러분은 어떤 이유로 글을 쓰고 있나요? GPT 4가 답해 주는 부분, 부분에 제가 글을 쓰고 창작하는 이유가 들어 있네요. 제가 창작을 하는 이유는 남이 창작한 것을 볼 때와 이유가 같습니다. 바로 재미있고 즐겁고 행복하기 때문이지요. 다른 분들도 저와 비슷하지 않을까 싶습니다. 저는 동화를 쓰거나 소설을 쓸 때도 똑같은 감정을 느낍니다.

우리가 중고등학교 시절에 배운 <백범일지>에서 영향을 받은 것은 아닌가 하는 생각도 듭니다.

[나는 우리나라가 세계에서 가장 아름다운 나라가 되기를 원한다. 가장 부강한 나라가 되기를 원하는 것은 아니다. 우리의 富力은 우리의 생활을 풍족히 할 만하고 우리의 强力은 남의 침략을 막을 만하면 족하다. 오직 한없이 가지고 싶은 것은 높은 문화의 힘이다. 문화의 힘은 우리 자신을 행복하게 하고 나아가서 남에게 행복을 주기 때문이다. 인류가 현재에 불행한 이유는 仁義가 부족하고, 자비가 부족하고, 사랑이 부족한 때문이다. 인류의 이 정신을 배양하는 것은 오직 문화이다. 나는 우리나라가 남의 것을 모방하는 나라가 되지 말고 이러한 높고 새로운 문화의 근원이 되고, 목표가 되고, 모범이 되기를 원한다. 弘益人間이라는 우리 國祖 단군의 이상이 이것이라고 믿는다.]

김구 <백범일지>, '내가 원하는 우리나라' 중에서

'문화의 힘은 우리 자신을 행복하게 하고 나아가서 남에게 행복을 주기 때문이다.' 이런 이유로 백범 선생님은 우리가 새로운 문화의 근원이 되고, 목표가 되고, 모범이 되기를 원한다고 했습니다. 요즘 K-POP, K-드라마, K-영화, K-푸드, 나아가 K-동화까지 K가 붙은 콘텐츠가 세계 여러 나라에서 주목받으면서 한국과 한국인의 위상이 높아지는 것을 보며 백범 선생님의 선견지명에 감탄하고 있는데요. 선생님이 말씀하신 문화 언저리에서 동화작가로 살고 있는 저의 삶도 K-콘텐츠가 주목을 받으면서 덩달아 대만과 중국, 베트남 아이들과 인맥을 맺고 있습니다. 10년 전만 해도 한국의 동화 저작권이 해외에 판매되는 사례가 흔하지 않았는데, 제 동화책만 해도 해외로 15종이나 판권이 수출된 것을 보면 해외에서 K-콘텐츠가 인기 있는 모양입니다.

제가 글을 쓰는 이유는 쓰는 게 즐겁고 좋기 때문입니다. 또한 독자도 글을 읽는 게 즐겁기를 바랍니다. 그런 즐거움 가운데서 얻는 게 있다면 더없이 좋은 것이지요.

그런데 글쓰기 강좌를 하다 보니 대부분의 작가 지망생이 글에서 교훈을 주려고 하거나 행복을 강요하더군요. 제가 주로 쓰는 분야가 아이들이 주 독자층인 '그림 동화'라는 특수한 스토리여서 그런지도 모르겠습니다.

글, 특히 스토리가 있는 문학작품을 창작하시는 분들에게 딱 한 가지 당부 말씀을 드린다면, '창작자는 의문을 품고 질문을 던지는 사람'일 뿐 문학작품 안에서 해결책을 찾거나 해답을 강요하지 않길 바랍니다. 아이들을 독자로 하는 '그림 동화'에서도 마찬가지입니다. 물론 작가는 의문을 품고, 질문을 던지고 그 질문에 대한 답을 가지고 있어야 하지요. 하지만 그 답을 찾는 것은 독자의 몫일 뿐, 작가가 제시하거나 강요하는 순간 독자들이 "뭐야, 뭔데 가르치려 들어?"라며 외면하기 십상이기 때문입니다.

동화 <희망의 비밀>

1) 아리스토텔레스 시학에서 찾다_ 스토리란?

스토리란 무엇일까요? 이 문제를 아주 오래전에 쉽게 정리한 분이 있습니다.

"모든 스토리는 갈등과 해결로 구성된다. 나는 스토리의 시작에서부터 주인공의 운명이 바뀌는 지점까지 갈등이라고 정의하고 주인공의 운명이 바뀐 시점 이후부터 결말까지를 해결이라고 정의한다."

동화 <종이 A4의 비밀>

우리가 잘 알고 있는 아리스토텔레스의 <시학> 제18장에 나오는 글입니다. 그렇습니다. 스토리는 반드시 갈등이 있어야 하고 그 갈등은 해결되어야 합니다. 우리가 즐기고 있는 대부분의 스토리는 바로 이 갈등 또는 결핍을 해결해 나가는 과정이라고 할 수 있습니다. 이 갈등을 해결해 나가는 것은 누구일까요? 그렇죠, 주인공입니다. 이 주인공이 주인공을 미워하는, 또는 주인공이 미워하는 누군가와 대적하면서 갈등 또는 결핍을 해결해 나가는 과정이 바로 스토리라고 할 수 있습니다.

당연히 그림 동화도 스토리로 구성되어 있습니다. 그러면 스토리에 주인공과 적대자, 갈등 또는 결핍과 결말만 있으면 될까요? 여기에 조금만 더 추가하면 이제 완벽한 스토리가 될 수 있습니다. 바로 시간적 배경과 공간적 배경이지요. 자, 정리를 해볼까요?

동화를 쓰는 데 어떤 게 필요한지. 주인공, 적대자, 갈등 또는 결핍, 결말, 시공간적 배경. 이것이 전부일까요? 한 가지 빠진 것이 있습니다. '창작자는 의문을 품고 질문을 던지는 사람', 이 말에 주목해야 합니다. 창작자가 의문을 품고 질문하는 것이 바로 이야기의 주제라고 할 수 있습니다. 이제 다 나왔습니다. 동화, 즉 이야기를 쓰는 데 필요한 것들이요. 이것을 제가 표로 정리해 보았습니다.

동화 스토리 쓰기에 앞서 점검해 볼까요?

*** 내가 쓰고 싶은 스토리**

1) 작품의 제목은 무엇입니까?
2) 작품은 어느 시대의 이야기입니까?
3) 작품은 어디를 무대로 하고 있습니까?
4) 나오는 인물에 대해서 써주세요.
　주인공 이름:　　나이:　직업:　성격(결핍이나 욕망 위주로):
　조력자 이름:　　나이:　직업:　성격(결핍이나 욕망 위주로):
　반동 인물 이름:　나이:　직업:　성격(결핍이나 욕망 위주로):
5) 무엇에 관한 이야기인가요? 예) 사랑 이야기, 전쟁 이야기, 패닉물… 등
　(1) 독자가 이 책을 읽어야 하는 이유가 있나요?
　(2) 책에서 작가가 던지고 싶은 질문은?
　(3) 책에서 작가가 제시하는 해답은?

동화 <냉장고의 비밀>

쓰고 싶은 이야기가 있다면 여기에 적힌 5가지 질문에 꼼꼼히 답을 할 수 있어야 합니다. 작가는 위의 질문에 답을 가지고 있어야 스토리를 이어 나갈 수 있습니다. 그런데 동화 창작에 오신 분들을 보면 의외로 이 5가지 질문에 술술 답을 해가는 분이 드뭅니다. 쓰고 싶은 이야기가 있다고 하는 분들도 마찬가지입니다. 그래서 '양 작가의 오딧스에이아이 크리에이터' 과정에서는 이 질문에 앞서 다음 질문을 먼저 하는 편입니다.

2) 내가 가장 좋아했던 스토리에서 시작

내가 가장 좋아하는 동화 스토리는 무엇인가요?

1) 작품의 제목은 무엇입니까?
2) 작품은 어느 시대의 이야기입니까?
3) 작품은 어디를 무대로 하고 있습니까?
4) 나오는 인물에 대해서 써주세요.

  주인공 이름: 나이: 직업: 성격(결핍이나 욕망 위주로):

  조력자 이름: 나이: 직업: 성격(결핍이나 욕망 위주로):

  반동 인물 이름: 나이: 직업: 성격(결핍이나 욕망 위주로):

5) 무엇에 관한 이야기인가요? 예) 사랑 이야기, 전쟁 이야기, 패닉물… 등

   (1) 독자가 이 책을 읽어야 하는 이유가 있나요?
   (2) 책에서 작가가 던지고 싶은 질문은?
   (3) 책에서 작가가 제시하는 해답은?

동화 <블랙 다이아몬드의 비밀>

작가교실에 오신 분들도 여기에 적힌 이 질문에는 한결 쉽게 답을 합니다. 처음 창작을 시작하는 분들이라면 먼저 내가 좋아하는 이야기, 내가 좋아하는 장르, 내가 가장 재미있게 읽거나 보았던 이야기 종류로 내 이야기를 만드실 것을 추천드립니다. '원탁의 기사, 아더왕 이야기, 엑스칼리버'를 모르는 분은 없을 거예요. 그런데 조지 루카스 감독이 이 원탁의 기사, 아더왕 이야기를 시대적 배경을 미래로, 공간적 배경을 우주로 바꾸어 만든 이야기가 <스타워즈>라고 합니다. 그 누구도 <스타워즈>를 보며 '어, 저건 아더왕 이야기의 짝퉁이야!'라고 얘기하진 않잖아요. 미대를 가기 위해 그림을 배울 때조차 처음에는 잘 그린 그림을 모방하는 것처럼, 창작도 좋은 이야기를 모방하는 것에서 시작하는 것이 필요합니다. 그 모방은 단지 복사하는 것이 아니라 자기만의 질문과 해답이 있어야 하지만 말이죠.

2장 그림책 스토리가 일반 스토리와 다른 점

이제 스토리를 쓰기 위한 여러 가지 요소는 다 만들어 놓았습니다. 그런데 소설, 영화, 웹툰, 희곡 등과 다르게 그림동화는 어떤 특징이 있을까요? 우선 아주 외형적인 것부터 살펴볼까요?

1) 글을 전혀 모르는 독자도 읽을 수 있는 책

그림 동화는 글을 모르는 아이이거나 글을 읽기 시작한 지 얼마 되지 않은 아이들을 위한 책이라고 할 수 있습니다. 책의 외향도 성인용 책과는 다른 게 많습니다. 우리나라 그림동화의 경우

1. 하드커버로 8~48쪽 내외(대부분 32쪽 정도)이며, 간혹 소프트커버 책으로 발행하기도 합니다.
2. 글의 분량이 짧은 것은 A4 반쪽 정도, 길어야 A4 4쪽을 넘기지 않습니다.
제가 하는 강좌에서도 책을 읽는 독자를 고려하여 A4 3쪽을 넘기지 않으려고 글 분량을 조절하는 편입니다.
3. 제가 글 작가 출신이어서 그런지 저는 그림 동화여도 글의 구조가 완결되어야 한다고 주장하는 편입니다. 그래서 글의 완성도가 그림의 완성도보다 필요하다고 생각합니다. 간혹 외국에서 상 받은 동화를 볼 때 당혹스러울 때가 있습니다. 글의 상태가 영 아닌데, 큰 상을 받았다고 출간되는 것을 보면 해외에서 큰 상은 글보다

동화 <여자 화장실의 비밀>

그림에 주안점을 두고 수여하는 것 같다는 생각도 듭니다. 그만큼 그림책에서 그림이 차지하는 비중이 높다는 뜻이겠죠.

4. 요즘은 어른을 위한 그림책이 많이 나옵니다. 그렇지만 대부분의 그림책은 아이들이 읽는 편이지요. 그렇다면 그림책은 몇 살까지 읽을까요? 그림 동화책을 보거나 읽을 수 있는 나이를 단정할 수는 없습니다. 우리나라 부모의 경우 아이가 배 속에 있을 때부터 그림 동화책을 읽어주기도 하니까요. 그리고 동화를 읽어주는 부모나 조부모뿐 아니라 요즘은 20대 여성을 비롯해 30, 40대 주부들의 동화 읽기 모임도 있으니, 동화를 읽는 나이는 따로 있다고 할 수 없을 것 같습니다. 그럼에도 굳이 그림 동화의 독자를 따지자면 저는 0살부터 8~9살쯤인 것 같습니다. 이 중에서 가장 주도적으로 그림 동화를 읽는 나이는 만 4살부터 6살, 그러니까 유치원에 다니는 나이가 아닐까 싶습니다.

2) 그림책 독자들의 특징

우리의 주인공인 한 남자아이가 있습니다. 유치원 선생님을 좋아하고 사랑하죠. 그래서 선생님 눈에 띄고 싶고 선생님께 칭찬받고 싶어 합니다. 어느 날 유치원에서 집에 갈 때 선생님이 옷을 입으라고 합니다. 그때 단추를 잘 끼우는 아이를 선생님이 칭찬을 하죠. 그 모습을 본 우리의 주인공은 자기도 칭찬을 받기 위해 단추를 끼우려고 애를 씁니다. 하지만 밖에서 기다리는 엄마의 재촉에 선생님은 그냥 아이의 단추를 끼워서 엄마에게 보냅니다. 다음 날 아침, 아이는 선생님께 칭찬을 받기 위해 아침밥을 먹는 둥 마는 둥 하며 자기 옷의 단추를 스스로 끼우려고 하지만 우리의 엄마는 "아니, 얘가 왜 이래, 밥도 잘 먹지 않고? 엄마가 단추 끼워줄게. 왜 이렇게 고집을 부려?" 하며 아이를 꾸짖습니다. 유치원 차를 타는 시간에 늦으면 엄마가 유치원까지 데려다주어야 하니 마음이 급할 수밖에 없죠. 그래서 아이를 기다리지 못하고 엄마가 단추를 끼워 아이를 유치원 차에 태웁니다. 아이

동화 <전기의 비밀>

는 단추 끼우는 것 하나 마음대로 할 수 없다는 절망감에 빠집니다.

대부분의 부모는 아이들에게 "너희가 무슨 걱정이 있니? 해주는 밥 먹고 입혀 주는 옷 입고, 공부를 하라고 해, 돈을 벌어오라고 해?" 하며 유아들의 마음을 헤아리지 못하는 경우가 많습니다.

그런데 위에서 말씀드린 것처럼 아이들은 매일매일 경쟁하며 심각하게 고민하고 있습니다. 그리고 각종 미디어와 게임 등을 일찍부터 접하기 때문에 하나하나 설명하지 않아도 많은 것을 알고 있습니다. 우리 어른들이 생각하는 것보다 많이 알고 있다고 생각하는 게 맞습니다. 그래서 억지로 교훈을 가르치려 들지 말고 공감과 동의를 얻어야 합니다.

그럼에도 아이는 아이여서 모든 것이 신기하고 호기심이 가득하죠. 굳이 해외여행이나 바다, 산, 호수를 데려가지 않고 집 앞 풀밭, 아파트 연못, 언덕 등에 올라가 개미집과 거미줄을 보는 것만으로도 집중하고 즐거워하죠.

그림동화를 쓰고자 한다면 이런 독자의 특징을 고려하여 독자에 맞는 스토리를 구상하시는 것이 좋습니다. 여기에다 이야기의 주인공도 쓰는 작가의 연령대나 입장으로 쓰기보다는 독자의 나이와 엇비슷한 연령대를 주인공으로 등장시키는 것이 독자의 공감을 일으키는 데 효과적입니다. 또한 이 연령대 아이들은 아직 가능한 것과 불가능한 것을 구분하기보다 이야기로 이루어진 것은 대부분 현실이라고 믿는 편입니다. 그래서 작가는 이 연령대의 아이들과 '대화'하면서 아이들이 가능하다고 생각하는 것들을 그림동화에 반영하는 것이 좋습니다.

예를 들어 "하늘과 바다가 맞닿은 저 수평선에는 고래가 바다에서 헤엄치다가 하늘을 날기도 해. 저곳은 바다와 하늘이 붙어 있기 때문이야. 그곳에 사는 고래 이야기를 들어 볼래?"라고 하면 귀를 쫑긋하고 아무 거부감 없이 듣게 되죠.

동화 <꽃향기를 찾아온 밍크고래 플루>

그림책을 읽는 유아기 아동의 특징

1. **호기심 많은 마음**: 대개 호기심이 많고 새로운 것을 탐구하고 싶어합니다.
2. **상상력이 풍부함**: 현실과 상상을 구분하지 못할정도로 상상력이 생생합니다.
3. **시각적으로 학습**: 시각적 단서를 통해 더 잘 배우고 이해합니다.
4. **감정 표현력이 뛰어남**: 감정을 표현하는 데 어른보다 표현력이 풍부합니다.
5. **초보 독자**: 많은 아이들이 이제 막 읽기 시작한 나이입니다.
6. **짧은 주의 집중 시간**: 일반적으로 주의 집중 시간이 더 짧습니다.
7. **이야기에 대한 사랑**: 이야기를 듣는 것을 좋아합니다.
8. **언어 발달**: 언어 발달 단계에 있습니다.
9. **반복을 좋아함**: 이야기에서 반복적인 패턴을 좋아합니다.
10. **세상에 대해 배우는 시기**: 주변 세계에 대해 배우기 위해 책을 사용합니다.
11. **다채로운 일러스트레이션에 대한 반응**: 생생한 이미지에 매력을 느낍니다.
12. **상호작용을 좋아함**: 책의 상호작용적 요소를 좋아합니다.
13. **어휘력이 구축되는 시기**: 어휘력은 빠르게 확장되는 시기입니다.
14. **주제에 대한 민감함**: 이야기의 주제와 도덕에 민감합니다.
15. **쉽게 영향을 받음**: 등장인물과 이야기에 쉽게 영향을 받습니다.
16. **공감할 수 있는 캐릭터**: 선호: 공감 또는 열망할 수 있는 캐릭터를 선호합니다.
17. **사회적 관계가 발달하는 시기**: 사회적 관계를 개발하는 단계에 있습니다.
18. **예측 가능한 결과를 좋아함**: 결말이 예측 가능한 이야기를 즐깁니다.
19. **도덕적 가치를 학습**: 이야기를 통해 도덕적, 윤리적 교훈을 배웁니다.
20. **서술보다는 대화형 읽기를 좋아함**: 소리 내어 읽는 책을 좋아합니다.
21. **인지 능력 개발**: 그림책은 인지 능력 개발에 도움이 됩니다.
22. **유대감 형성 시간**: 유대감을 형성하는 시간인 경우가 많습니다.
23. **공감 개발**: 이야기를 통해 공감을 개발하기 시작합니다.
24. **문화를 배운다**: 책을 통해 다양한 문화에 노출되고 배웁니다.
25. **소리와 음악에 민감함**: 소리적 요소나 음악적 측면이 있는 책을 즐깁니다.
26. **놀이를 통한 학습**: 놀이를 통한 경험을 통해 가장 잘 학습합니다.
27. **질감 탐색을 즐김**: 책에 있는 촉각적 요소를 좋아합니다.
28. **환상 대 현실**: 환상과 현실을 구별하는 법을 배우고 있습니다.
29. **세계관 확장**: 읽은 이야기를 통해 자신만의 세계관을 형성하기 시작합니다.
30. **리듬과 운율이 있는 텍스트를 좋아함**: 운율과 리듬이 매력적이라고 생각합니다.

3장 나의 이야기를 스토리로 쓰기
1) 스토리를 더욱 풍성하게 해주는 이론

이 정도로 독자의 특성과 동화의 형식을 알고 있다면 chat GPT 4와 함께 글을 쓰기 쉽습니다. 그저 무작정 chat GPT 4에게 '동화를 써줘'라고 하면 chat GPT 4가 '옛날 옛적에 머나먼 왕국에…' 하며 이야기를 써주지만 앞뒤가 잘 맞지 않는 이야기에 왕자, 공주, 요정, 저주, 키스 등 어디선가 보았던 이야기를 장황하게 풀어 놓습니다. 그런데 좀 더 섬세하게 질문을 하면 확실히 더 원하는 스타일의 이야기를 보여줍니다. 스토리 생성을 위해 좀 더 섬세한 질문을 하려면 어떤 것을 넣으면 좋을까요?

<매슬로의 인간 욕구 단계 이론>

앞에서 결핍, 욕망이 글을 쓰는 데 꼭 필요하다고 말씀드렸죠. 이 결핍과 욕망이야말로 주인공이 이야기를 끌어가는 원동력이기 때문입니다. 매슬로라는 심리학자가 인간에게는 5가지 욕구, 욕망이 있다고 정리하고 <매슬로의 인간 욕구 단계>를 발표했는데요. 이 이론을 활용해 스토리를 쓴다면 우리의 스토리가 훨씬 단단하고 재미있어집니다.

우선 인간에게 가장 기초적인 생리적 욕구(Physiological Needs)에 대해 알아보겠습니다. 실제로 우리 모두 이런 생리적 욕구를 매일 경험하며 살고 있죠. 식사, 수면, 호흡, 성욕 등 우리 인간이 생존하기 위해 필요한 욕구죠. 매슬로는 이 욕구

동화 <야구장 빗자루의 비밀>

가 충족되지 않으면, 인간은 다른 욕구를 추구하기 어렵다고 합니다. 이 욕구를 스토리 창작에 응용하자면, 주인공 마을에 기근이 들어 식량을 찾아 떠나는 여정을 그린다든지, 지진이나 산사태로 안전한 집을 찾기 위해 모험을 시작하는 거죠. 이런 욕구는 동화에서 주인공의 모험이 시작되는 계기가 되기도 하고 결론에서는 이런 기본적인 욕구보다 더 중요한 것이 있다는 큰 깨달음을 얻기도 합니다.

매슬로의 이론에 의하면 인간에게는 안전의 욕구(Safety Needs)가 있다고 합니다. 생리적 욕구가 충족된 후, 인간은 안전과 보안을 추구하죠. 이는 신체적 안전, 고용, 자산, 건강, 가족의 안전을 말합니다. 동화창작에 응용한다면 여기서는 주인공이 안전하고 보호받는 느낌을 찾는 이야기를 해볼 수 있습니다. 도둑이 들었던 이야기, 길을 잃었던 주인공이 다시 집으로 돌아가는 이야기는 모두 안전한 곳을 욕망하는 이야기죠.

세 번째는 사회적 욕구(Love and Belonging)가 있다고 합니다. 안전의 욕구가 충족되면, 사람은 소속감, 사랑, 친밀감 등의 사회적 관계를 둘러봅니다. 우정, 가족, 성적 친밀감 등에 관해 생각하게 되죠. 이 단계에서는 자신과 타인으로부터 인정받고 싶어하는 욕구가 강해집니다. 이 욕구, 욕망을 스토리로 창작한다면 주인공이 친구를 만들어 가는 과정이나 사랑하는 가족을 구하는 이야기가 나올 수 있을 것입니다.

네 번째로 인간에게는 존중의 욕구(Esteem Needs)가 있다고 합니다. 사회적 욕구가 충족된 후에는 자존감, 자신감, 성취감, 존경, 인정을 원하는 것이죠. 스토리 창작에 응용하자면 주인공이 자신감을 얻고, 다른 이들로부터 인정받는 이야기라고 할 수 있습니다. 예를 들어 마라톤에서 우승하거나, 독립운동을 통해 나라를 구하는 영웅이 되는 이야기죠.

마지막으로 인간에게는 자아실현의 욕구(Self-Actualization)가 있다고 합니다. 인간이 자신의 잠재력을 최대한 발휘하고, 자신만의 목표와 욕구를 실현하는 단계로 스토리에서는 주인공이 진정한 자신을 찾고, 자신만의 특별한 능력을 발견하는 겁니다. 주인공이 자신만의 길을 찾고, 꿈을 이루는 이야기죠.

이런 이론에 기반하여 스토리의 주제와 캐릭터를 창작한다면 훨씬 멋진 스토리를 창작할 수 있으리라 생각합니다.

이야기를 이끌어 가는 결핍, 욕구이론을 알았다면 이제 캐릭터의 성격을 알면 훨씬 더 좋은 스토리를 쓸 확률이 높아지겠죠. 우리가 스토리를 쓸 때 인물의 성격, 인물과 인물이 만났을 때 발현되는 성격을 머릿속에서 고스란히 창조해 내는 것은 생각보다 쉽지 않습니다. 그런데 아주 쉽게 응용할 수 있는 이론이 있습니다. 바로 애니어그램과 MBTI죠.

애니어그램은 사람의 개성과 심리적 특성을 9가지 성격유형으로 설명하는데, 그럴듯하게 맞는 것 같습니다. 그리고 각 성격유형이 고유한 동기, 두려움, 욕구를 가지고 있으며, 이러한 특징들은 개인의 행동과 대인 관계에 영향을 미친다고 합니다. 잠깐 애니어그램의 9가지 성격유형을 알아볼까요?

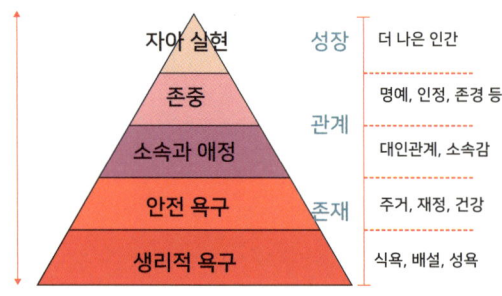

매슬로의 <인간의 욕구단계 이론>

<애니어그램의 9가지 성격유형>

개혁가(The Reformer): 원칙적이고 이상주의적이며, 자기 통제력이 강한 유형. 완벽을 추구하며, 때로는 비판적이다.

도우미(The Helper): 이타적이고 인정받기를 원하며, 다른 사람들을 돕는 데 힘쓰는 유형. 때로는 다른 사람들의 필요를 자신의 것보다 우선시한다.

성취자(The Achiever): 성공 지향적이고 적응력이 높으며, 매우 효율적인 유형. 성공과 인정을 중시하며, 때로는 지나치게 경쟁적이다.

개인주의자(The Individualist): 감성적이고 창의적이며, 자기표현을 중시하는 유형. 자신을 독특하게 여긴다.

탐구자(The Investigator): 호기심이 많고 사려 깊으며, 독립적인 유형. 지식과 이해를 추구하며, 때로는 고립되거나 비사회적이다.

충성가(The Loyalist): 책임감이 강하고 신뢰할 수 있으며, 불안에 민감한 유형. 안정과 보안을 중시하며, 때로는 불안정하거나 의심 많다.

열정가(The Enthusiast): 활동적이고 다재다능하며, 즐거움을 추구하는 유형. 다양한 경험과 즐거움을 추구하지만, 때로는 산만하거나 충동적이다.

도전가(The Challenger): 자신감이 넘치고 결단력이 있으며, 남을 보호하는 유형. 통제와 독립을 중시하지만, 때로는 지배적이거나 공격적일 수 있다.

평화주의자(The Peacemaker): 평화롭고 침착하며, 조화를 중시하는 유형. 갈등 회피와 안정을 추구하지만, 때로는 결단력이 부족하거나 게으르다.

이 애니어그램 이론은 캐릭터를 창조하고 스토리에서 다른 등장인물과 관계를 발전시켜 나갈 때 유용하게 사용할 수 있습니다. 특히 깊이 있는 캐릭터를 만들 때 유용하죠. 예를 들면

(1) 캐릭터의 성격유형 정하기: 먼저 주인공과 주요 등장인물들의 애니어그램 성격유형을 정합니다. 각 유형의 특징, 강점, 약점, 두려움, 욕구를 고려하여 캐릭터를 구성합니다. 예를 들어 여주인공을 애니어그램 '유형 4'인 예술적이고 감성적인 캐릭터로 설정합니다. 그녀는 독특함을 추구하고, 때로는 자신을 오해받는다고 느낍니다. 이러한 특성들을 통해 여주인공의 감정과 행동을 이해하고 스토리에 반영합니다.

(2) 갈등과 동기 설정: 캐릭터의 성격유형에 따라 갈등과 동기를 설정합니다. 예를 들어, 여주인공은 예술학교에서 공부하며 자신만의 독특한 예술 작품을 만들고 싶어합니다. 하지만 유형 3인 경쟁적인 남자친구와의 관계에서 갈등이 발생합니다. 남주인공은 성공을 위해 끊임없이 노력하는 반면, 여주인공은 자신의 감정

과 창의력을 중시합니다.

(3) 캐릭터 간의 관계: 서로 다른 성격유형의 캐릭터들이 만나면서 생기는 갈등과 조화로 스토리를 아주 밀도 있게 그릴 수 있습니다. 여주인공과 남주인공 사이의 관계는 갈등과 조화를 반복합니다. 여주인공은 남주인공의 성공 지향적 태도에 영감을 받기도 하지만, 때로는 자신의 예술적 가치를 이해하지 못한다고 느낍니다. 이런 관계 속에서 두 캐릭터는 서로 이해하고 성장하는 과정을 겪습니다.

(4) 성장과 변화: 캐릭터가 스토리를 통해 성장하고 변화하는 과정을 그립니다. 각각의 성격유형은 스트레스 상황에서 특정한 방식으로 반응하며, 이를 통해 캐릭터의 개성과 변화를 보여줄 수 있습니다. 스토리가 진행되면서 여주인공은 자신의 감정에 솔직해지고, 창의적인 표현 방식을 찾아가며 성장합니다. 스트레스 상황에서 처음에는 자신을 의심하던 여주인공이 자신의 재능과 개성을 인정하고 받아들이는 모습을 보여줍니다.

(5) 주제와 메시지: 캐릭터의 성격유형과 스토리의 갈등을 통해 전달하고자 하는 주제나 메시지를 결정합니다. 이야기의 주제는 '자아 발견'과 '창의력의 중요성'입니다. 여주인공을 통해 독자들에게 자신만의 독특함을 소중히 여기고, 창의력을 발휘하여 자신의 길을 찾아가는 모습을 보여줍니다. 남자주인공과의 관계는 다른 사람과 비교하지 않고 자신의 가치를 인정하는 메시지를 전달합니다.

이처럼 애니어그램을 스토리 창작에 적용하면, 캐릭터들의 심리적 동기와 갈등을 더 깊이 있고 현실적으로 그려낼 수 있으며, 독자들이 캐릭터에 공감하고 몰입하는데 도움을 줄 수 있습니다.

애니어그램 못지않게 인간의 성격유형을 정리한 것이 MBTI입니다. 20년 전에는 사람들이 애니어그램에 열광하는 경향이었는데 요즘 젊은이들을 만나면 첫마디가 MBTI가 뭐냐고 묻더군요. MBTI를 스토리를 창작하는 데 활용해야 하는 이유

동화 <뭉게구름의 비밀>

이기도 합니다.

 MBTI는 칼 융의 심리학 이론을 기반으로 하여, 캐서린 쿡 브릭스와 그녀의 딸 이사벨 브릭스 마이어스가 정리한 이론으로, 사람의 성격을 우선 네 가지로 분류하고 다시 네 가지로 분류해 총 16가지 성격유형을 제시합니다.

<인간의 성격유형> MBTI(Myers-Briggs Type Indicator)
외향(E) 대 내향(I): 사람들이 에너지를 어디서 얻는지를 나타냅니다. 외향적인 사람은 다른 사람들과 상호작용하며 에너지를 얻는 반면, 내향적인 사람은 혼자 있는 시간을 통해 에너지를 충전한다고 합니다.
감각(S) 대 직관(N): 정보를 처리하는 방식을 나타냅니다. 감각적인 사람은 구체적이고 실제적인 사실에 초점을 맞추는 반면, 직관적인 사람은 추상적인 아이디어와 가능성을 탐색하는 것을 선호한다고 합니다.
사고(T) 대 감정(F): 의사결정을 내릴 때 중요시하는 것을 나타냅니다. 사고적인 사람은 논리와 객관적인 기준에 기반하여 결정을 내리는 반면, 감정적인 사람은 개인적 가치와 사람들의 감정을 고려한답니다.
판단(J) 대 인식(P): 외부 세계에 대한 태도를 나타냅니다. 판단적인 사람은 계획하고 조직적인 접근을 선호하는 반면, 인식적인 사람은 더 유연하고 개방적인 접근을 선호한다고 합니다.

동화 <숫자2의 비밀>

위의 MBTI(Myers-Briggs Type Indicator)를 기반으로 캐릭터 창작과 스토리텔링을 한다면 MBTI의 16가지 성격유형을 기반으로 캐릭터들의 동기, 행동, 관계 및 갈등을 만들어 나갈 수 있습니다. MBTI를 스토리와 캐릭터, 주제에 적용해 볼까요?

동화 <시내버스의 비밀>

캐릭터의 성격유형 결정하기: 각 캐릭터에게 MBTI 성격유형을 부여하면, 그들의 성격, 선호도, 강점 및 약점을 더욱 명확히 정의할 수 있습니다. 스토리로 예를 들면, 주인공 리나는 INFP 유형입니다. 리나는 상상력이 풍부하고 이상적인 세계에 몰두하는 경향이 있어요. 그녀는 사교적이고 다정하지만, 가끔 현실과 동떨어져 보일 수도 있지요.

갈등과 동기 부여: 서로 다른 성격유형을 가진 캐릭터 간의 상호작용을 통해 갈등을 창조할 수 있습니다. 예를 들어, 감정적인 결정을 선호하는 F(Felling) 유형과 논리적인 결정을 선호하는 T(Thinking) 유형이 충돌하는 상황을 만들 수 있습니다. 스토리로 예를 들면, 리나는 자신만의 소설을 쓰고 싶어하지만, 현실적인 문제들에 부딪힙니다. 리나의 친구 재희는 ESTJ 유형으로, 현실적이고 체계적인 사람이에요. 재희는 리나에게 현실을 직시하고 실질적인 목표를 세울 것을 권합니다.

캐릭터 간의 관계 형성: MBTI 유형을 이용해 캐릭터 간의 관계를 형성하고 발전시킬 수 있습니다. 서로 다른 성격유형이 어떻게 서로 보완하거나 이해하기 어려워하는지를 탐색할 수 있습니다. 계속해서 스토리로 예를 들면, 리나와 재희 사이에는 이상과 현실 사이의 긴장이 있어요. 리나는 재희의 실용적인 조언에 감사하면서도 가끔은 제약을 느낍니다. 반면, 재희는 리나의 창의력과 꿈을 부러워하기도 해요.

캐릭터의 성장 및 발전: 캐릭터가 스토리를 통해 어떻게 성장하고 변화하는지 보여줄 수 있습니다. 이야기를 계속 이어 나가면, 리나는 자신의 꿈을 현실에 맞게 조정하는 법을 배웁니다. 동시에 재희는 계획과 현실만이 전부가 아님을 깨닫고, 때로는 꿈을 꾸는 것도 중요하다는 것을 이해하게 되죠.

주제와 메시지 결정: 성격유형에 대한 이해를 바탕으로 스토리의 주제나 메시지를 결정할 수 있습니다. 예를 들어, 서로 다른 성격유형의 사람들이 협력하여 목표를 달성하는 이야기는 다양성과 팀워크의 중요성을 강조할 수 있습니다. 리나와

재희 이야기의 끝을 맺자면, 이 스토리의 주제는 '꿈과 현실의 균형'이라고 할 수 있습니다. 리나와 재희를 통해 우리는 자신의 꿈을 좇으면서도 현실적인 한계를 인정하는 것이 필요하다는 것을 깨닫습니다. 또한 독자는 다른 사람의 관점을 이해하고 받아들이는 것이 자신에게 도움이 된다는 것도 느낄 수 있을 겁니다.

이처럼 앞에서 제시한 다양한 이론을 활용하면 캐릭터의 행동과 갈등을 더 현실적이고 섬세하게 그릴 수 있으며, 독자들이 캐릭터에 공감하고 스토리에 몰입하는 데 유용합니다. 제 수업에서는 이 외에도 이야기의 탬플릿을 공부하여 더욱더 재미있고 다양한 이야기를 만들기 위해 노력하고 있습니다. 예를 들면 재난물, 로맨틱 코미디, 히어로물, 버디물, 성공 스토리 등의 장르를 공부하고 그에 맞는 탬플릿도 공부합니다. 재난물 같은 경우 <첫 번째 사건은 주인공의 주변에서 이변이 일어난다. 두 번째 사건으로 주인공은 그 이변에 어떠어떠한 이유로 개입할 수 밖에 없게 된다. 세 번째 사건으로 이변이 점점 더 심화된다. 네 번째 사건으로 주인공은 마침내 자력으로 이 재난에서 탈출하거나 재난을 해결한다>를 공부하고 재난에 어떤 것들이 있는지 함께 찾아봅니다. 어느 날 사람의 영혼이 보이는 것도 재난 탬플릿을 활용할 수 있고 교통사고로 갑자기 기억을 잃어버리거나 다리를 쓸 수 없는 경우도 재난의 종류가 될 수 있겠지요. 이 밖에도 스토리의 흥미와 박진감을 높이기 위해 탈출의 플롯이라거나 유혹의 플롯 등 20여 가지 플롯을 공부하고 이야기를 발전시키기 위해 작가가 쓴 내용을 장르, 성별, 시대를 바꾸거나 뒤집어 보기, 스케일을 키우기 등 다양한 방법을 공부합니다.

그런데 이런 이론을 다 공부해야만 우리가 재미있는 스토리, 좋은 스토리를 쓸 수 있을까요?

저는 아니라고 생각합니다. 이런 이론을 공부하지 않아도 좋은 스토리를 쓸 수 있는 방법을 알려드리겠습니다.

동화 <아기 밥그릇의 비밀>

2) 할리우드 영화 시나리오에서 답을 찾다

최근 KBS에서 근무하는 PD를 만났는데요. 요즘 방송국이 난리가 났다고 합니다. 드라마 PD, 영화감독을 서로 스카우트하려고 방송국, 제작사, OTT 등에서 엄청난 조건을 내걸고 있다고 합니다. 선입금은 물론 아파트를 사주는 사례도 있다고 해요. 갑자기 왜 이렇게 드라마 PD, 영화감독이 주목받고 있을까요? 눈치 채셨겠지만, 우리가 코로나로 밖에 나가지 않고 집에 있으면서 인터넷을 통해 보았던 TV, 영화 때문이지요. 기존 우리나라 방송국이나 제작사와는 비교가 되지 않을 정도로 파격적인 제작비를 넷플릭스, 애플TV, 디즈니+ 등에서 제시하자 능력 있는 드라마 PD, 영화감독의 몸값이 천정부지로 올랐고 웃돈을 주고도 드라마 PD, 영화감독을 구하기 쉽지 않다고 합니다.

왜 넷플릭스, 애플TV, 디즈니+에서는 파격적인 제작비를 국내 제작자들에게 쏟아 붓는 것일까요? 당연히 우리나라 감독들이 제작한 드라마나 영화가 투자한 것보다 훨씬 더 많은 이익을 가져다주기 때문이지요. 그런데 넷플릭스, 애플TV, 디즈니+가 흥행을 위해 감독보다 더 까다롭게 고르는 게 있습니다. 바로 시나리오, 글입니다.

그럼 이런 넷플릭스, 애플TV, 디즈니+는 이익을 낼 수 있는 드라마나 영화를 어떻게 알고 시나리오만 보고 투자할까요? 여기엔 비밀이 있습니다. 할리우드는 그들이 갖고 있는 스토리 이론이 있기 때문입니다. 그 스토리 이론이 바로 그들이 시나리오를 보는 기준이지요. 이 스토리 이론은 근 100년에 걸쳐 할리우드가 좌충우돌하며 완성한 이론이라고 볼 수 있습니다.

저도 이 이론을 알고 쓴 동화는 2~3편밖에 되지 않습니다. 그 전에는 진짜 고생고생하며 썼다고 할 수 있죠. 이제 고생하지 않고 대중에게 사랑받는 스토리를 쓸 수 있는 할리우드 이론을 그 역사부터 알맹이까지 여러분께 모두 공개합니다.

동화 <얼굴의 비밀>

초기 할리우드 스토리 이론: 할리우드의 초기 스토리텔링 이론은 1920년대와 1930년대에 주로 만들어졌는데 당시의 영화는 주로 단순한 구조로 좋은 사람, 나쁜 사람 등 흑백논리였습니다.

시드 필드와 플롯 구조: 1970년대 말, 시드 필드(Syd Field)는 <스크린플레이(Screenplay)>라는 책을 통해 할리우드 영화의 3막 구조(서론, 전개, 결말)를 명확히 정립했습니다. 이 구조는 영화의 기본적인 틀로 널리 채택되었으며, 많은 영화 제작자와 시나리오 작가가 이를 바탕으로 영화를 만들었습니다.

조셉 캠벨과 영웅의 여정: 조셉 캠벨(Joseph Campbell)은 <천의 얼굴을 가진 영웅(The Hero with a Thousand Faces)>을 통해 신화와 전설 속 영웅의 여정을 분석했는데, 할리우드에서는 이 이론으로 많은 작품을 만들었지요.

크리스토퍼 보글러와 작가의 여행: 크리스토퍼 보글러(Christopher Vogler)는 조셉 캠벨의 이론을 바탕으로 <작가의 여행(The Writer's Journey)>이란 책을 냈는데, 이 책에서 그는 영웅의 여정을 더 실용적이고 접근하기 쉬운 형태로 보여줍니다. 7단계로 이야기 구조를 설명하는데요. 잠깐 살펴보면,

동화 <전기의 비밀>

1) 영웅의 호출: 이야기는 주인공이 모험으로의 호출을 받는 것으로 시작해요. 이 호출은 종종 주인공이 편안한 일상을 떠나 새로운 세계로 나아가도록 유도해요.

2) 거부와 도움의 손길: 처음에는 주인공이 이 호출을 거부할 수 있어요. 하지만 멘토나 도우미의 등장으로 용기를 얻게 되죠.

3) 출입문 너머로: 주인공이 결국 모험의 세계로 들어가면, 완전히 새롭고 때로는 위험한 환경에 직면해요.

4) 시험, 동료, 적: 모험의 세계에서 주인공은 여러 시험을 겪고, 동료를 만나고, 적들과 맞닥뜨려요.

5) 심연 속으로: 이 단계는 주인공이 가장 큰 도전이나 시련에 직면하는 순간이죠.

6) 보상과 변환: 심연의 시련을 극복한 후, 주인공은 어떤 형태의 보상을 받고, 이

과정에서 변화하게 돼요.

7) 귀환: 이제 변화된 주인공은 일상 세계로 돌아와 그의 경험과 배운 것을 공유해요. 조금 단어가 이상하게 보이죠. 직독직해로 번역해서 그런 것도 있지만, 아마도 과거 영웅의 스토리를 기준으로 이론을 만들다 보니 단어가 좀 어색한 것 같아요. 이 이론은 현재 할리우드 영화의 근간을 이루고 있습니다. 그런데 이 이론보다 현재 더 각광받는 이론이 있습니다. 바로 이 크리스토퍼 보글러의 12단계 이론인데요. 크리스토퍼 보글러는 앞서 설명한 조셉 캠벨의 저서 <천의 얼굴을 가진 영웅>에서 영감을 많이 받았다고 해요. 조셉 캠벨은 여러 문화와 시대의 신화, 전설, 동화 등을 연구하여 '영웅의 여정'이라는 보편적 패턴을 발견한 사람이죠. 이 패턴은 다양한 이야기에서 반복적으로 나타나는 영웅의 여정을 단계별로 설명해요.

할리우드 영화사들은 캠벨, 크리스토퍼 보글러뿐 아니라 많은 유명 작가가 스토리 이론을 정립할 수 있도록 막대한 돈을 투자했는데요. 할리우드 영화사들이 이러한 스토리 이론을 정립한 이유가 있겠죠.

첫째는, 효과적인 스토리텔링이야말로 영화의 메시지를 정확하게 전달하고 보는 사람들의 감정을 자극해 관객들을 극장으로 오게 하는 힘이기 때문입니다. 둘째는 표준화된 스토리 구조는 제작 과정을 효율화하고, 투자자와 제작자에게 프로젝트를 쉽게 설명할 수 있기 때문이지요. 셋째는 이런 성공적인 스토리 구조와 테마가 있어야 흥행에 성공하기 때문이지요. 간단히 말해 실패하지 않는 영화를 만들기 위해서죠. 흥행에 성공하는 할리우드의 스토리 이론은 비단 영화산업에서만 쓰일 수 있는 것은 아닙니다. 당연히 소설이나 웹툰, 동화를 쓰는 데도 유용한 이론이라고 할 수 있습니다.

동화 <전기의 비밀>

3) '양 작가의 오딧스AI 크리에이터' - 그림 동화책 플롯 10단계

'양 작가의 오딧스AI 크리에이터'에서는 앞의 할리우드 스토리 이론을 응용해 <그림 동화책 플롯 10단계>를 스토리 창작에 활용하고 있습니다.
아래 예는 아주 오래된 고전으로 전 세계 어린이들에게 널리 사랑받고 있는 <신데렐라 이야기>를 분석해 80%의 독자들이 공감하고 재미있어 하는 스토리를 쓰는 방법입니다.

1단계는 스토리를 시작하는 첫 단계로, 주인공들의 일상이 깨지는(다른 말로 이벤트가 발생하면서) 사건 속으로 들어가는 단계입니다. 신데렐라 이야기에서는 행복하게 살던 가족이 있었는데 어느 날 어머니가 돌아가신다는 설정이지요.
2단계는 주인공이 이 사건을 거부하고 다시 일상으로 돌아가고 싶어하는 것을 표현하는 단계입니다. 그렇지만 더 이상 과거로 돌아갈 수 없다는 것을 직면하는 시기입니다.
<신데렐라>에서는 엄마 없이 사는 게 힘든 신데렐라, 그리고 아내 없이 사는 아빠의 고독이 그대로 표현되는 단계입니다. 예를 들어 신데렐라는 머리를 땋아줄 사람이 없어 머리카락을 질끈 동여매고 친구들을 만나는 모습을 그릴 수 있죠.
3단계는 1, 2단계의 문제가 해결되는 것처럼 보이는 단계입니다. 이 해결의 열쇠는 사건일 수도 있고 인물일 수도 있습니다. <신데렐라>에서는 새엄마가 들어오면서 1, 2단계의 문제가 해결될 것처럼 보입니다.
4단계는 3단계로 결코 1, 2단계의 문제가 해결되지 않을뿐더러 더 큰 문제를 만들어 낼지도 모른다는 암시를 하는 단계입니다. <신데렐라>의 예를 들면, 새엄마는 과거의 엄마와 같지 않게 뭔가 차가움이 느껴지는 정도라고 할 수 있습니다.
5단계는 그래도 전체 스토리에서 가장 행복한 한때를 보여주기도 하는 단계인데요. 일반적으로 독자와 주인공 모두가 가장 행복한 단계입니다. <신데렐라>에서

동화 <케이크의 비밀>

는 언니와 엄마가 생겨서 쇼핑도 같이 하고 머리도 같이 땋아주며 즐거운 시간을 갖는 것으로 표현됩니다. 만약 멘토가 있는 스토리라면 이 단계에서 멘토를 만나 목적을 향해 나아가기도 합니다.

6단계는 우리의 주인공이 첫 번째 시련을 겪는 단계입니다. 내적 갈등이 생긴다거나 상대할 적을 만나는 경우, 로맨스의 경우 헤어질 수밖에 없는 이유가 나오는 단계입니다. <신데렐라>의 경우에는 아빠가 없을 때 새엄마와 새언니의 태도가 돌변해서 차갑게 굴고 궂은일만 시키는 단계를 들 수 있습니다. 새엄마가 아빠와 신데렐라를 사랑해서 결혼한 것이 아니라 아빠의 재산을 보고 결혼한 것 같다는 것을 깨닫는 순간이죠.

7단계는 우리의 주인공이 두 번째 시련을 겪는 단계입니다. 사실 이 단계는 스토리 내에서 주인공이 가장 큰 시련을 겪는 단계라고 할 수 있습니다. 어떤 스토리 이론가는 이 단계를 "적에게 잡아먹히는 단계"라고도 표현합니다. <신데렐라>의 경우에는 아빠가 돌아가시는 단계입니다. 아빠가 돌아가시고 나서 주인공 신데렐라가 하녀로 취급받으며 집안일을 도맡아 하는 단계입니다.

8단계는 6, 7단계에서 죽어라 고생한 주인공에게 희망의 빛이 보이는 단계입니다. <신데렐라>의 경우, 왕자가 주최하는 파티에 가고 싶어 울고 있는 신데렐라에게 요정이 나타나 파티에 갈 수 있도록 도와주는 장면과 왕자를 만나는 장면이라고 할 수 있습니다.

9단계는 이야기에서 가장 처절한 단계라고 할 수 있습니다. 주인공이 죽기살기로 시련과 정면으로 맞서지만, 희망이라곤 보이지 않는 단계입니다. <신데렐라>의 경우 밤 12시가 되자 모든 마법이 사라지고 다시 재투성이 아가씨로 돌아가는 단계입니다.

10단계는 고통(적)과 정면승부하여 이기고, 자신이 원하는 목표를 완성하고 일상으로 돌아오는 단계입니다. 그러나 그 일상은 1단계 사건이 일어나기 전의 일상

동화 <펜지꽃의 비밀>

과는 다른 일상이며 주인공도 사건을 경험하기 전의 주인공이 아니라 한층 각성한, 성장하고 깨달은 주인공이라고 할 수 있습니다. <신데렐라>에서는 자신이 잃어버린 유리구두를 신고 왕자를 만나 결혼하고, 아빠와 있을 때보다 더 높은 신분이 되는 것이죠.
10단계든 12단계든 이런 스토리 구조는 디즈니나 픽사 영화에서 현재 활발하게 채용하는 스토리 구조로, 주인공이 어려움에 처하고 힘들지만 그 어려움을 하나씩 해결해 나가는 동안 성장하고 발전하는 스토리의 전형이라고 할 수 있습니다.

4) 나의 이야기 쓰기

앞서 내가 가장 좋아했던 스토리에서 찾은 내가 잘 쓸 수 있는 스토리를 생각하셨다면 이제 나의 스토리를 이 10단계에 맞춰 적어 보세요.
이렇게 적을 때조차 가장 중요하게 생각해야 할 것은 주인공이 추구하는 목표, 즉 주인공의 결핍이 무엇인가를 생각하고 시작하는 것입니다.
스토리는 주인공의 결핍이 없으면 만들어지지 않기 때문입니다. 배가 고파야 먹고 싶은 것처럼, 결핍을 생각하지 않으면 스토리가 만들어지지 않습니다. 만들 수는 있지만 앞으로 전개해 나가는 힘을 얻지 못합니다. 결핍은 주인공을 앞으로 나가게 하는 힘입니다. 배가 고파야 먹을 것을 찾아다니는 것처럼 말이죠. 배가 많이 고플수록 절실하게 먹을 것을 찾는 것처럼, 결핍이 많고 삶이 혹독할수록 우리의 주인공은 더욱더 절실하게 문제를 해결하기 위해 노력합니다. 주인공의 이런 절실함이 독자들에게 공감과 응원을 불러일으키죠.
우리가 친숙하게 잘 아는 신데렐라를 모델로 동화 쓰는 작법을 소개했습니다. 이제 여러분도 내가 쓰고 싶은 이야기를 뒤에 한 두 줄이 넘지 않게 간략하게 써보시길 바랍니다.

동화 <바위의 비밀>

동화 <희망의 비밀>

제목: 신데렐라
◆ 내 스토리의 제목:
1. 주인공이 추구하는 목표: 멋진 남자를 만나 행복해지고 싶다.
◆ 주인공이 추구하는 목표:
2. 작가가 말하고자 하는 것: 착한 마음은 보상을 받는다.
◆ 작가가 말하고자 하는 것:
3. 주인공의 결핍: 남자 하나 만나지 못하는 노예 같은 삶
◆ 주인공의 결핍:
1) 일상이 깨짐: (이벤트가 발생해 기회[사건 속으로]를 맞이한다)
어머니가 돌아가신다.
2) 기회를 놓침: (하지만 기회를 맞이할 준비가 되어 있지 않다. 기회를 거부하고 일상으로 돌아가고 싶어 한다)
 아빠와 신데렐라는 아내 없이, 엄마 없이 사는 게 힘들다. 엄마의 필요성을 절감한다.
3) 해결의 열쇠: (해결의 열쇠를 찾아 기회를 맞이할 조건이 충족된다. 열쇠는 사건일 수도, 인물 수도 있다) 새엄마가 들어온다.
4) 일상 복귀 불가: (그렇지만 다시 일상으로 돌아갈 수 없게 된다. 주인공의 상태, 결함과 욕망, 작품의 테마 등을 표현한다) 새엄마는 과거의 엄마와 같지 않다.
5) 행복한 한때: (멘토와 만나고 목적을 향해 나아간다. 일반적으로 독자와 주인공 모두가 가장 행복한 단계다) 언니와 엄마가 생겨서 즐겁다.
6) 첫 번째 시련: 갈등(적)을 만난다. (로맨스의 경우 헤어질 수밖에 없는 조건 등) 아빠가 없을 때 엄마와 언니가 일만 시킨다. 엄마가 재산을 보고 아빠랑 결혼한 것 같다.
7) 두 번째 시련: 적에게 잡아먹히는 단계. 작품 내에서 가장 큰 시련에 해당한다.

아빠가 돌아가신다. 주인공 신데렐라는 즉시 하녀로 취급받으며 집안일을 도맡아 한다.

8) 각성: 한 줄기 미약한 빛(희망 등)을 발견한다.

왕자가 주최하는 파티에 가고 싶은 주인공. 요정이 도와주어 주인공은 파티에 간다. 왕자를 만난다.

9) 세 번째 시련: 적과 정면으로 승부한다. 각성단계에서 발견한 희망이 통하지 않는다. 처절한 괴로움에 직면한다. 12시가 되자 모든 마법이 사라진다. 다시 재투성이 아가씨로 돌아간다.

10) 완전한 각성(고통과 정면승부): 적과 정면 승부에서 이기고 완벽히 각성해 목표를 완성하고 일상으로 복귀한다. 그렇지만 더 이상 예전의 주인공이 아니다. 깨달은 주인공이다. 자신이 잃어버린 유리구두를 신고 왕자를 만난다. 아빠가 있을 때 아가씨 신분보다 더 높은 신분이 된다.

동화 <희망의 비밀>

5) chat GPT로 이야기 디테일 보강하기

인공지능으로 글을 쓰고 그림을 그릴 수 있다고? 정말 그럴 수 있을까? 그럴 수 있는지 반신반의하면서 <양 작가의 오딧스AI 크리에이터> 프로젝트를 기획했습니다.

동화를 창작하기에 앞서 동화책을 읽고 토론하는 시간을 갖긴 했는데 수업이 지속될수록 책을 더 많이 읽었어야 했다는 생각이 들었습니다. 영화, 연극, 드라마, 소설, 웹툰, 동화 등 우리가 알고 있는 이야기 중에서 동화가 다른 이야기와 어떻게 다른지 알고 독자의 특성에 맞게 이야기를 창작하기 위해서는 동화를 많이 읽을 필요가 있다는 생각이 들었습니다.

 chat GPT에게 스토리를 생성하라고 할 때 스토리에 관한 기초 지식을 갖고 요청하면 앞서 "동화를 써줘"라고 했을 때 생성한 스토리와는 비교가 되지 않을 정도로 디테일하게 써줍니다. 또한 그 이야기가 앞서 신데렐라 이야기 대신 내 이야기를 써놓은 것이라면 더 관심이 가고 재미있겠죠. 그런데 내 이야기가 아직 정리되지 않았다면 다음과 같이 chatGPT에게 요청하면 됩니다.

1) prompt: '7살 아이들을 대상으로 동화를 쓰려고 해. 동화 주제 7가지만 알려줘'라고 하면 chatGPT가
"7살 아이들을 위한 동화를 쓰신다니 정말 멋진 일이네요! 아이들이 흥미를 가질 만한 동화 주제 몇 가지를 소개해 드리겠습니다. 이 나이의 아이들은 상상력이 풍부하고 새로운 것을 배우는 데 관심이 많으니, 이런 특성을 반영한 주제들을 고려해 보시면 좋을 것 같아요.

용기와 모험: 주인공이 새로운 모험을 떠나면서 용기를 발휘하는 이야기입니다. 숲속 탐험, 우주여행 등 모험을 통해 주인공이 자신감을 얻는 과정을 그립니다.

친구와 우정: 친구들과의 관계를 중심으로 한 이야기입니다. 친구와의 다툼과 화해, 새로운 친구 사귀기 등을 통해 우정의 소중함을 배우는 내용이 좋습니다.

자연과 환경: 자연의 아름다움과 환경보호의 중요성을 다룬 이야기입니다. 숲을 지키는 동물 친구들, 깨끗한 바다를 위한 모험 등이 있을 수 있어요.

가족과 사랑: 가족 간의 사랑과 관계를 다루는 이야기입니다. 가족과 함께하는 일상, 가족 구성원을 위한 특별한 모험 등이 포함될 수 있습니다.

꿈과 상상: 아이들의 꿈과 상상력을 자극하는 이야기입니다. 꿈에서의 모험, 상상 속 친구와의 여행 등이 재미있을 거예요.

도전과 성장: 어려움을 극복하고 성장하는 과정을 그린 이야기입니다. 새로운 기술을 배우거나, 경쟁에서 이기는 등의 주제가 있습니다.

다양성과 포용성: 서로 다른 배경을 가진 캐릭터들이 서로를 이해하고 받아들이는 이야기입니다. 다른 문화의 친구를 만나거나, 서로 다른 특성을 인정하는 내용

동화 <풍차의 비밀>

이 좋습니다.

이러한 주제들은 7살 아이들의 호기심을 자극하고, 그들의 세계관을 넓혀줄 수 있을 것입니다. 아이들이 쉽게 이해하고 공감할 수 있도록 재미있고 창의적인 방식으로 이야기를 전개하시면 좋겠네요!" 라며 동화에서 가장 많이 쓰이는 7가지 주제를 제시해 줍니다.

2) 이 중 마음에 드는 주제를 선택하고 나서

3) prompt: 'AI, 당신은 이제 유명 동화작가로서 의견을 주기 바란다. 나는 여섯 번째 주제인 도전과 성장에 관한 이야기가 맘에 들어. 이 주제로 동화를 써줘. 주인공은 여자아이고 이름은 릴리야. 그녀는 말을 하지 못해. 2100년 인공지능 로봇이 일꾼으로 일하는 시대야. 아빠가 아파 누워 있어서 아빠의 병을 고치는 약을 구하러 가야 해. 다섯 군데의 여행 장소에서 일어나는 일을 10단계로 만들어 줘. 결말은 약을 구하는 데 도와준 로봇이랑 재미있게 사는 이야기로 만들어 줘'라고 내가 생각하는 스토리를 섞어서 요청하면 됩니다.

앞에서 언급한 <동화 스토리 쓰기의 10단계>에 내 이야기가 있다면 prompt에 그대로 복사해서 주면 chat GPT 4가 아주 그럴듯하게, 디테일하게 이야기를 써 줍니다.

chat GPT

<릴리의 조용한 모험: 미래 세계의 치유 여정>이라는 동화를 구상해보겠습니다. 릴리는 말을 하지 못하는 여자 아이로, 아픈 아빠를 위해 치유의 여정에 나섭니다. 이야기는 2100년, 인공지능 로봇이 일상의 일부가 된 미래 세계에서 펼쳐집니다. 릴리는 다섯 군데의 여행 장소를 통해 성장하며, 로봇 친구와의 우정을 나눕니다.

1단계: 일상이 깨짐 _ 릴리는 아빠와 평화롭게 살고 있었지만, 아빠가 갑자기 아

파 눕습니다. 의사 로봇이 필요한 치료제를 알려줍니다.

2단계: 기회를 놓침 _ 릴리는 아빠를 위해 무엇인가 해야 한다는 압박감을 느낍니다. 하지만 말을 할 수 없는 그녀는 어떻게 해야 할지 몰라 답답합니다.

3단계: 해결의 열쇠 _ 우연히 만난 친절한 로봇 피오가 릴리에게 도움을 제안합니다. 피오는 릴리와 함께 여행을 떠나기로 합니다.

4단계: 일상 복귀 불가 _ 릴리는 아빠를 구하기 위해 여행을 떠나기로 결심합니다. 그녀에게는 더 이상 뒤돌아갈 수 없습니다.

5단계: 행복한 한때 _ 릴리와 피오는 여행을 시작합니다. 처음으로 느끼는 모험과 자유에 릴리는 기쁨을 느낍니다.

6단계: 첫 번째 시련 _ 첫 번째 여행지인 '광명의 숲'에서, 릴리는 위험한 동물들과 마주칩니다. 하지만 피오의 도움으로 위기를 벗어납니다.

7단계: 두 번째 시련 _ '고요한 호수'에서는 릴리가 로봇을 믿고 호수를 건너야 합니다. 물이 무서운 릴리는 큰 용기를 내야 합니다.

8단계: 각성 _ '바람의 언덕'에서 릴리는 말하지 못하는 자신만의 방식으로 피오와 의사소통을 합니다. 그녀는 자신감을 얻기 시작합니다.

9단계: 세 번째 시련 _ '불의 동굴'에서는 약을 찾았지만, 갑자기 나타난 위험으로 인해 약을 잃어버릴 위기에 처합니다. 릴리는 용기를 내어 약을 구합니다.

10단계: 완전한 각성 _ 마지막 여행지인 '희망의 도시'에서 릴리는 아빠를 위한 약을 찾습니다. 그녀는 말을 할 순 없어도 이제 강인하고 용감한 아이로 성장했습니다.

11단계: 결말 _ 집으로 돌아온 릴리는 약을 건네고, 아빠는 회복합니다.

동화 <밍크 고래의 비밀>

이렇게 나온 이야기를 기초로 좀 더 확장하고 다듬으며 이야기를 써나가면 훌륭한 동화를 완성할 수 있습니다. chatGPT에게 처음부터 써달라고 한 동화는 뭔가 부족하지만 이렇게 한 두 단계를 더 거쳐 이야기를 완성하고 이를 바탕으로 수정하고 보완하면 아무것도 없이 글을 쓸 때보다 훨씬 수월하게 스토리를 쓸 수 있을 것입니다.

동화를 완성했다고 생각하는 순간 쓴 글을 지인들에게 보여주는 것이 필요합니다. 함께 습작을 하는 친구들이 있으면 더욱 좋고요. 서로 읽어주고 조언을 하는 합평회를 통해 이야기는 더욱 탄탄하고 재미있어집니다. 앞으로 창작을 업으로 하려는 분이 계시면 꼭 다른 분들과 함께 공부하면서 창작하길 바라며, 어려울 경우 주변 분들에게 습작한 것을 읽히는 작업을 하셔서 완성도 높은 창작물을 출간하시길 바랍니다.

chat GPT로 그림 동화 창작하기는 챕터 chat GPT 사용해 그림그리기에서 더 자세하게 다루겠습니다.

동화 <자동차 바퀴의 비밀>

142 | Chapter 5_그림이 이렇게 많은 것을 담고 있었어?

Chapter 5. 그림이 이렇게 많은 것을 담고 있었어?

1장 그림 동화책에서 그림이 갖는 위치
2장 AI를 활용해 그림을 그려보아요
실전 활용 1) Lexica 활용해 그림그리기
실전 활용 2) chat GPT 활용해 글과 그림 만들기

인공지능이 그림을 잘 그려 준다고 해도 그림 작가들이 그린 것과는 동화 내용에 있어서 차이가 납니다. 왜 그럴까요? 그것은 그림이 단지 그림 하나가 아니라 그 그림을 통해 주인공의 감정과 상황을 표현하고 그림으로 문제를 해결할 의지를 표현하고 미래를 암시하기 때문입니다. 또한 그림 작가가 자신의 철학과 사상을 반영해 그리기 때문입니다. 이처럼 그림은 단순 삽화가 아니라, 스토리를 이끌어 가는 또 하나의 힘이라고 할 수 있습니다. 지금부터 스토리에서 차지하는 그림의 힘에 대해 알아보고 직접 그려볼까요?

1장 그림 동화책에서 그림이 갖는 위치

1) 그림으로 이야기 이끌어 가기

글만 있는 책과 달리 그림책의 그림을 통해 독자들에게 어떤 것을 전달할 수 있을까요?

❶ **강렬한 임팩트**: 아이들은 어른들이 생각하는 것보다 보이는 것에 아주 예민하게 반응합니다. 그림은 책의 첫인상을 결정하기 때문에 아이들이 책에 관심을 끄느냐 마느냐를 결정할 만큼 중요합니다.

❷ **감정과 분위기 전달**: 그림은 캐릭터의 감정, 스토리의 분위기를 표현하기 때문에 아이들은 그림을 통해 주인공 캐릭터의 감정을 이해하고 공감합니다.

❸ **이야기의 배경과 설정**: 그림은 스토리의 배경과 설정을 시각적으로 보여줍니다. 이를 통해 아이들은 스토리가 일어나는 장소와 시간을 쉽게 상상할 수 있습니다.

❹ **캐릭터의 특징과 성격**: 그림은 캐릭터의 외모, 표정, 몸짓을 통해 그들의 성격과 특징을 보여줍니다. 아이들이 캐릭터에 더욱 몰입하고, 캐릭터에 공감하는 데 절대적이라고 할 수 있습니다.

❺ **상상력과 창의력 계발**: 그림은 상상력을 자극하고 창의력을 발달시킵니다. 다양한 색상, 형태, 패턴을 통해 아이들의 호기심을 자극하고, 스토리를 더욱 풍부하게 만듭니다.

⑥ **스토리 전개 이해:** 페이지를 넘길 때마다 변화하는 그림은 스토리의 전개를 돕고, 아이들의 관심을 계속해서 붙잡아 놓습니다.

⑦ **가치 전달:** 그림은 스토리의 가치나 메시지를 아이들에게 쉽고 재미있게 전달하는 수단이 됩니다. 아이들은 그림을 통해 스토리의 가치를 더 쉽게 이해하고 기억합니다.

이렇게 동화책의 그림은 단순한 장식 이상의 역할을 합니다. 그림은 스토리를 더욱 생동감 있고 매력적으로 만들어 주며, 독자들에게 간접적으로나마 경험을 했다는 의식을 심어 줍니다.

2) 그림책을 창작하는 데 고려해야 할 것

우리가 AI를 활용해 그림 동화를 그릴 때 고려해야 할 몇 가지만 살펴보고 바로 AI를 활용해 그림을 그려보겠습니다.

① **스토리와의 일치성:** 그림은 스토리의 내용과 감정을 반영해야 합니다. 캐릭터의 표정, 배경, 그리고 사건의 분위기가 이야기와 잘 어울려야 합니다. 스토리의 각 장면에 맞는 적절한 시각적 요소를 선택하는 것이 중요합니다.

② **대상 연령 고려하기:** 동화책의 타깃 독자인 어린이들이 쉽게 이해하고, 관심을 가질 수 있는 그림을 선택해야 합니다. 색상, 캐릭터 디자인, 그림의 복잡성 등이 어린이들의 연령과 인지 능력에 맞게 조정되어야 합니다.

③ **다양한 앵글과 샷:** 스토리의 다양한 감정과 상황을 표현하기 위해 다양한 앵글과 샷을 사용하는 것이 좋습니다. 클로즈업, 와이드 샷, 버즈아이 뷰 등 다양한 시각적 기법을 사용하여 이야기의 다이내믹함을 증가시킬 수 있습니다.

④ **색상과 조명:** 색상과 조명은 스토리의 분위기와 감정을 전달하는 데 큰 역할을 합니다. 밝고 따뜻한 색상은 즐거운 분위기를, 어두운 색상은 심각하거나 슬픈 장면을 나타낼 수 있습니다.

⑤ **문화적 요소와 다양성**: 다양한 문화적 배경을 반영하는 요소를 포함시키는 것도 필요합니다. 책을 읽는 독자들에게 더 넓은 세계관을 제공하고, 다양한 배경을 지닌 독자들이 공감할 수 있도록 말이죠.

⑥ **인터랙티브 요소**: 어린이들이 책에 더 몰입할 수 있도록 인터랙티브한 요소를 포함시키는 것도 고려해 볼 수 있습니다. 예를 들어 찾아보기 놀이, 퍼즐, 반복되는 패턴 등을 응용하면 좋습니다.

인공지능 그림 생성기를 활용해 그림을 생성할 때 스토리북 스타일로 그려 달라거나 일러스트레이션 스타일로 그려 달라고 하면 위의 것들을 고려해서 생성하는 편입니다. 그런데 우리가 반드시 프롬프트를 입력해야 나오는 것들이 있습니다. 바로 앵글과 샷입니다.

3) 그림의 앵글과 샷

동화책에서 다양한 앵글과 샷을 사용하는 것은 스토리의 감정과 상황을 효과적으로 전달하는 데 매우 중요합니다.

***클로즈업(Close-up)**: 이 앵글은 캐릭터의 감정이나 특정 물체의 중요한 세부 사항을 강조할 때 쓰입니다. 예를 들어, 주인공이 무언가를 발견했을 때 그 반응을 보여주거나, 마법의 열쇠나 특별한 물건을 강조하고 싶을 때 클로즈업을 사용할 수 있습니다.

***와이드 샷(Wide Shot)**: 와이드 샷은 전체 장면을 포착하여 배경과 환경을 보여주는 데 사용됩니다. 와이드샷은 독자가 스토리의 설정을 이해하는 데 도움을 줍니다. 예를 들어 주인공이 신비한 숲이나 넓은 해변에 도착했을 때, 그 환경의 전체 모습을 보여주기 위해 사용할 수 있습니다.

***버즈 아이 뷰(Bird's Eye View)**: 이 앵글은 매우 높은 위치에서 아래를 내려다

▶ **그림 동화책을 창작할 때 TIP**

1. 주인공과 주변 인물 캐릭터의 일관된 모습을 그린다(**캐릭터 시트를 만들어 놓고 시작하는 것이 좋다**).

2. 전체 페이지의 디자인을 위해 **그림과 폰트 사이즈 등을 배열**해보는 것이 좋다.

3. 책의 지도가 되는 **스토리보드를 모두** 그려 전체 페이지를 살펴보는 것이 좋다.

4. **더미 북과 미니 북**을 만들어 읽어본다. 그림과 텍스트의 위치가 적당한지 확인하는 것이 필요하다.

5. 다양한 앵글과 뷰가 있는 그림을 그려 책을 읽는 데 **지루하지 않도록 하며, 끝까지 긴장감**을 가지고 볼 수 있도록 한다.

보는 것처럼 장면을 보여줍니다. 이 샷은 스토리에 대한 대략적인 정보를 제공하거나, 주인공이 마주한 큰 장애물 또는 장면의 규모를 보여줄 때 유용합니다.

***로 앵글(Low Angle):** 낮은 위치에서 위를 향해 보는 앵글입니다. 이는 캐릭터를 더 강력하거나 중요해 보이게 하는 효과가 있습니다. 예를 들어 주인공이 도전에 맞서 용기를 내고 있을 때 사용하면 그 순간의 중요성을 강조할 수 있습니다.

***오버 더 숄더(Over the Shoulder):** 한 캐릭터의 어깨 너머로 다른 캐릭터를 보는 앵글입니다. 이 앵글은 대화 장면이나 두 캐릭터 간의 관계를 보여줄 때 사용됩니다.

 아래 그림 동화책에는 클로즈업, 와이드 샷, 버즈 아이 뷰, 로 앵글, 오버 더 숄더가 아주 잘 나타나 있습니다. 그림을 생성하실 때 이처럼 전체적인 느낌을 고려하여 생성하면 그림책만이 줄 수 있는 재미를 더욱 극대화할 수 있습니다.

<로 앵글>

<버즈 아이 뷰>

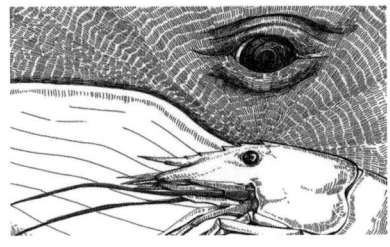

<클로즈업>

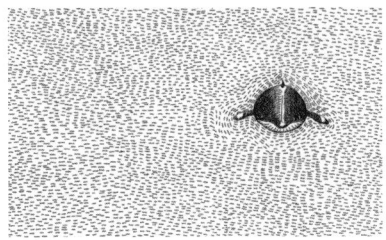

<와이드 샷>

148 | Chapter 5_그림이 이렇게 많은 것을 담고 있었어?

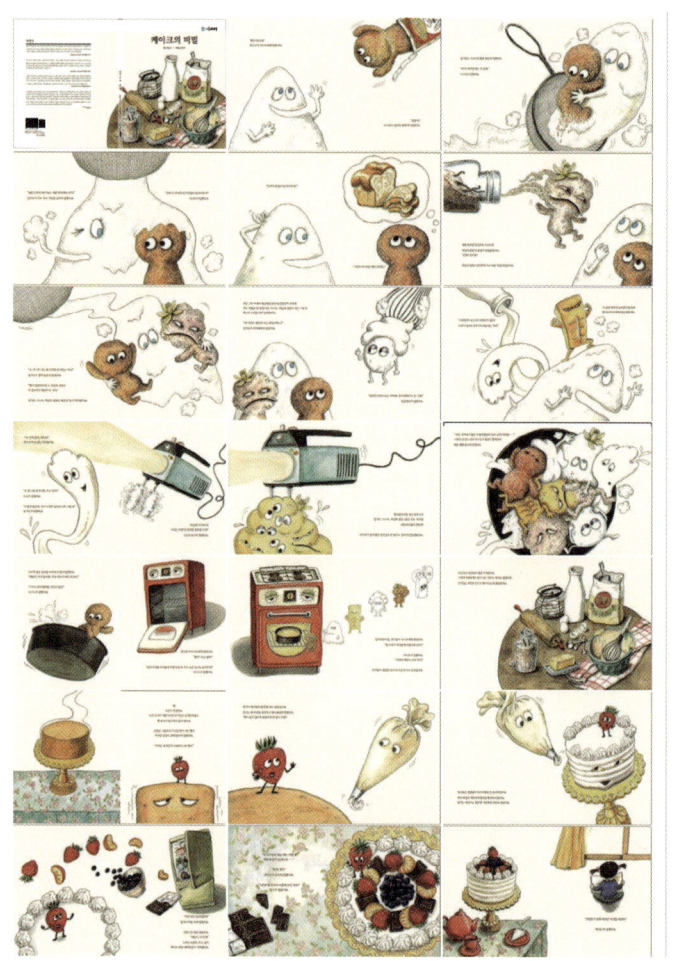

동화책 <케이크의 비밀> 앵글과 샷 분석해보기   동화책 <기린의 비밀> 앵글과 샷 분석해보기

<이 밖에 그림책에 사용할 만한 앵글과 샷>

entered view side angle 측면 앵글로 센터 보기

left-side angle 왼쪽 앵글로 보기

right side facing 오른쪽 얼굴

right side 오른쪽

extreme low-angle 극단적으로 아래에서 보는 그림

high-angle 위에서 보는 그림

extreme high-angle 극단적으로 위에서 보는 그림

aerial shot 하늘 위에서 보는 그림

ultra wide-angle 완전 넓은 시야의 그림

fish-eye lens 어안렌즈 그림

extreme fish-eye lens 극도의 어안렌즈 그림

extreme closeup shot 완전 확대한 그림

medium-shot 중간 샷

full body shot 몸전체가 나오는 샷

shot from behind 뒤에서 몸 전체가 나오는 샷

centered view, low-angle, closeup shot from below
중앙 뷰, 뒤쪽 아래에서 보는 확대한 그림

extreme fish-eye lens, high-angle, full-body shot from above
위에서 보는 전신 샷, 어안렌즈

ultra wide-angle shot from below, low-angle shot
뒤쪽 아래에서 보는 초 광각

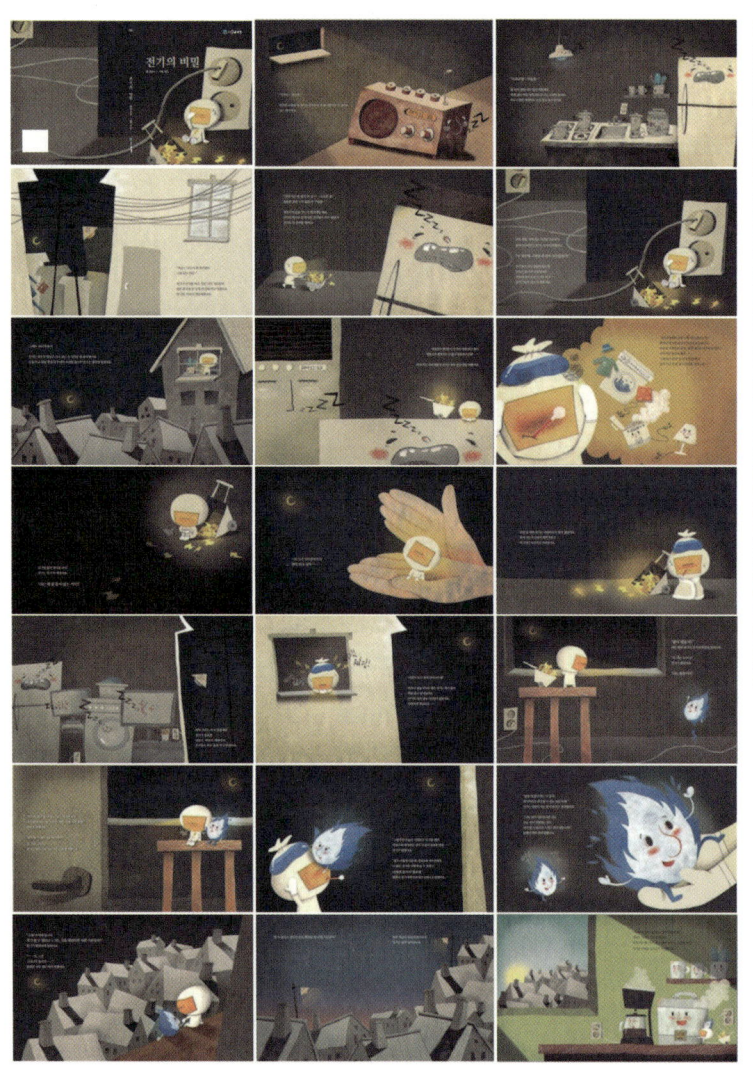

동화책 <전기의 비밀> 앵글과 샷 분석해보기

동화책 <대나무의 비밀> 앵글과 샷 분석해보기

예시로 보여드린 동화책의 앵글과 샷을 분석해보셨나요? 로 앵글, 버즈 아이 뷰, 클로즈업, 와이드 샷 등 다양한 뷰를 사용해서 시각적 율동감을 만들어낸 장면을 보니 어떤 생각이 드시나요? 맞습니다. 독자분이 생각하시는 것처럼 이러한 다양한 앵글과 샷은 스토리를 더욱 풍부하고 다이내믹하게 만들며, 그림책 독자들이 스토리의 각 장면에 더 깊이 몰입하도록 도와줍니다. 또한 각각의 앵글과 샷은 스토리의 감정과 분위기를 전달하는 데 매우 중요한 역할을 합니다.

4) 스토리보드 만들기와 더미 북 만들기
스토리보드는 화면 구성과 텍스트의 위치, 페이지 디자인까지 고려하여 만드는 것이 필요합니다. 총 페이지를 생각했다면 페이지별로 어떻게 연결하여 구성할 것인가를 고민해야 합니다.
1. 두 페이지를 연결하는 전체 양면 페이지인지
2. 한 페이지씩 구성할 것인지
3. 아니면 조각조각 페이지를 구성할 것인지
대략적으로라도 그려 봅니다. 이러한 과정을 거쳐 다음 페이지와의 연결감, 기대감이나 긴장감 등을 연출할 수 있습니다. 또한 한 페이지로 끝낼 것인지, 궁금증을 자아내게 하여 다음 페이지에 답이 나오게 할 것인지까지 계획할 수 있습니다.
책의 지도가 되는 스토리보드를 만들지 않을 경우 이미지를 한 장씩 생성하다 보면 보면 앞뒤 장만 생각하게 되고, 전체 그림을 파악하지 못해 작가의 의도와 다른 그림책이 나올 수도 있습니다.

샘플 1_ <시내버스의 비밀> 섬네일 스케치   샘플 2_<엘리베이터의 비밀> 섬네일 스케치

샘플 1은 장면 샷을 다양하게 사용하여 섬네일 스케치를 만든 예입니다. 샘플 2는 장면이 갖는 리듬감에 초점을 두고 스케치를 하여 미리 전체 페이지 구성을 살펴 본 샘플입니다.

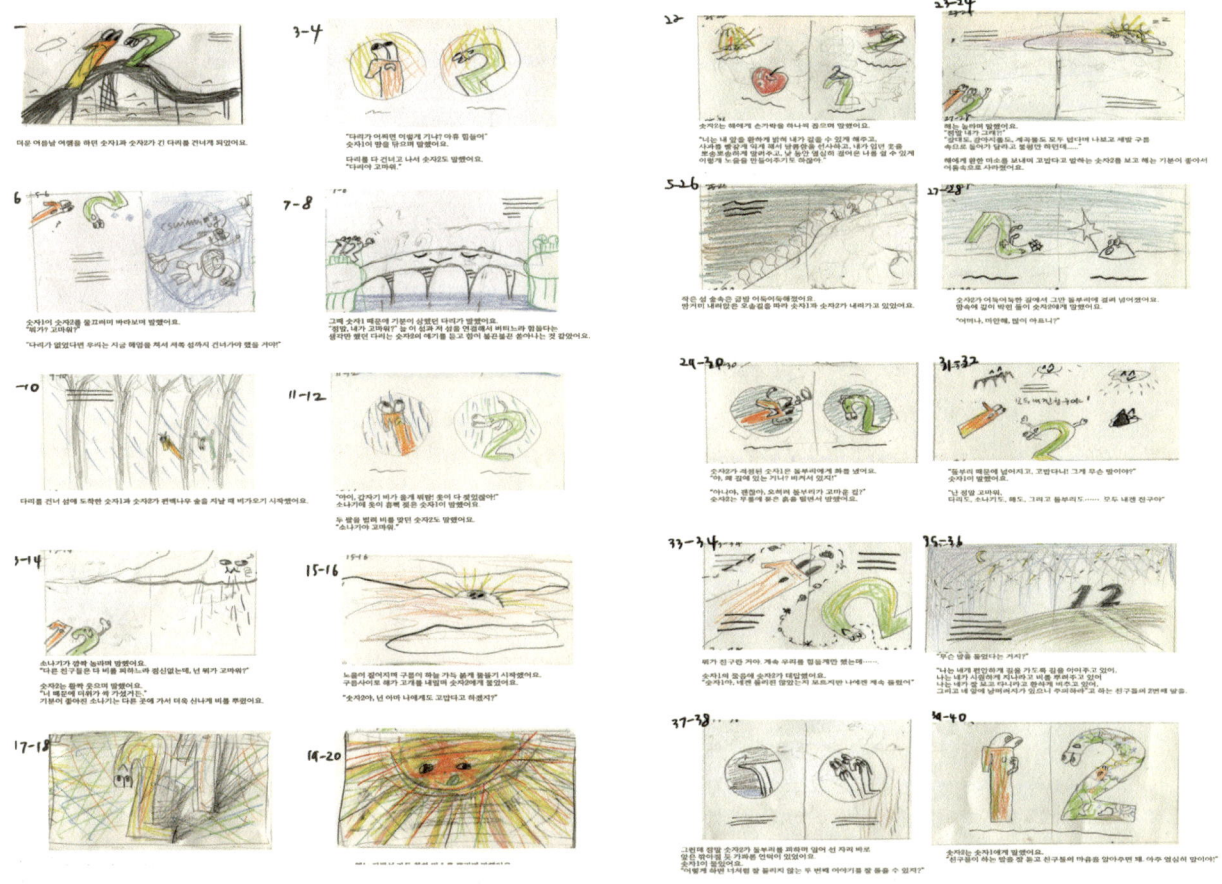

샘플 3_<숫자 2의 비밀> 섬네일 스케치 전체 스토리를 감안해 가면서 만든 섬네일 스케치. 이야기 구조가 그림과 전체적으로 조화를 이루는지 미리 감을 잡을 수 있다.

더미 북(Mini Book)은 그림책 만들기의 마지막 단계로, 그림과 텍스트의 위치가 적당한지 확인할 수 있습니다. 미니 북을 만들어 페이지를 넘겨 가며 크게 읽어보았을 때의 리듬감도 고려한다면 정말 멋진 동화책이 탄생할 것입니다.

2장. AI를 활용해 그림을 그려보아요

1) 전 세계 작가의 그림을 감상해요

https://artsandculture.google.com/category/artist

Google Arts & Culture는 전 세계의 예술, 문화, 역사적 유산을 탐색할 수 있는 플랫폼입니다. 전 세계 미술관, 갤러리가 소장한 그림을 이곳에서 거의 대부분 볼 수 있습니다. 그렇기에 그림작가가 되려면 적극 활용할 것을 추천합니다.

제가 이 사이트를 추천하는 이유는 그림을 그려본 적이 없는 분들이 그림을 생성해서 그림작가에 도전하는 분들에게 특히 유용한 사이트이기 때문입니다.

인류가 그림을 그리기 시작한 선사시대의 작품부터 최근 작품까지 총망라한 느

낌입니다. 이곳에서 시대·작가·테마별로 그림을 감상하며 내가 좋아하는 스타일, 작가를 찾아서 인공지능에게 그 작가 스타일로 그림을 그리라고 하면 훨씬 더 만족스러운 그림을 생성할 수 있습니다.

물론 최근 활동하고 있는 작가와 작품은 될 수 있으면 피하는 것이 좋습니다. 대부분 작가 사후 70년 동안 저작권이 유지되니, 넉넉하게 100년 전에 작고한 작가의 작품을 위주로 스타일을 만드시길 권합니다.

2) AI 활용해 그림 그리기

그림 동화책은 그림이 글 못지않게 중요합니다. 저는 그림동화 작가이자 글 작가여서 그림을 그릴 줄은 몰라도 그동안 많은 그림작가와 작업을 하며 그림동화에 대한 관심은 그 누구보다 높습니다. 그래서 인공지능으로 그림을 그릴 수 있다는 정보를 들었을 때 내 글에 맞는 그림을 내가 그린다면 정말 좋겠다는 생각을 했고, 인공지능을 활용하면서 실현하게 되었습니다. 저는 그림을 생성할 때 플레이그라운드, 스테이블디퓨전 등 여러 가지 프로그램 중 미드저니(Midjourney)와 달리 3(Dall·E 3)를 주로 사용하고 있습니다. 인공지능 이미지 생성기가 나왔을 때 제가 가장 많이 공부한 인공지능 그림 생성기는 스테이블디퓨전이었습니다. 공개 프로그램으로 누구나 다운받아 가공해서 사용할 수 있기 때문입니다. 그런데 실제 그림을 창작할 때는 거의 사용하지 못했습니다. 엄청난 확장성에도 불구하고 미드저니만큼 이미지가 잘 나오지 않았기 때문입니다. 미드저니의 경우 확장성이 많지 않고 제시해 주는 이미지를 그대로 사용해야 하는 단점이 있는 반면, 해상도와 미적인 측면에서 타의 추종을 불허할 만큼 퀄러티가 높은 편입니다. 광고나 포스터 등에 사용할 이미지로는 미드저니만큼 좋은 이미지 생성기가 없을 것 같습니다. 그런데 연속되고 일관된 그림을 그려야 하는 그림 동화로 사용하기에 미드저니는 자연어를 알아듣는 chat GPT를 보유하고 있는 달리 3에 비해 원하는 이

▶ Google Arts & Cultrue 옆의 3줄 선을 누르면 다양한 컬렉션, 테마, 아티스트, 내 주변에 예술품이 소장된 장소 등 다양한 메뉴가 나오니 하나씩 클릭해 보시길 바랍니다.

미지를 생성해 주지 못하는 편입니다. 한마디로 사람의 말을 잘 알아듣지 못한다는 것이죠.

그래서 여기서는 달리3를 기본으로 이미지를 생성하려고 합니다.

저는 이미지를 생성해 출판을 하므로 상업적 이용이 가능한 chatGPT를 활용해 이미지를 생성하려고 합니다. 그런데 여러분이 이미지를 생성하기 위해서 반드시 유료를 이용할 필요는 없습니다. 빙 이미지 크리에이터(bing image creator) 뤼튼, 구글 바드 모두 무료로 사용할 수 있기 때문입니다. 이곳에서는 빙 이미지 크리에이터로 이미지를 생성해 보겠습니다. 아래 사이트에 접속합니다.

https://www.bing.com/images/create

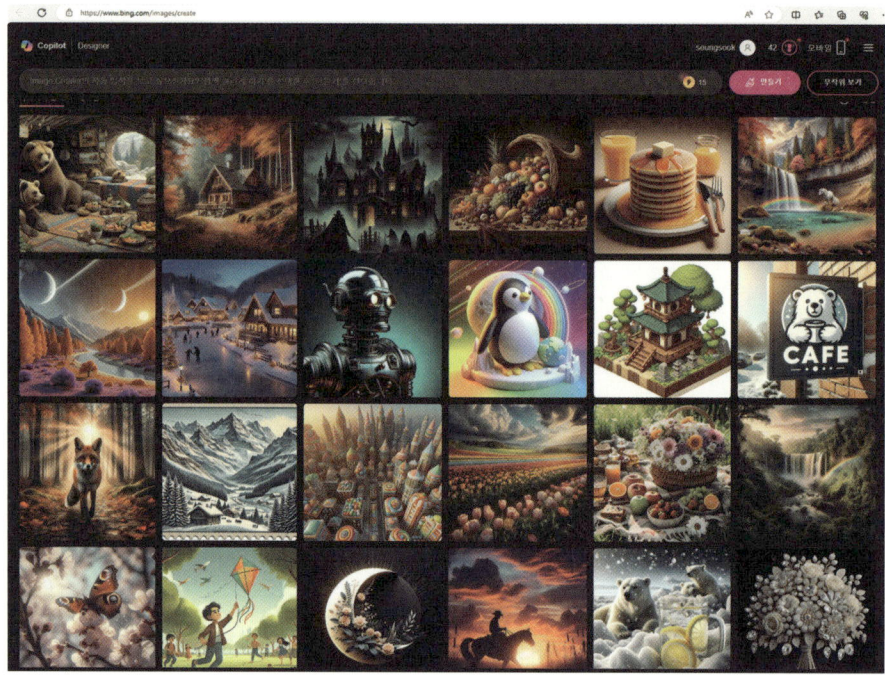

빙 이미지 크리에이터는 달리 3를 사용하여 사용자가 AI 이미지를 생성할 수 있는 프로그램입니다. 텍스트를 프롬프트에 넣으면 프롬프트에 맞는 이미지를 생성하죠. 예를 들어

<<<<<<<USER
"귀여운 남자 고양이가 여자 고양이한테 꽃을 선물하는 장면을 그려줘. 그림 스타일은 구스타프 클림트 스타일로 그려줘"

그러면 4가지 서로 다른 그림을 그려줍니다.

<<<<<<<Bing Image Creator

그림이 만족스럽지 않다면 만들기를 다시 눌러줍니다. 저는 몇 번을 눌러 여러 버전의 그림을 생성했습니다.
이 중에서 마음에 드는 것을 클릭하면 다음 그림처럼 큰 그림과 함께 제가 쓴 프롬프트가 나옵니다. 이처럼 그리고 싶은 이미지나 배경을 생각나는 대로 쓰면 이미지 생성기가 그려줍니다.

그런데 많은 분이 처음에 어떤 문구를 넣어야 할지 모르겠다고 합니다. 그러면 첫 장면으로 다시 돌아가 사이트의 왼쪽을 보면 **아이디어 탐색**이라는 단어가 있습니다. 그 옆에는 **창작물**이라는 단어도 있죠? 창작물을 클릭하면 방금 여러분이 생성한 이미지가 나올 거예요. 내가 생성한 이미지는 모두 여기에 모입니다. 아이디어 탐색 코너로 돌아가서 마음에 드는 이미지가 있다면 클릭해 보세요. 해당 그림이 어떤 프롬프트를 사용했는지 참고할 수 있습니다.

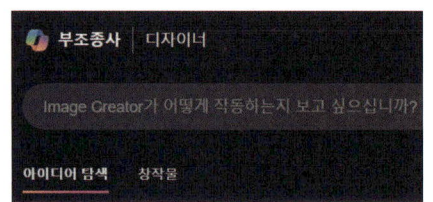

▶ 빙 이미지 크리에이터 화면
(한글 인터페이스)

▶ TIP

구글 크롬 브라우저를 사용할 때 웹페이지 빈공간에 마우스 우클릭을 하면 한국어로 바꾸기 메뉴가 뜹니다.
메뉴 또는 인터페이스를 한글로 바꿀 때 사용합니다.

그러면 이미지가 크게 보이며 옆에 이미지를 생성할 때 사용했던 텍스트 파일이 보일 거예요. 그 텍스트 파일을 복사합니다. 한글 프롬프트가 잘 안 통할 때 영어로 바꿔서 입력하면 더 잘 통할 때가 있습니다.

https://www.google.com/ 구글에 들어가서 **구글번역**이라고 입력합니다. 그러면 아래처럼 영어 쪽에는 텍스트 입력, 한국어 쪽에는 번역이라는 글자가 보입니다. 텍스트 입력이라고 되어 있는 곳에 복사한 프롬프트를 붙여 넣습니다.
영어로 된 문장의 내용을 확인하고 영어와 한국어의 가운데 있는 양방향 화살표를 클릭합니다. 그러면 '영어->한국어'가 '한국어->영어'로 바뀝니다.

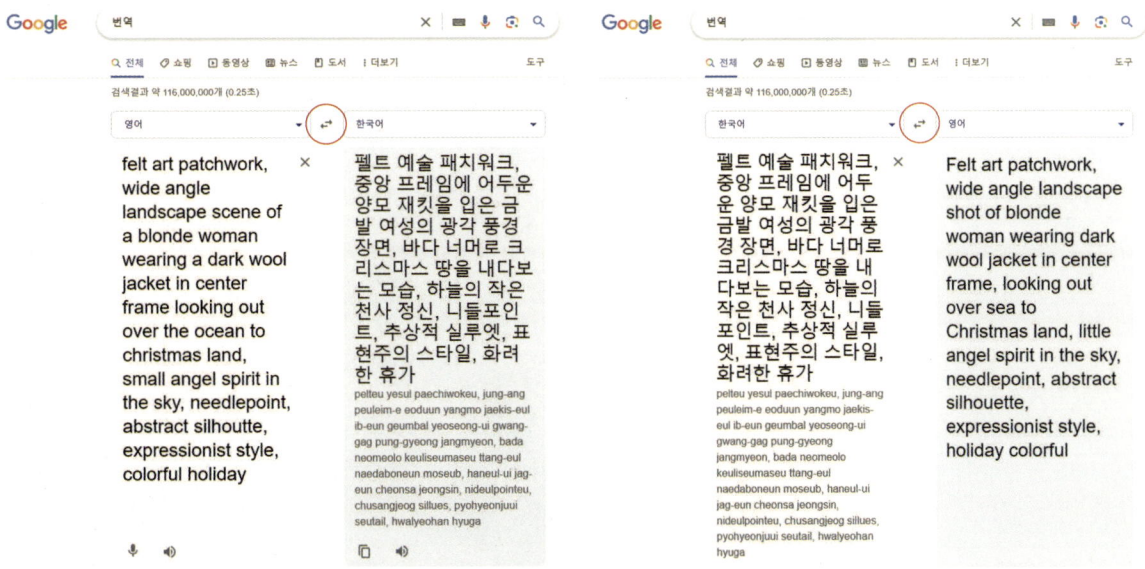

<<<<<<<USER
felt art patchwork, wide angle landscape scene of a blonde woman wearing a dark wool jacket in center frame looking out over the ocean to christmas land, small angel spirit in the sky, needlepoint,

abstract silhoutte, expressionist style, colorful holiday

내용을 확인했다면 다시 영어로 위의 내용을 입력하면 빙 크리에이터가 다음과 같은 이미지를 생성합니다.

<<<<<<<Bing Image Creator

한번 더 해볼까요? 내가 그리고 싶은 그림, 예를 들어 바다를 헤엄치는 고래 다섯 마리를 그리고 싶다면 위의 문구에서 그림의 분위기를 묘사하는 내용은 그대로 놔두고 내가 그리고 싶은 문구를 넣습니다.

한글 프롬프트를 먼저 작성해 봅니다. 기존 프롬프트는 그대로 두고 아래에 진하게 적은 내용만 추가해 보았습니다.

펠트 예술 패치워크, 바다에는 넘실대는 파도, **바다에서 고래 다섯 마리가 수영하는 장면**, 석양, 화려한 패턴, 광각 풍경, 니들 포인트, 추상적인 실루엣, 표현주의

이 문장을 구글 번역으로 바꿔서 프롬프트 명령창에 입력합니다.

<<<<<<<USER
Felt art patchwork, waves crashing in the sea, five whales swimming in the sea, sunset, colorful patterns, wide angle scenery, needlepoint, abstract silhouette, expressionism

그러면 그림과 같이 4개의 장면을 생성합니다. 이 중 마음에 드는 그림을 더블클릭해서 완성합니다. 아래 장면은 펠트 예술 패치라는 명령어를 제외하고 다시 생성해서 만든 이미지입니다. 다양한 변형을 시도해 볼 수 있습니다.

그런데 이런 이미지를 상업적으로 사용하고 싶다면 chat GPT의 달리 3나 미드저니 등 유료 사이트에서 이미지를 생성해 사용해야 합니다.

▶ TIP

빙 이미지 크리에이터는 25개의 부스트를 매일 주는데, 다 사용하고 나면 다음 날에도 또 준다고 합니다. 계속 그림을 생성하고 싶다면 방법이 아주 없는 것은 아닙니다. 아이디를 하나 더 만들어 사용하면 됩니다.

<펠트패치 프롬프트 입력 후 처음 생성된 이미지>

<같은 프롬프트로 생성한 다른 이미지>

<팰트패치 프롬프트를 제외하고 생성한 이미지>

3) 일관성 없는 이미지를 일관성 있게 생성하는 법

처음에 "귀여운 남자 고양이가 여자 고양이에게 꽃을 선물하는 모습을 그려줘"라고 했을 때 매번 다른 이미지를 생성한 것처럼, AI 이미지 생성기는 똑같은 텍스트에도 매번 다른 이미지를 생성합니다. 그래서 한 장으로 사용할 수 있는 포스터나 광고에는 활용하기 좋아도 스토리와 캐릭터가 일관성 있게 유지되어야 하는 그림

책이나 웹툰 등에 사용하기에는 어려움이 있습니다.

그렇다면 일관성 있는 캐릭터를 생성하기 위한 방법은 없을까요? 아예 없는 것은 아니지만, 아무리 노력해도 사진을 찍은 것처럼 동일한 캐릭터가 생성되지는 않습니다. 그래서 그림 동화의 캐릭터를 생성할 때는 최대한 같은 캐릭터로 보일 수 있도록 여러 가지 기법을 활용합니다.

한 번에 다양한 포즈와 표정의 캐릭터를 생성하는 방법과 이미지 ID와 시드 번호를 활용하는 방법인데요. 일관성 있는 이미지를 생성하는 데 어려움이 있었던 미드저니에서 주로 활용하면 효과가 좋습니다. 일관성 있는 캐릭터를 생성하지 못한다는 원성을 들었던 미드저니는 2024년 버전 V6로 업그레이드하면서 일관성 있는 이미지를 생성할 수 있도록 캐릭터 레퍼런스 기능을 추가했습니다. 예를 들어 같은 인물이 다른 배경에 있는 이미지 생성도 가능해졌습니다. 새로운 이미지 캐릭터를 생성하고 나서 다른 프롬프트를 넣을 때 이전에 생성한 이미지의 URL 링크를 추가하면서 마지막 부분에 --cref 태그를 이용한 복사한 URL 링크를 추가로 입력하면 됩니다. 한 번에 다양한 포즈와 표정의 캐릭터를 생성하는 방법과 이미지 ID와 시드 번호를 활용하는 방법을 다루겠습니다.

1) 한 번에 다양한 포즈와 표정의 캐릭터를 생성

예를 들어 아래 프롬프트처럼 다양한 포즈와 감정이 있는 캐릭터를 생성해 달라고 문구를 넣습니다.

a cute boy detailed character sheet, multiply poses and expressions, isolated on white background, character design, hyper detailed, fine details, reference sheet pixar 3d style.

이렇게 캐릭터의 다양한 포즈를 생성한 후에 배경을 생성해 캐릭터 합성해서 스토리를 이어 나가는 방법이 있습니다. 이처럼 동화의 캐릭터는 표정과 액션, 앞뒤

옆모습을 완성하고 그림을 그려 나가는 것이 좋습니다.

2) 이미지 ID와 시드 번호 활용하기

일관성 있는 이미지 생성하기는 빙 이미지 크리에이터에서는 아직까지 안 되고 있습니다. 계속해서 같은 이미지를 생성하기 위해서는 앞에 한 내용을 기억하고 그 연장선에서 이미지를 생성해야 하는데, 빙 이미지 크리에이터는 연장할 수 있는 방법이 아직 없기 때문입니다. 그래서 유료인 chat GPT에서 활용할 수 있는 방법을 살펴보겠습니다. 일관성을 만드는 주요 키워드인 **이미지 SEED 번호**와 **이미지 ID**를 활용하는 방법입니다.

chat GPT에게 프롬프트를 이렇게 입력합니다.

<<<<<<<USER

3D 픽사 스타일. 한국의 7살 남자아이 민수를 그려줘. 민수는 흰색 후드티에 멜빵 청바지를 입고 있어. 빨간 운동화를 신고 있고 손에 항상 책과 트럭 장난감 차를 가지고 다녀.

그러면 다음과 같이 그려 줍니다. 제가 한국어로 프롬프트를 넣었는데 영어로 변환해서 작성해 줍니다.

<<<<<<<chat GPT

Here's the illustration of Minsu, a 7-year-old Korean boy, created in a 3D Pixar-style. He's depicted wearing a white hoodie, blue denim overalls, and red sneakers, carrying a book and a toy truck. The background is warm and inviting, reflecting the style of a children's animated movie.

이제 chat GPT에게 프롬프트를 이렇게 입력합니다.
<<<<<<<USER
이 그림의 시드값과 이미지 아이디를 알려줘.
그러면 다음과 같이 알려줍니다.
<<<<<<<chat GPT
Seed value: 3104204133
Image ID: 128klHRlkYyNaGll

그러면 다시 chat GPT에게 프롬프트를 이렇게 입력합니다.
<<<<<<<USER
Seed value: 3104204133 Image ID: 128klHRlkYyNaGl
민수가 유치원 책상에 앉아 아이들과 수업하는 모습을 그려줘.

비슷하긴 하지만 뭔가 달라졌지요.
그래서 이미지 시드 번호와 아이디를 넣고 나서도 처음 이미지를 생성할 때 썼던 프롬프트를 참고하라고 다시 넣어 줍니다.

▶ **TIP**

Seed value와 **Image ID**는 따로 보관해두는 것이 좋습니다. 일관성 있는 이미지를 만들 때 이 두 가지 값은 계속 사용되므로 별도로 보관해두는 것을 추천합니다.

다양한 버전의 동작이나, 표정과 관련된 프롬프트를 사용하기 전에 앞 부분에 위 두 가지 값을 먼저 입력합니다.

chat GPT에게 프롬프트를 이렇게 입력합니다.
<<<<<<<USER
Seed value: 3104204133
Image ID: 128kIHRIkYyNaGI 민수가 유치원 책상에 앉아 아이들과 수업하는 모습을 그려줘. 다음을 참고해서 그려줘. 참고-3D 픽사 스타일. 한국의 7살 남자 아이 민수를 그려줘. 민수는 흰색 후드티에 멜빵 청바지를 입고 있어. 빨간 운동화를 신고 있고, 손에 항상 책을 들고 있고 트럭 장난감 차를 가지고 다녀.

확실히 처음 생성했던 이미지와 비슷한 이미지가 생성되었지요.

chat GPT에 프롬프트를 이렇게 입력합니다.

<<<<<<<USER

Seed value: 3104204133
Image ID: 128kIHRIkYyNaGI 민수가 바다에서 물놀이하는 모습을 그려줘. 다음을 참고해서 그려줘. 참고: 3D 픽사 스타일. 한국의 7살 남자아이 민수를 그려줘. 민수는 흰색 후드티에 멜빵 청바지를 입고 있어. 빨간 운동화를 신고 있고, 손에 항상 책을 들고 있고 트럭 장난감 차를 가지고 다녀.

<<<<<<<chat GPT

172 | Chapter 5_그림이 이렇게 많은 것을 담고 있었어?

<<<<<<<USER

Seed value: 3104204133

Image ID: 128klHRlkYyNaGl 민수가 길에서 엄마를 잃어버렸어. 그래서 울면서 엄마를 찾는 장면을 그려줘. 다음을 참고해서 그려줘. 참고: 3D 픽사 스타일. 한국의 7살 남자아이 민수를 그려줘. 민수는 흰색 후드티에 멜빵 청바지를 입고 있어. 빨간 운동화를 신고 있고, 손에 항상 책을 들고 있고 트럭 장난감 차를 가지고 다녀.

<<<<<<<chat GPT

이렇게 일관성 있는 이미지를 만들어 스토리의 캐릭터를 생성할 수 있습니다. 민수뿐 아니라 영희가 자주 나온다면 영희가 여자 아이임을 명확하게 표시하고 그 모습을 자세히 설명해 주는 것이 좋습니다. 입력한 사람의 의도를 chat GPT는 알아채지 못하며 전혀 예상하지 못한 결과를 낼 수도 있습니다. 그래서 처음에 생성한 캐릭터가 마음에 들었다면 이미지 시드와 이미지 아이디를 알려 달라고 한 후 이미지 시드와 아이디를 넣고 이미지를 생성합니다. 또 한 가지 주의해야 할 점은, 이미 캐릭터를 생성할 때 사용했던 프롬프트를 이미지를 생성할 때마다 복사해서 참고하라고 프롬프트를 입력하고 캐릭터의 행동을 입력해야 사용자의 의도에 가까운 결과물을 만들 수 있습니다.

[실전 활용 1] Lexica 활용해 그림 그리기

Lexica는 AI 작가들이 그림과 그림 생성 프롬프트를 올려놓은 곳입니다. 적당한 프롬프트가 생각나지 않을 때 이곳에서 그림을 보면서 내가 좋아하는 스타일의 작품을 찾아 프롬프트를 복사해서 이미지를 생성하시면 됩니다. 저는 첫 번째 이미지를 클릭해 보았습니다.

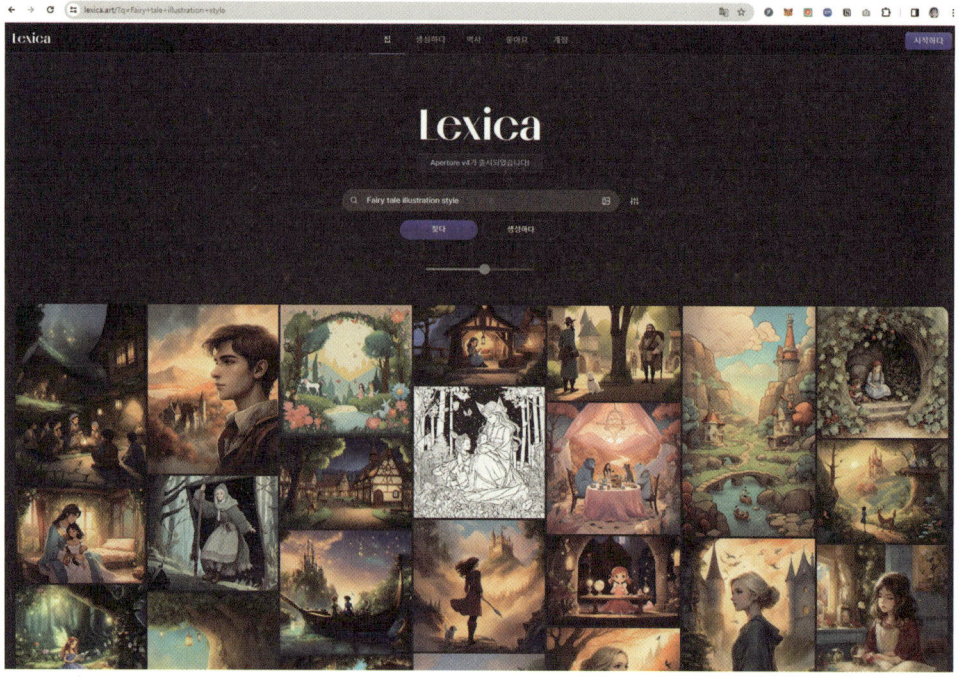

An image of the quiet village with children gathered around the elders telling them stories about the sleeping dragon.

이 프롬프트를 구글 번역기에서 한글로 번역을 해보았더니 '아이들이 어른들 주위에 모여 잠자는 용에 대한 이야기를 들려주는 조용한 마을의 이미지'라는 뜻이라고 하네요. chat GPT에 프롬프트를 넣어서 이미지를 생성해달라고 했습니다.

<<<<<<<USER
An image of the quiet village with children gathered around the elders telling them stories about the sleeping dragon.

<<<<<<<chat GPT

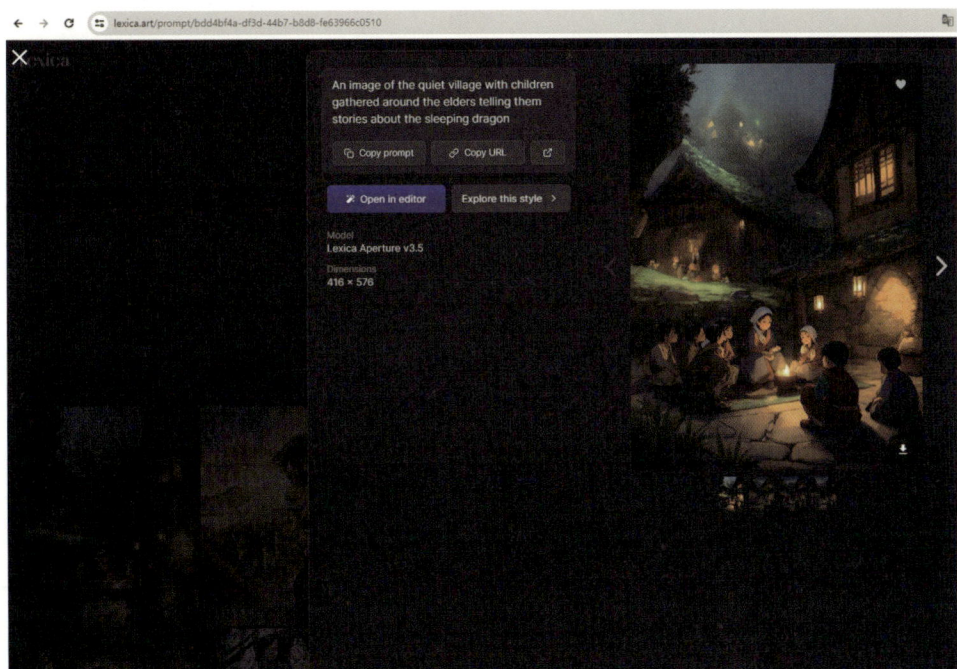

chat GPT가 생성한 이미지입니다. 그림에 환상이 묻어나지 않아서 GPT에게 다시 입력했습니다.

▶ TIP

Lexica의 풍부한 참고 프롬프트는 이미지 생성에 많은 영감을 주지만, 자신의 의도가 반영될 수 있도록 자신만의 독창적인 프롬프트를 입력하는 것이 좋습니다.

<<<<<<<USER
다음을 그려줘. 아주 디테일하게. 밤하늘을 배경으로 그려줘.
An image of the quiet village with children gathered around the elders telling them stories about the sleeping dragon.

재미있는 이야기를 들려줄 것 같은 환상적인 느낌이 나는 시골 마을이 생성되었습니다. 이렇게 뒷부분에는 렉시카에서 복사한 프롬프트를 넣고 앞부분에는 한글

로 제가 추가하고 싶은 내용의 프롬프트를 넣어 이미지를 생성해 달라고 했더니 위의 그림을 생성해주었습니다.

이처럼 렉시카에서 프롬프트를 복사해서 이미지를 생성하면 내가 원하는 이미지를 수월하게 생성할 수 있습니다. 그러나 렉시카에서 복사한 프롬프트를 그대로 사용하는 것보다 자신이 원하는 프롬프트를 추가하거나 기존 프롬프트에서 마음에 들지 않는 부분은 빼서 자신만의 이미지를 생성하면 더 만족스러운 이미지를 생성하실 수 있습니다.

[실전 활용 2] chat GPT 활용해 글과 그림 만들기
chat GPT를 잘 사용하는 지름길은 자주 사용해야 알 수 있습니다. 저는 컴퓨터를 켜고 바로 openai에 접속, chat GPT를 켭니다. 그리고 다음과 같이 입력합니다.

<<<<<<<USER 하이

<<<<<<<chat GPT
안녕하세요! 오늘 어떤 스토리를 만들어 볼까요? 혹시 특별한 스토리 테마나 장르가 있으신가요, 아니면 제가 몇 가지 스토리를 제안해 드릴까요?

제가 글쟁이라는 것을 chat GPT가 학습해서 그런지 인사하자마자 바로 스토리 창작에 관해서 이야기하네요. 그래서 다음과 같이 입력해보았습니다.

<<<<<<<USER 내가 직접 얘기할게. 7살 남자아이 민수가 엄마한테 혼나고 집에 들어가지 않겠다고 해. 그래서 여자친구 수지네 집에 왔어. 수지는 자기도 엄마가 동생 편을 들어주었다고 집이 싫다고 해. 그들은 바다에 가서 신나게 놀았어. 그리고 그다음에 문제가 생겨. 그 문제를 내게 창작해서 계속 스토리를 써줘. 두 아이는 엄마의 사랑과 관심을 받고 싶어하지만 민수의 엄마 아빠는 늘 바쁘고, 수지 엄마는 동생 편만 들어. 이 두 아이의 이야기를 히가시노 게이고가 쓴 소설 스타일로 서스펜스와 스릴이 있는 이야기를 써줘. 크리스토퍼 보글러의 12단계에 맞춰 써줘. 반전과 스릴이 있게….

이야기를 창작할 때 내 머릿속에 있는 내용만 가지고 chat GPT에게 요청할 것이 아니라 자신이 좋아하는 작가 스타일이나 장르 스타일을 제시해 주면 chat GPT

가 더욱더 맘에 드는 글을 제시해 줄 것입니다. 그리고 앞에서 배운 12단계 이야기 구조에 맞게 써달라고 합니다.

<<<<<<<chat GPT
이야기 제목: '바다 너머의 비밀'
장르: 서스펜스, 스릴러
스타일: 히가시노 게이고 스타일, 크리스토퍼 보글러의 12단계 모험 구조
서론: 일상 세계
민수, 일곱 살의 상상력이 풍부한 남자아이, 엄마한테 혼나서 집을 나왔다. 그의 친구, 수지도 비슷한 상황에 처해 있다. 두 아이는 서로 고민을 나누며 바다로 향한다.
1단계: 모험의 부름
바다에서 놀던 중, 민수와 수지는 수수께끼 같은 메시지가 적힌 병을 발견한다. 메시지에는 두 아이만이 해결할 수 있는 비밀이 담겨 있다.
2단계: 거절의 순간
처음에는 두려움에 휩싸여 메시지를 무시하려고 하지만, 호기심이 그들을 이끈다.
3단계: 멘토의 등장
바다가에서 만난 노인, 해변의 지혜로운 낚시꾼이 두 아이에게 메시지의 중요성을 알려준다.
4단계: 첫 번째 문턱
노인의 조언을 듣고, 민수와 수지는 이제까지 경험하지 못한 모험의 길로 들어선다.

5단계: 시련, 동료, 적
모험을 통해 두 아이는 도움을 주는 새로운 친구들을 만나지만,
예상치 못한 위험과 적들도 등장한다.

6단계: 가장 깊은 동굴
이야기의 중심에서, 민수와 수지는 자신들의 가장 큰 두려움과 마주하게 된다.

7단계: 궁극적인 시험
두 아이는 메시지에 숨겨진 진실을 밝히려는 위험한 여정을 계속한다.

8단계: 보상
메시지의 비밀을 해결함으로써, 두 아이는 예상치 못한 보상을 얻는다.

9단계: 돌아오는 길
이제 비밀을 알게 된 민수와 수지는 집으로 돌아가기로 결심한다.

10단계: 부활
집으로 돌아온 두 아이는 자신들의 여정에서 얻은 지혜와 용기로
새로운 삶을 시작한다.

11단계: 물질적 보상
그들의 모험 끝에, 민수와 수지는 가족들로부터 더 많은 사랑과 인정을 받게 된다.

12단계: 귀환 및 자아실현
새로운 자신감과 힘을 얻은 두 아이는 이제 자신들의 삶과 가족을
새로운 시각으로 바라보게 된다.

반전과 스릴
메시지의 비밀은 두 아이의 가족과 직접적으로 연관되어 있었으며, 그들의 모험은 가족 간의 이해와 화해로 이어진다. 두 아이는 자신들이 진정으로 필요한 것이 사랑과 관심임을 깨닫는다.

위의 내용을 책으로 내기에는 뭔가 부족한 것이 있죠. 그래서 chat GPT에게 다시 명령했습니다. 위의 장면에 맞게 "대화체로 바꿔줘"라고 입력했습니다. 그랬더니 아래와 같이 생성했어요.

<<<<<<<chat GPT
'바다 너머의 비밀'이라는 제목으로 서스펜스와 스릴러 장르를 결합한 이야기를 시작해 볼게요. 히가시노 게이고 스타일과 크리스토퍼 보글러의 12단계 모험 구조를 따라 이야기를 펼쳐 보겠습니다. 각 장면에 맞는 대화체 동화 형식으로 서술하겠습니다.

장면 1: 서론 - 일상 세계
민수: "엄마, 왜 나만 항상 혼나야 해요?"
엄마: "민수야, 네 방 정리 좀 해야지. 언제까지 엄마가 다 해줘야 하니?"
민수: (집을 나서며) "다들 나만 몰라줘. 나 혼자서도 잘할 수 있어!"
수지: "엄마, 나 오늘 친구랑 놀러 가도 돼요?"
엄마: "오늘은 안 돼, 수지. 집안일 좀 도와야지."
수지: (민수를 만나며) "민수야, 나도 오늘 집에서 도망쳐 나왔어."
장면 2: 모험의 부름
민수: "수지야, 저기 병 속에 뭐가 들어 있는 것 같아!"
수지: "우와, 정말이다! 메시지가 있어!
'너희만이 비밀을 풀 수 있어'라고 적혀 있네."
장면 3: 거절의 순간
민수: "이게 뭐지? 무섭다. 그냥 돌려놓자."
수지: "아니야, 민수야. 이건 우리한테 온 특별한 메시지 같아.

우리가 풀어야 해!"

장면 4: 멘토의 등장

노인: "안녕하신가, 어린이들. 그 메시지, 잘 살펴보게나. 그것은 너희에게 큰 의미가 있을 걸세."

민수: "진짜요? 그럼 우리도 모험을 해봐야겠어요!"

장면 5: 첫 번째 문턱

수지: "민수야, 이제 우리도 진짜 모험을 시작해 볼까?"

민수: "그래, 수지야! 우리에겐 무슨 일이 기다리고 있을까?"

장면 6: 시련, 동료, 적

친구 A: "민수, 수지! 우리도 도와줄게. 이 모험, 함께 해보자!"

적 B: "저 어린애들, 무슨 일을 꾸미고 있는 거지? 조심해야겠어."

장면 7: 가장 깊은 동굴

민수: "수지야, 여기가 정말 무서워. 우리 정말 이 길을 가야 해?"

수지: "민수야, 우린 할 수 있어. 용기를 내자!"

장면 8: 궁극적인 시험

민수: "여기가 그 메시지의 비밀이 숨겨진 곳이야!"

수지: "조심해, 민수야. 우리가 찾는 것이 여기에 있을 거야."

장면 9: 보상

민수: "수지야, 우리가 해냈어! 메시지의 비밀을 풀었어!"

수지: "우리가 정말 대단한 일을 해낸 거야, 민수야!"

장면 10: 돌아오는 길

민수: "이제 집에 돌아갈 시간이야, 수지야."

수지: "그래, 우리의 모험은 여기까지야. 집이 그리워졌어."

장면 11: 부활

엄마: "민수야, 너 정말 대단해! 우리 아들이 이렇게 용감할 줄이야!"
민수: "엄마, 나 이제 혼자서도 잘할 수 있어요!"
장면 12: 귀환 및 자아실현
수지: "엄마, 저 이제 더 이상 작은 아이가 아니에요. 제가 할 수 있는 일이 많아요."
엄마: "수지야, 정말 자랑스러워. 너는 우리 가족의 자랑이야."
반전과 스릴
비밀 메시지: "너희 가족의 사랑과 화해가 진정한 보물이야."
민수와 수지는 이 모험을 통해 사랑과 관심의 중요성을 깨닫게 되고, 가족 간의 유대를 더욱 깊게 한다. 이렇게 그들의 이야기는 따뜻한 마무리를 맞이한다.
이야기가 마음에 드시나요? 혹시 스토리에 추가하고 싶은 부분이나 변경하고 싶은 부분이 있으시면 알려주세요.

이 글도 동화로 만들기에는 부족한 면이 있어
다시 프롬프트를 작성해 보았습니다.

<<<<<<<USER 잘했어. 이제 스토리를 그림 동화로 만들려고 해. 위 12단계를 12장면으로 그림 동화책처럼 서술과 대화체를 써줘. 그리고 괄호( ) 안에 그림 장면을 AI로 생성할 수 있는 텍스트를 알려줘.

그랬더니 아래와 같이 chat GPT가 생성을 했습니다.

<<<<<<<chat GPT
알겠습니다! 12단계의 스토리를 그림 동화책 형식으로 서술하고, 각 장면에 맞는 AI 그림 생성을 위한 텍스트를 제공하겠습니다.

1. 서론: 일상 세계

서술 : 민수는 방을 정리하지 않았다는 이유로 엄마에게 혼나고, 화가 난 채 집을 나선다. 수지도 비슷한 상황에 처해 있어 두 아이는 서로 고민을 나누며 바다로 향한다.

대화

민수: "왜 항상 나만 혼나야 하죠?"

수지: "나도 오늘 집에서 도망쳐 나왔어."

그림 장면 (민수가 집을 나서며 걱정스러운 표정으로 걸어가는 모습. 배경에는 엄마가 창문에서 민수를 바라보고 있음)

2. 모험의 부름

서술 : 바다에서 놀던 중 민수와 수지는 병 속에 든 수수께끼 같은 메시지를 발견한다. 메시지는 두 아이만이 해결할 수 있는 비밀을 담고 있다.

대화

민수: "이게 뭐지?"

수지: "비밀 메시지 같아!"

그림 장면 (바닷가에서 민수와 수지가 놀라운 표정으로 병을 발견하는 장면)

3. 거절의 순간

서술 : 두 아이는 처음엔 두려움에 메시지를 무시하려 하지만, 호기심이 그들을 이끈다.

대화

민수: "무섭다, 돌려놓자."

수지: "아니야, 풀어봐야 해!"

그림 장면 (민수가 두려움에 떨며 메시지를 건네주려 하는 모습과 수지가 궁금해

하는 표정)

4. 멘토의 등장

서술 : 바닷가에서 만난 지혜로운 낚시꾼 노인이 두 아이에게 메시지의 중요성을 알려준다.

대화

노인: "그 메시지, 잘 살펴보게."

그림 장면 (노인이 민수와 수지에게 조언을 해주는 모습. 배경에는 바다와 낚싯대가 보임)

5. 첫 번째 문턱

서술 : 노인의 조언을 듣고, 민수와 수지는 모험의 길로 들어선다.

대화

민수: "모험을 시작해 보자!"

수지: "그래, 가자!"

그림 장면 (민수와 수지가 손을 잡고 모험을 시작하는 모습. 배경에는 해변과 모험 길이 펼쳐져 있음)

6. 시련, 동료, 적

서술 : 모험을 통해 두 아이는 도움을 주는 새로운 친구들을 만나지만, 예상치 못한 위험과 적들도 등장한다.

대화

친구 A: "함께하자!"

적 B: "어린애들, 조심해야겠어."

그림 장면 (민수와 수지가 새로운 친구들과 만나는 모습과 그들을 지켜보는 의문의 인물들)

7. 가장 깊은 동굴

서술 : 민수와 수지는 자신들의 가장 큰 두려움과 마주하게 된다.

대화

민수: "여기 정말 무서워."

수지: "함께라면 할 수 있어."

그림 장면 (어두운 동굴 속에서 서로 의지하는 민수와 수지)

8. 궁극적인 시험

서술 : 두 아이는 메시지에 숨겨진 진실을 밝히려는 위험한 여정을 계속한다.

대화

민수: "여기가 그 비밀이 숨겨진 곳이야!"

그림 장면 (비밀스러운 장소에서 무언가를 탐색하는 민수와 수지)

9. 보상

서술 : 메시지의 비밀을 해결함으로써, 두 아이는 예상치 못한 보상을 얻는다.

대화

수지: "우리가 해냈어!"

그림 장면 (비밀을 해결하고 기뻐하는 민수와 수지)

10. 돌아오는 길

서술 : 비밀을 알게 된 두 아이는 집으로 돌아가기로 결심한다.

대화

민수: "집에 돌아갈 시간이야."

그림 장면 (집으로 돌아가는 길을 걷는 민수와 수지)

11. 부활

서술 : 집으로 돌아온 두 아이는 자신들의 여정에서 얻은 지혜와 용기로 새로

chat GPT를 사용하다 보면 이렇게 중간에 멈추는 경우가 있습니다. chat GPT는

한 번에 생성할 단어 수를 사용자가 지정할 수가 있습니다. 대부분 기본적으로 지정된 단어 수대로 나오는데, 이럴때는 아래와 같이 <계속해 줘>라고 입력하면 계속 써줍니다.

<<<<<<<USER 계속해 줘.
<<<<<<<chat GPT 죄송합니다, 메시지가 잘려 나갔습니다.
이어서 작성하겠습니다.
11. 부활
서술 : 집으로 돌아온 두 아이는 자신들의 여정에서 얻은 지혜와 용기로 새로운 삶을 시작한다.
대화
민수: "엄마, 저 이제 혼자서도 잘할 수 있어요!"
엄마: "민수야, 네가 얼마나 용감한지 몰랐어!"
그림 장면 (집에 돌아온 민수가 엄마에게 자신감 있게 이야기하는 모습)
12. 귀환 및 자아실현
서술 : 새로운 자신감과 힘을 얻은 두 아이는 이제 자신들의 삶과 가족을 새로운 시각으로 바라보게 된다.
대화
수지: "엄마, 저 이제 더 이상 작은 아이가 아니에요."
엄마: "수지야, 정말 자랑스러워. 너는 우리 가족의 자랑이야."
그림 장면 (수지가 엄마에게 자신감 있게 말하는 모습,
배경에는 가족의 사랑과 화해의 분위기)
반전과 스릴
서술 : 메시지의 비밀은 두 아이의 가족과 직접적으로 연관되어 있었으며, 그들의

▶ TIP

chat GPT는 한번에 명령어를 처리할 수 있는 용량이 있습니다. 사용자가 직접 설정할 수 있지만, 기본 값으로 사용해도 사용하는데 문제는 없습니다. 다만, 이럴 경우 중간에 출력문장이 뚝 끊기기도 합니다. 그럴 때는 당황하지 말고, 계속해줘 라고 입력하면 진행되던 내용을 연결해 답변을 이어갑니다.

모험은 가족 간의 이해와 화해로 이어진다. 두 아이는 자신들이 진정으로 필요한 것이 사랑과 관심임을 깨닫는다.
그림 장면 (비밀 메시지를 해독하고 깨달음을 얻은 민수와 수지가 가족과 함께하는 모습)
이렇게 '바다 너머의 비밀' 그림 동화책의 12단계가 완성되었습니다. 각 장면에 대한 그림 설명을 기반으로 AI 그림을 생성할 수 있습니다. 출간 준비에 도움이 되었기를 바랍니다. 추가로 필요한 부분이나 수정 사항이 있다면 알려주세요!
위 내용으로 그림을 12장면으로 그려 볼게요. 우선 앞장에서 생성했던 남자 7살 캐릭터가 있으니 이제 여자 7살 캐릭터를 생성해 보겠습니다.

앞에서 본 것처럼 chatp GPT가 스토리의 서술과 대화 그리고 그림을 그릴 장면을 잘 생성해 주었네요. 그래도 바로 프롬프트를 넣어 생성하는 것이 아니라 앞에서 생성한 캐릭터의 이미지 ID와 시드 번호를 넣어야 비슷한 스타일의 캐릭터가 생성됩니다. 이게 중요한 이유는 인공지능생성기가 일관성 있는 그림을 생성하는 데 취약하기 때문입니다. 이처럼 같은 이미지 ID와 시드 번호를 활용해 하나의 스토리의 캐릭터를 생성한다면 일관성 있는 스타일의 캐릭터를 만들 수 있습니다.

<<<<<<<USER
3D 픽사 스타일. 한국의 7살 여자아이를 그려줘. 긴 머리를 포니테일로 묶고 있어. 이름은 수지야. 노란 후드티에 멜빵 청치마를 입고 있어. 파란 운동화를 신고 있어. 아래를 참고해서 그려줘. Seed value: 3104204133
Image ID: 128klHRlkYyNaGl

위 프롬프트처럼 우선 1단계를 알려줄게, 그려줘라고 말하며 GPT가 생성해 준 내용을 모두 넣습니다. 더불어 캐릭터들을 생성했을 때 넣었던 텍스트도 함께 넣어 줍니다.

<<<<<<<USER
1단계를 알려줄게, 그려줘.
서술 : 민수는 방을 정리하지 않았다는 이유로 엄마에게 혼나고, 화가 난 채 집을 나선다. 수지도 비슷한 상황에 처해 있어 두 아이는 서로의 고민을 나누며 바다로 향한다.
대화
민수: "왜 항상 나만 혼나야 하죠?"
수지: "나도 오늘 집에서 도망쳐 나왔어."
그림 장면 (민수가 집을 나서며 걱정스러운 표정으로 걸어가는 모습. 배경에는 엄마가 창문에서 민수를 바라보고 있음)

다음을 참고해서 그려줘.
다음= {3D 픽사 스타일로 그려줘. 한국의 7살 여자아이를 그려줘. 긴 머리를 포니테일로 묶고 있어. 이름은 수지야. 노란 후드티에 멜빵 청치마를 입고 있어. 파란 운동화를 신고 있어. 아래를 참고해서 그려줘. Seed value: 3104204133
Image ID: 128klHRlkYyNaGl
Seed value: 3104204133
Image ID: 128klHRlkYyNaGl 한국의 7살 남자아이 민수를 그려줘. 민수는 흰색 후드티에 멜빵 청바지를 입고 있어. 빨간 운동화를 신고 있고 손에 항상 책을 트럭 장난감 차를 가지고 다녀}

<GPT가 생성한 1단계 그림>

<GPT가 생성한 2단계 그림>

<GPT가 생성한 3단계 그림>

<<<<<<<USER

2단계를 그려줘.

2. 모험의 부름

서술 : 바다에서 놀던 중 민수와 수지는 병 속에 든 수수께끼 같은 메시지를 발견한다. 메시지는 두 아이만이 해결할 수 있는 비밀을 담고 있다.

대화

민수: "이게 뭐지?"

수지: "비밀 메시지 같아!"

그림 장면 (바닷가에서 민수와 수지가 놀라운 표정으로 병을 발견하는 장면)

다음을 참고해서 그려줘.

다음= {3D 픽사스타일로 그려줘. 한국의 7살 여자아이를 그려줘. 긴 머리를 포니테일로 묶고 있어. 이름은 수지야. 노란 후드티에 멜빵 청치마를 입고 있어. 파란 운동화를 신고 있어. 아래를 참고해서 그려줘. Seed value: 3104204133

Image ID: 128kIHRIkYyNaGl,

Seed value: 3104204133

Image ID: 128kIHRIkYyNaGl 한국의 7살 남자아이 민수를 그려줘. 민수는 흰색 후드티에 멜빵 청바지를 입고 있어. 빨간 운동화를 신고 있고 손에 항상 책과 트럭 장난감 차를 가지고 다녀}

<<<<<<<USER

3단계를 그려줘.

3. 거절의 순간

서술: 두 아이는 처음엔 두려움에 메시지를 무시하려 하지만,
호기심이 그들을 이끈다.

대화

민수: "무섭다, 돌려놓자."

수지: "아니야, 풀어봐야 해!"

그림 장면 (민수가 두려움에 떨며 메시지를 건네주려 하는 모습과 수지가 궁금해 하는 표정)

다음을 참고해서 그려줘.

다음= {3D 픽사 스타일로 그려줘. 한국의 7살 여자아이를 그려줘. 긴 머리를 포니테일로 묶고 있어. 이름은 수지야. 노란 후드 티에 멜빵 청치마를 입고 있어. 파란 운동화를 신고 있어. 아래를 참고해서 그려줘. Seed value: 3104204133

Image ID: 128kIHRIkYyNaGI,

Seed value: 3104204133

Image ID: 128kIHRIkYyNaGI 한국의 7살 남자아이 민수를 그려줘. 민수는 흰색 후드 티에 멜빵 청바지를 입고 있어. 빨간 운동화를 신고 있고 손에 항상 책과 트럭 장난감 차를 가지고 다녀}

이렇게 12단계까지 반복적으로 한 번에 한 번씩 그림을 그려 달라고 합니다. GPT가 그려준 이미지가 맘에 들지 않는다면 다시 그려 달라고 합니다.

<GPT가 생성한 각 단계별 그림>

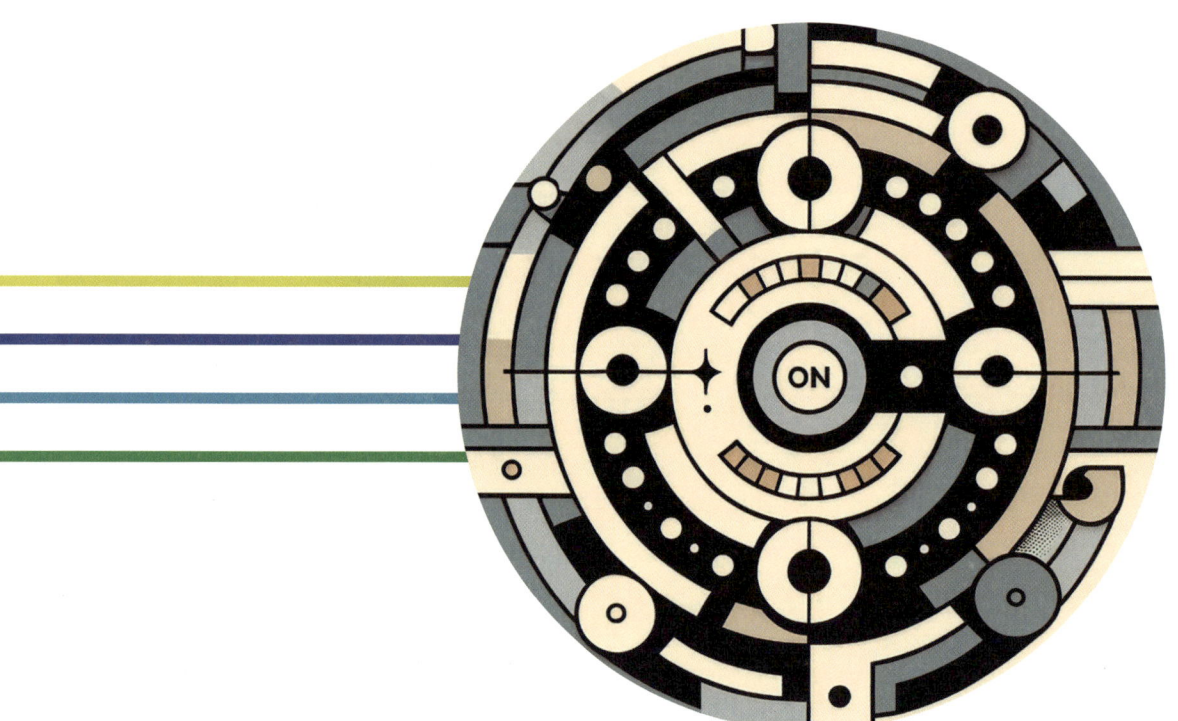

Chapter 6. 책으로 출간하기

1장 북 크리에이터를 통해 e-북으로 만들어 보아요
2장 인쇄가 가능한 파일로 업스케일을 해요

스토리를 만들고 스토리에 들어갈 이미지도 다 만들었다면 이제 편집을 할 차례입니다. 스토리와 이미지를 한데 어울리게 묶는 작업을 편집이라고 부릅니다. 편집은 크게 웹용 편집과 인쇄용 편집으로 나뉩니다. 웹용 편집은 컴퓨터나 모바일에서 보기 편한 상태로, 인쇄용 편집은 말 그대로 종이에 잉크를 바르고 재단과 제본 작업을 거쳐 책으로 만들기 위한 편집이라고 할 수 있습니다.
웹용 편집은 북크리에이터를 추천합니다. 전세계 초중고에서 많이 사용하는 툴로 무료이면서도 글과 그림만 있으면 책을 편집하기 쉽고 퍼블리싱이 간단하기 때문입니다. 한 번의 퍼블리싱으로 전 세계 어느 곳에서도 볼 수 있습니다. 인쇄용 편집은 일반인이 하기에는 좀 어렵습니다. 그림작가들도 직접 인쇄용 편집을 하지는 않고요. 인쇄할 수 있는 상태로 출판사에 그림을 보내고 글을 보냅니다. 우리도 출판사에 글과 그림을 보낼 수 있는 상태까지 만드는 작업을 해보겠습니다.

1장 북 크리에이터를 통해 e-북으로 만들어 보아요

* 가입 순서

1. 교사용으로 가입

2. 무료계정 생성

3. 구글계정 로그인

구글에서 '북크리에이터'를 검색해 보세요. 구글에 로그인이 되었다면 회원가입을 **교사용**(teacher)으로 해주세요.

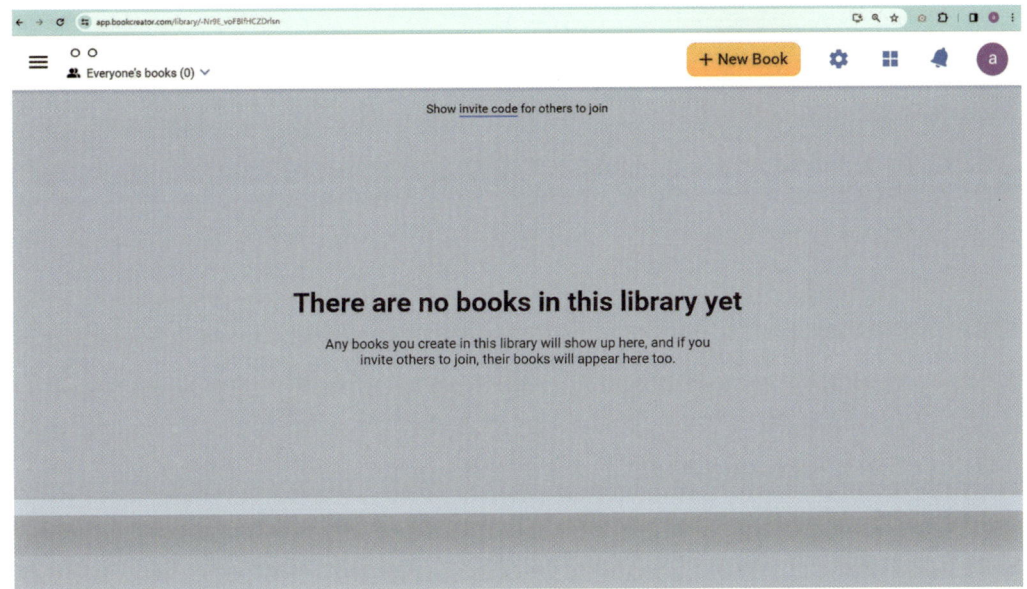

아직 아무것도 없다는 메시지가 나옵니다. 상단의 노란색 +New Book을 클릭합니다. 내가 만들고 싶은 책의 판형을 선택합니다. 우리는 앞에서 정사각형의 그림을 생성했으니 1:1 Square 판형을 선택하겠습니다.

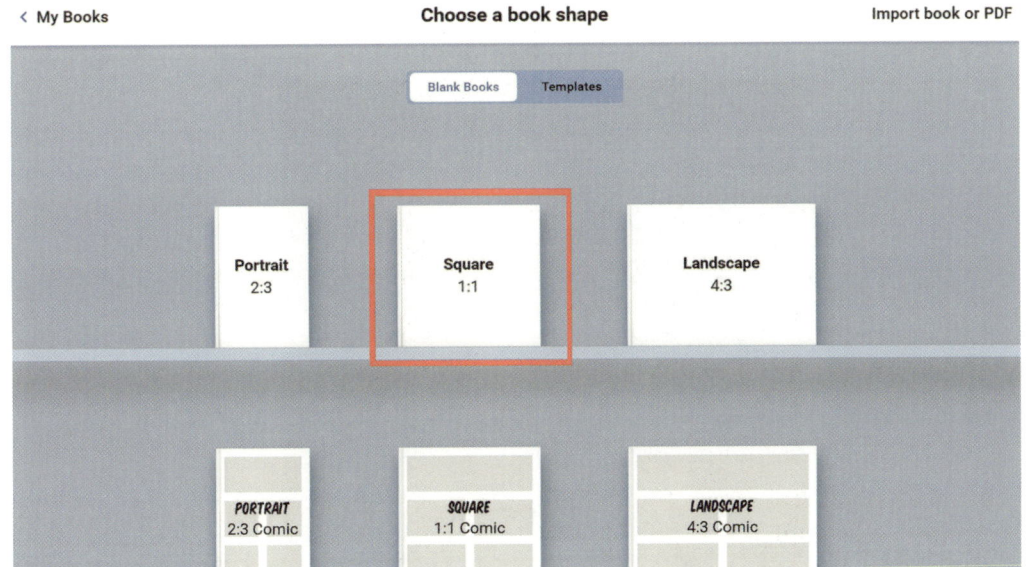

4. 몇학년 담당인가요?

5. 무슨 과목 담당인가요?

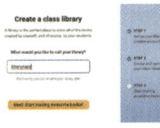

6. 라이브러리 이름은?

7. 책을 만들어요!

1. 파란 사각형 속 + 는 책의 페이지를 추가 시킵니다.

2. 빨간 사각형 속 + 는 해당 페이지의 그림을 업로드 할 때 사용합니다.

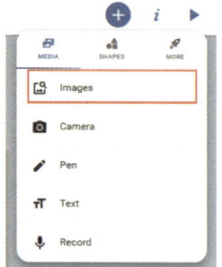

3. 페이지의 그림을 삽입할 때, Images 를 클릭합니다.

4. 업로드 버튼을 눌러서 자신이 만든 그림파일을 삽입합니다.

5. 다시 + 를 눌러서 제목이나 글 내용을 입력합니다.

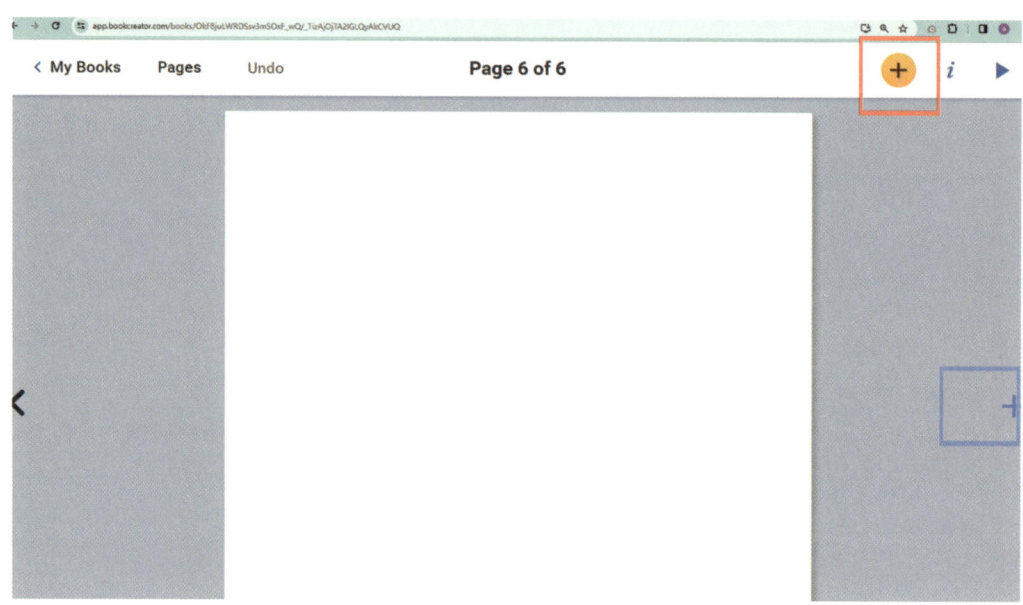

새 페이지가 나옵니다. 오른쪽의 + 버튼을 누르면 페이지가 계속 늘어납니다. 업로드를 클릭해 이미지 파일을 내 컴퓨터에서 사이트로 올립니다.

검색창 밑에 파란색 글을 클릭합니다.

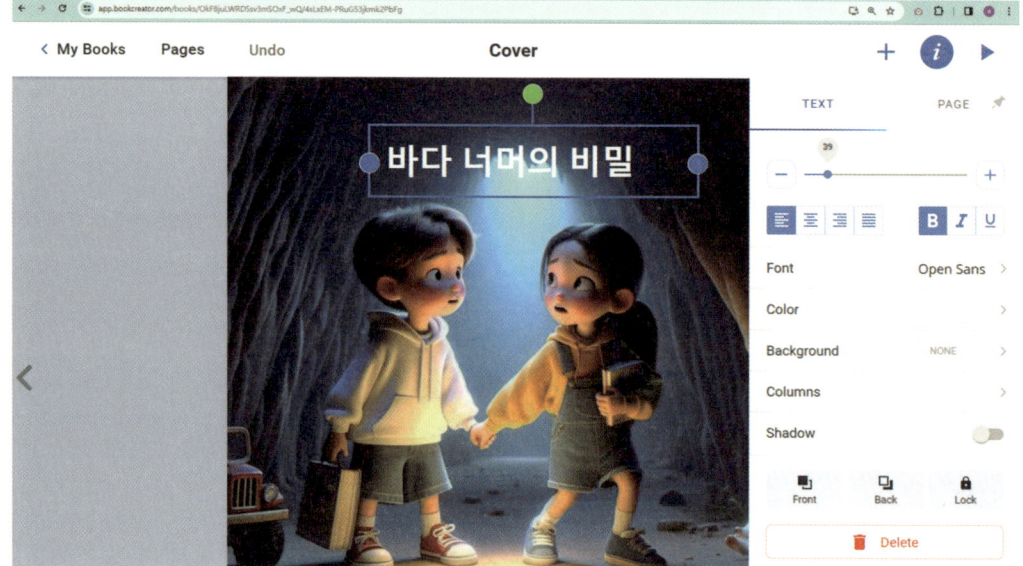

6. i 를 눌러서 폰트, 글자 색, 정렬, 글꼴 굵기를 정합니다.

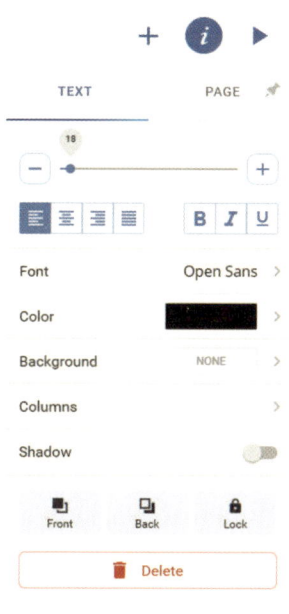

그림이 올라갔으면 상단 오른쪽의 + 버튼을 누릅니다. 글씨를 넣는 창이 나옵니다. 제목을 써 넣습니다. 그리고 상단 오른쪽 +옆에 있는 I 버튼을 누릅니다. I 버튼을 누르면 화면에서 보이는 것처럼 텍스트의 크기를 정할 수 있고 단락을 좌측으로 정렬할 것인지, 우측으로 정렬할 것인지, 굵은 글자로 할 것인지, 색상은 무엇으로 지정할 것인지 정할 수 있는 패널이 나옵니다. 한 페이지씩 그림과 텍스트를 넣어 끝 페이지까지 완성한 후 상단 왼쪽에 pages를 누르면 다음과 같이 전체 페이지가 나옵니다.

7. 모든 내용을 입력 후 삼각형 버튼을 누르면 최종 화면이 나타납니다.

8. Pages 탭을 누르면 전체 구성을 볼 수 있습니다.

9. Library 탭을 누른후 책 표지가 나오면 해당 책을 클릭한 후 한장씩 넘어가는 애니메이션을 볼 수 있습니다.

다시 상단에서 Back를 누르면 한 페이지 편집 화면으로 나옵니다. 다시 상단의 MyBooks를 누르면 내가 만든 책의 표지가 나옵니다.

여기서 화면 상단의 화살표를 누르면 책이 한 장씩 넘어갑니다.

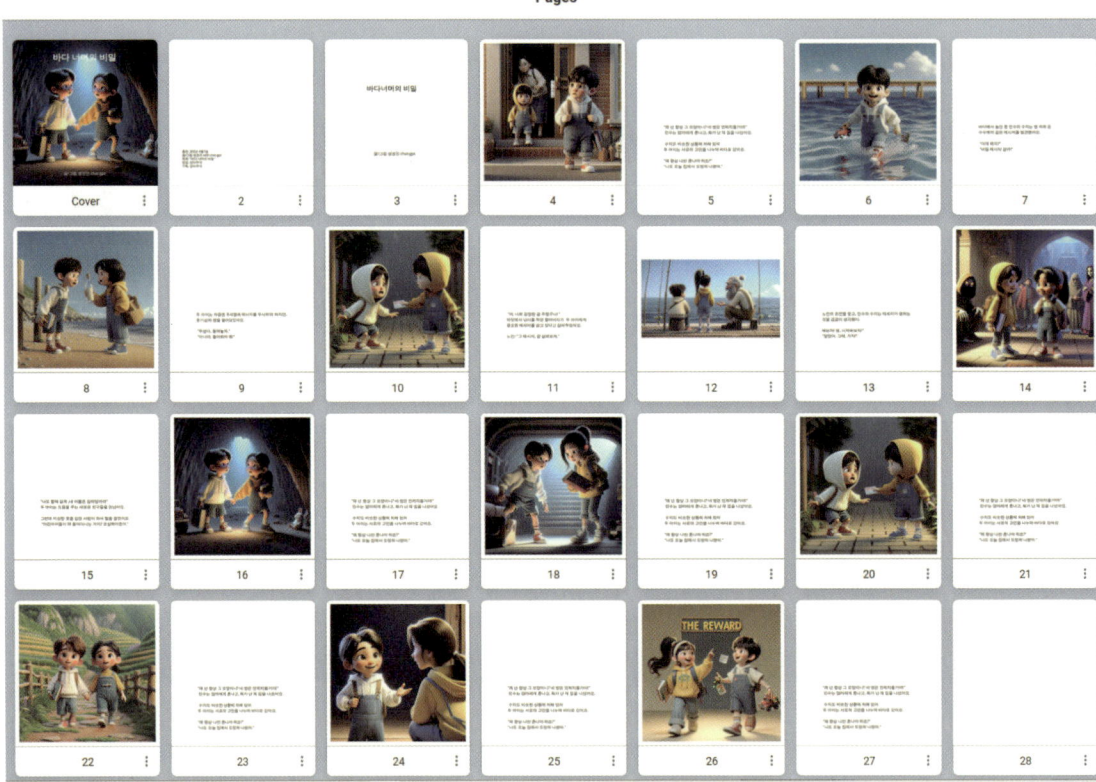

내지 페이지도 완성되었습니다.

이제 세상에 내가 만든 페이지를 출판해 보아요. 화면 아래에 있는 가운데 < 모양의 아이콘을 클릭해요.

그러면 다음과 같은 링크들이 나올 거예요. 여기서 Publish online을 눌러요. 그러면 다시 다음과 같이 타이틀과 책의 내용을 넣는 란이 나오고, 모두가 볼 수 있게 퍼블리싱할지 자신만 보는 것으로 퍼블리싱할지 클릭할 수 있는 아이콘이 나옵니다. 클릭한 다음 퍼블리 온라인을 누르면 오른쪽 그림과 같이 퍼블리싱이 되었다고 나옵니다.

여기에서 Copy link를 클릭하고 인터넷 주소창에 붙여 넣으면 출판된 여러분의 책이 보입니다. 이 주소는 현재 출판한 책의 고유한 주소로 내 컴퓨터뿐 아니라 다른 사람의 노트북이나 휴대폰에서도 볼 수 있습니다.

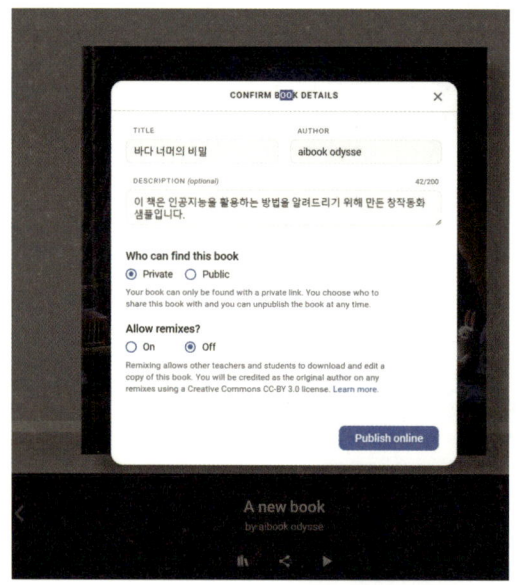 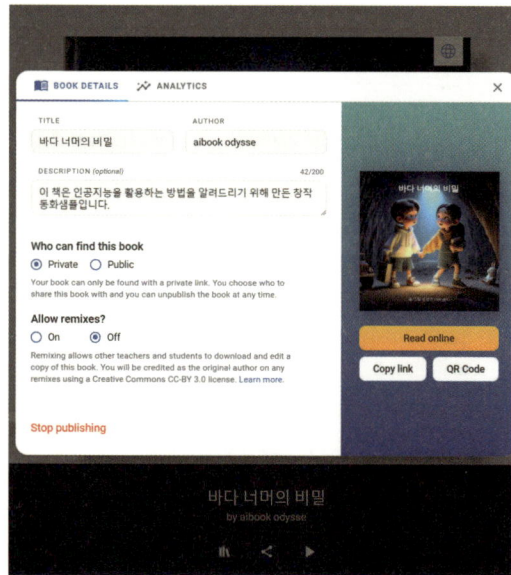

<Book creator를 실행하여 라이브러리 전체를 실행한 모습>

책을 한 권만 만들 수도 있지만 위에서 보는 것처럼 여러 권의 책을 만들 수도 있습니다. 위 그림은 제가 만든 책은 아니고 '그림책 창작하기' 수업에서 학생들이 만든 책입니다. 무료 회원의 경우 한 아이디당 한 개의 라이브러리를 만들 수 있습니다. 유료인 경우 라이브러리를 무한정으로 만들 수 있습니다. 또 교사용으로 가입하여 학교 교사임을 인증받아도 무료 회원이지만 라이브러리를 무한정 만들 수 있습니다.

2장 인쇄 가능한 파일로 업스케일을 해요

내가 만든 스토리를 책으로 출간하기 위해서는 현재 생성한 이미지 파일을 인쇄할 수 있는 큰 이미지 파일로 바꿔야 합니다. 인공지능생성기로 이미지를 생성해 다운로드 받으면 1024×1024픽셀이 됩니다. 이 픽셀은 온라인으로 출판하는 데는 문제가 없지만 진짜 종이책으로 만들고 싶다면 이미지의 퀄러티를 높여야 하는데요. 얼마 전만 해도 정말 어려운 기술이었는데, 지금은 무료로 스케일을 올려주는 인터넷 사이트들이 있습니다.

저는 클립드롭 https://clipdrop.co/image-upscaler 사이트를 이용하는데요. 이곳은 스테이블디퓨전을 무료로 배포한 회사에서 운영하는 사이트예요. 보통사이즈로 업스케일하는 것은 무료로 할 수 있고 아주 큰 책이나 포스터 같은 인쇄용 파일로 업스케일하는 데는 구독료가 있어요. 월 2천원쯤 됩니다. 포토샵을 유료로 구독하고 있다면 굳이 구독할 필요가 없을 것 같습니다.

달리3가 생성한 이미지의 사이즈를 보면 이미지 크기: 3.00M, 치수: 1024×1024픽셀, 해상도가 72dpi(인치당 점 개수가 72개)라고 쓰여 있지요. 모니터에서 보면 그림이 선명하게 보이지만 이걸 인쇄하면 이미지가 깨져서 픽셀이 보이거든요. 이 72dpi를 인쇄용 파일로 만들기 위해서는 300dpi로 바꿔야 해요. 포토샵에서 이미지사이즈를 선택해 72dip를 300dpi로 바꿨더니 361mm 폭이 66.7mm로 대폭 줄었지요. 모니터에서 36cm로 크게 보이던 파일이 실제 인쇄할 때는 6.6cm 크기로 인쇄해야 정상적으로 인쇄가 된다는 뜻이에요.

이것을 클립드롭에서 4배 정도 업스케일을 하면 됩니다.

▶ 72 dpi 이미지는 웹용으로 적합하지만, 종이책 출력용으로는 품질에 문제가 있습니다.

4배로 업스케일하니 이제 300dpi인데도 34cm 정도 인쇄 가능하다고 하니 어떤 크기의 책으로 인쇄해도 잘 나오겠죠? 이렇게 글과 그림을 완성하고 나서 pdf로 만들어 출판사에 기고를 하면 됩니다.

이미지의 크기를 볼 수 있는 사이트로는 여러 가지가 있겠지만 저는 포토샵에서 확인하는 편입니다. 포토샵 화면 상단 이미지 단추를 클릭하고 들어가면 이미지 크기가 나옵니다. 이미지 크기를 클릭하면 위의 팝업창처럼 이미지 크기가 나옵니다. 이렇게 이미지 크기가 300dpi일 때 20cm 이상이 되어야 인쇄를 하면 이미지가 깨지지 않고 잘 나옵니다.

204 | Chapter 7_내 스토리 확장하기

Chapter 7. 내 스토리 확장하기 - 뮤직비디오 만들기

1장 가사는 내가 쓰고 노래는 AI가 해요
2장 내가 그린 그림을 영상으로 만들어요
3장 영상과 노래를 편집해 뮤직비디오를 완성해요

우리가 만든 스토리를 요점 정리해 노래 가사로 만들어볼까요? 우리가 직접 만들수도 있지만 GPT에게 요점정리를 하고 노래로 만들라고 할 수도 있습니다. 이때 라임이나 리듬을 넣어 달라고 하면 GPT가 노래 가사를 근사하게 만들어줍니다. 여기서 나온 내용을 내 마음에 들게 수정을 해서 노래를 만들어주는 AI 사이트에 접속해서 노래를 만들면 됩니다. 이때 재즈스타일을 좋아한다면 재즈 스타일로 곡을 만들어달라고 하고, 피아노곡 스타일을 좋아한다면 피아노곡으로 만들어달라고 하면 그 스타일대로 만들어 가수가 노래를 불러줍니다.

영상도 마찬가지입니다. chat GPT가 만든 그림을 영상 AI 사이트에 가지고 가서 움직이는 mp4파일로 만들 수 있습니다. Chapter 7에서는 앞에서 생성한 그림을 한 장면씩 움직이는 영상으로 만들고자 합니다. 그리고 이 음악과 영상을 편집툴에서 연결해서 하나의 뮤직비디오를 만들어보겠습니다. 인공지능생성기가 나오기 전에는 작곡을 하거나 작사를 하거나 영상을 만드는 것은 아주 전문적인 노하우가 있어야 가능했던 게 사실입니다. 아직 초기 단계이기는 하지만, 이 과정이 끝나면 여러분도 전문가 못지않은 작품을 만들 수 있으리라 확신합니다.

1장 가사는 내가 쓰고 노래는 AI가 해요

이제 내 스토리를 노래로 만들어보겠습니다. chat GPT로 만든 스토리를 가사로 만들기 위해선 약간의 작업이 필요합니다. 글에 라임을 넣는 것이 대표적이라고 할 수 있죠. chat GPT에게 다음과 같이 프롬프트를 넣어보겠습니다.

<<<<<<<USER
12단계로 완성한 민수와 수지의 이야기를 노래로 만들려고 해. 요약을 해서 노래 가사로 만들어줘. 단 라임이 있도록 만들어줘. 단 너무 길지 않게 만들어줘

<<<<<<<chat GPT
Verse 1:
함께 떠나는 모험길, 수지와 함께해 힘이 나,
긴 여행을 떠나요, 민수와 함께 출발해요.
Chorus 1:
함께 걸어가요, 수지야 민수야,
즐거운 모험 떠나요, 신나게 출발해요.
Verse 2:
비밀 찾아 모험길, 함께라면 겁 없죠,
어두운 동굴도, 친구와 함께라면 괜찮아요.

Chorus 2:
함께 걸어가요, 수지야 민수야,
즐거운 모험 떠나요, 신나게 출발해요.

 chat GPT가 이렇게 만들어주었습니다. 그런데 저는 코러스 부분에서 '수지야 민수야'보다 '수지와 민수가' 라고 바꾸면 동화 주제가로 더 잘 어울릴 것 같아 다음과 같이 바꾸도록 하겠습니다.

Chorus 1, 2
함께 걸어가요, 수지와 민수가
즐거운 모험 떠나요, 신나게 출발해요.

그럼 이제 노래를 만들러 가볼까요?
수노AI https://www.suno.ai/에 접속합니다. 1부 1챕터에서 구글로 회원가입을 해서 사용해 보셨지요? 구글에 로그인한 후 수노에서 회원가입을 합니다.
한국 사람들이 많이 접속해서 그런지 바로 한글로 뜨네요.
우측 '노래를 만들어 보세요'를 클릭합니다.

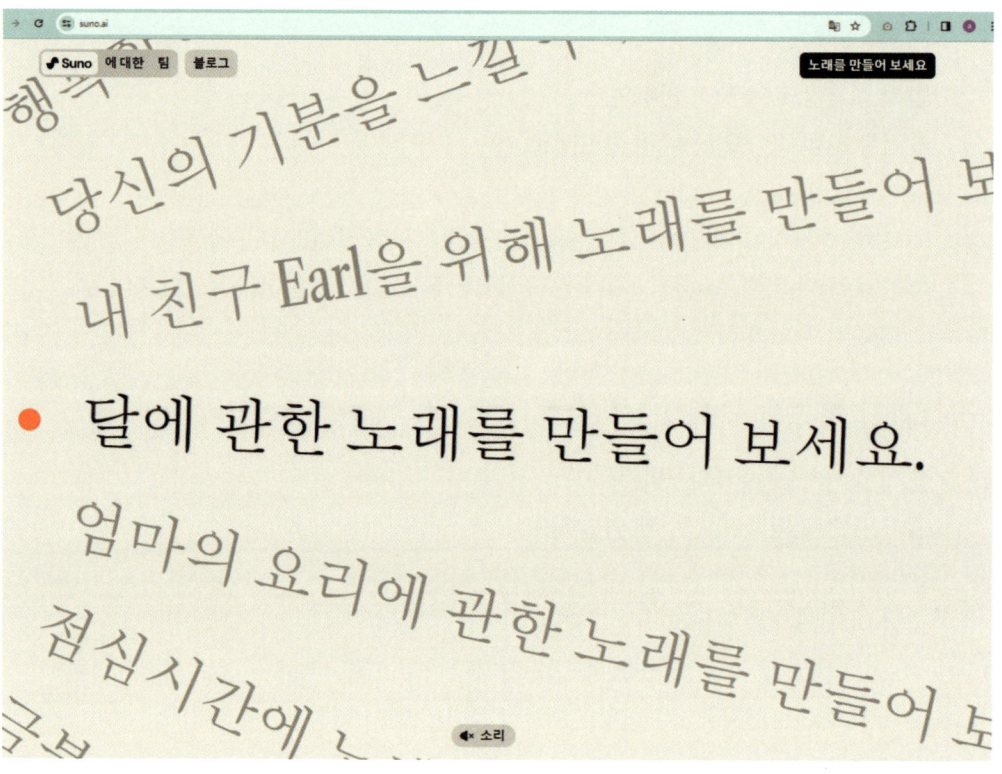

우측 만들기를 누르면 계정에 로그인하라고 나옵니다. 구글로 가입하시면 됩니다. 그리고 우측 상단 사용자모드의 원을 클릭하면 가사를 만드는 창이 나옵니다. 그곳에 내가 쓴 가사를 붙여넣기를 합니다.

저는 처음에는 그냥 가사를 붙여놓고 아래의 만들기 버튼을 눌러 노래를 완성했습니다. 그 위에 음악 스타일은 로맨틱, 행진곡으로 했고 제목은 "떠나요! 더 나은 세상을 향해"라고 했는데 실제 AI가 만들어준 제목은 "안 돼요. 더 나은 세상을 향해"로 바꿨네요. 무료로 만들어주는데 왜 내가 한 대로 만들어주지 않냐고 항의하는 것도 아닌 것 같아서 항의는 하지 않았습니다. 지금 대부분의 AI 업체가 무료로 사이트를 오픈하는 것은 베타테스트를 하는 중이기 때문입니다.

여러분도 가끔 AI가 프롬프트대로 실현하지 않아도 그런가 보다 하는 마음으로 즐기셨으면 합니다. 민수와 수지의 이름을 너와 나로 수정해서 다시 음악을 만들어보았습니다. 음악 스타일도 행진곡이라고 했더니 좀 재미가 없어서 로맨틱, 피아노곡으로 수정했습니다. 훨씬 재미있고 다채로운 곡이 나왔습니다.

사각형 그림의 가운데를 클릭하면 AI가 생성한 노래가 나옵니다. 만들기를 여러 번 해서 마음에 드는 노래가 나올 때까지 클릭을 하면 됩니다.

마음에 드는 노래가 나오면 우측 점 세 개를 클릭하면 리믹스, 이 노래에서 계속, 이름 바꾸기 등등이 나오는데요. 아래 부분의 다운로드를 클릭하면 동영상과 오디오라는 글자가 나옵니다.

오디오를 클릭하여 mp3를 다운받으면 됩니다. 만약 더 긴 노래를 원할 경우 '이

'노래에서 계속'을 눌러 가사를 더 넣어주면 더 긴 곡의 노래를 생성할 수 있습니다. 다른 사람들이 생성한 음악을 참고하고 싶다면 '탐구하다'를 클릭해 봅니다. 그러면 다른 사람들이 프롬프트를 입력해 생성한 음악 리스트를 볼 수 있습니다. 이 중 관심 가는 것의 화살표를 클릭하면 음악을 들으실 수 있습니다. 마음에 드는 곳이 있다면 '좋아요' 버튼을 누르고 음악을 들어보면 좋습니다. 음악이 마음에 든다면 '좋아요' 옆 버튼을 눌러 노래를 복사할 수도 있습니다. 또 점 세 개를 누르면 이 노래에서 리믹스할 수도 있고, 이 노래에서 계속 내가 생성한 노래를 추가할 수도 있습니다.

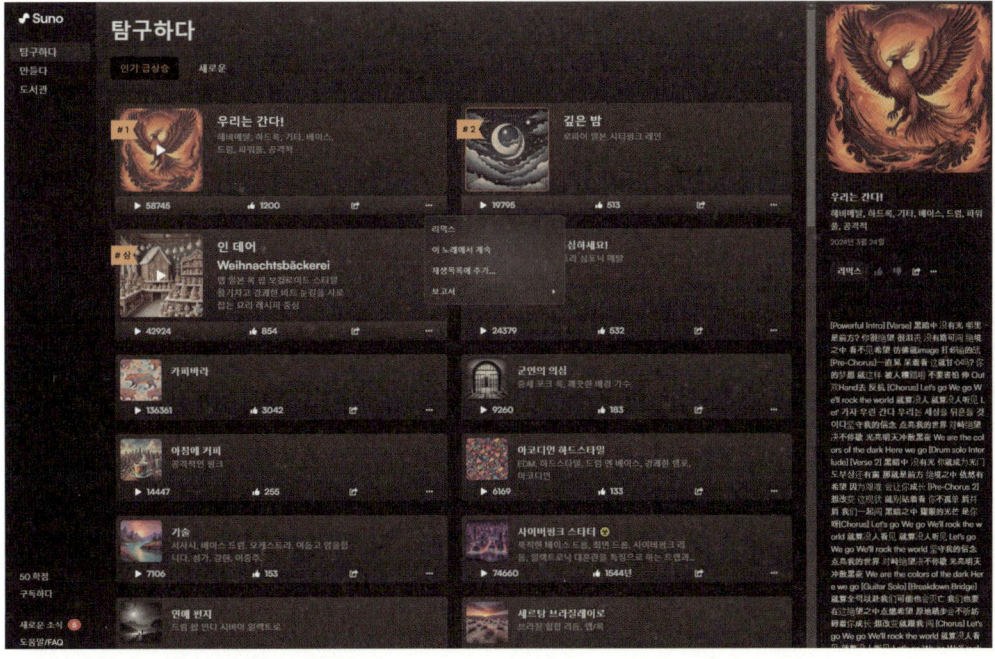

2장 내가 그린 그림을 영상으로 만들어요

인공지능으로 영상을 만들어 주는 런웨이 https://runwayml.com/

사이트에 접속해 우측 가입하기 버튼을 클릭합니다.
구글로 가입하기를 합니다.

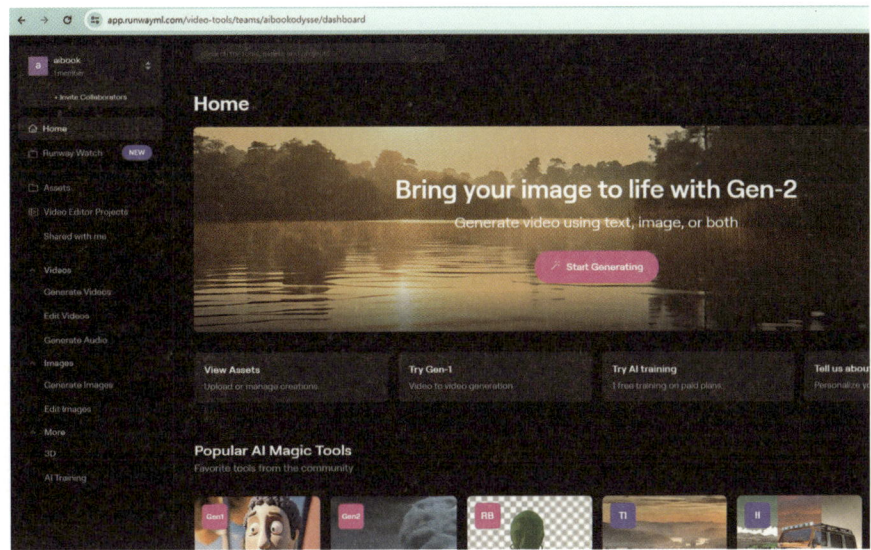

런웨이 첫 화면인데요. 바로 가운데 있는 빨간 버튼을 클릭해 영상을 생성할 수 있습니다. 프롬프트를 넣어 영상을 생성할 수도 있지만 우리가 생성한 그림을 좌측 상단 업로드하는 곳의 '나의 그림'에 업로드합니다.

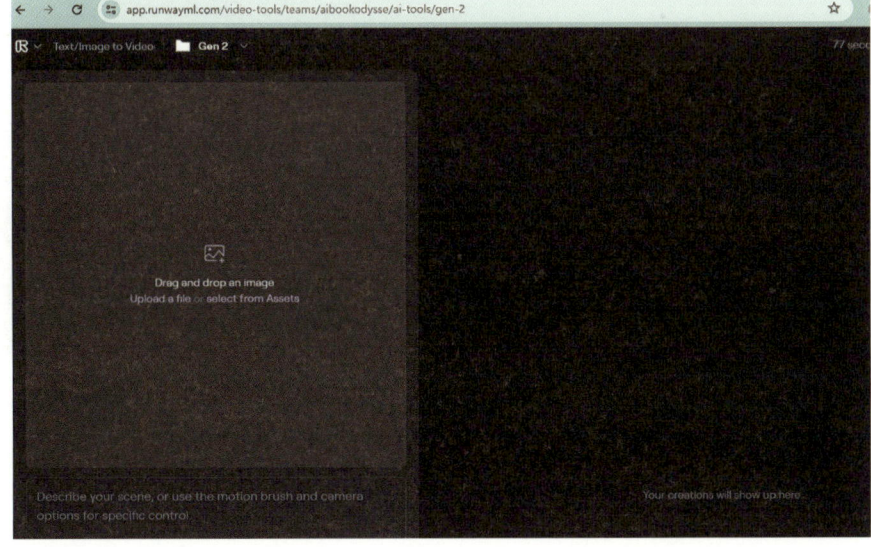

아래쪽 16:9라 쓰여 있는 곳을 클릭하면 영상의 화면 비율을 정할 수 있습니다. 여기서는 그림을 사각형으로 생성했으니 1:1로 설정하겠습니다. 스타일도 선택할 수 있습니다. 3D 디즈니 스타일로 그림을 생성했으니 비슷하게 3D Cartoon을 설정하겠습니다.

그림을 넣고 그냥 아래 영상 생성하기 버튼인 Generate 4s를 눌렀더니 아이들이 앞으로 걸어 나가는 듯하다가 뒤돌아서 걸어가는 영상으로 바뀌었네요. 그래서 아래 스크립트 입력란에 'A boy and a girl are walking in front of the screen'

이라고 써 넣었습니다. 참고로 이곳에서는 한국어가 허용되지 않아 영문으로 프롬프트를 입력해야 합니다.

이렇게 우선 생성해 보고 마음에 든다면 카메라의 움직임과 브러시를 사용해 미세하게 조정할 수 있습니다.

브러시의 경우 브러시 1을 누르고 아래 호리젠탈과 버티컬을 조금씩 움직여서 영상을 만들 수 있습니다. 아주 조금씩 움직이는 것이 자연스러운 영상을 만드는 데 효과적입니다. 브러시 1은 그림의 맨 앞부분을 브러시 5는 가장 먼 부분의 영상을 만드는 데 효과적입니다.

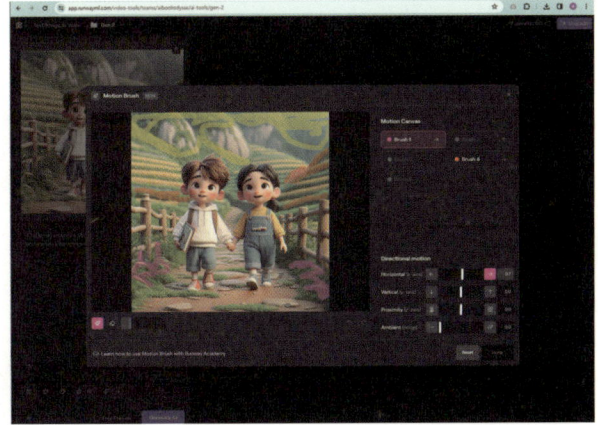

3장 영상과 노래를 편집해 뮤직비디오를 완성해요
https://www.capcut.com/ko-kr/

캡컷은 동영상 편집프로그램으로 여러 동영상 프로그램 중 무료로 사용 가능하고 인터페이스가 쉬워 선택했습니다. 회원가입을 클릭하고 구글 계정으로 회원가입을 합니다.

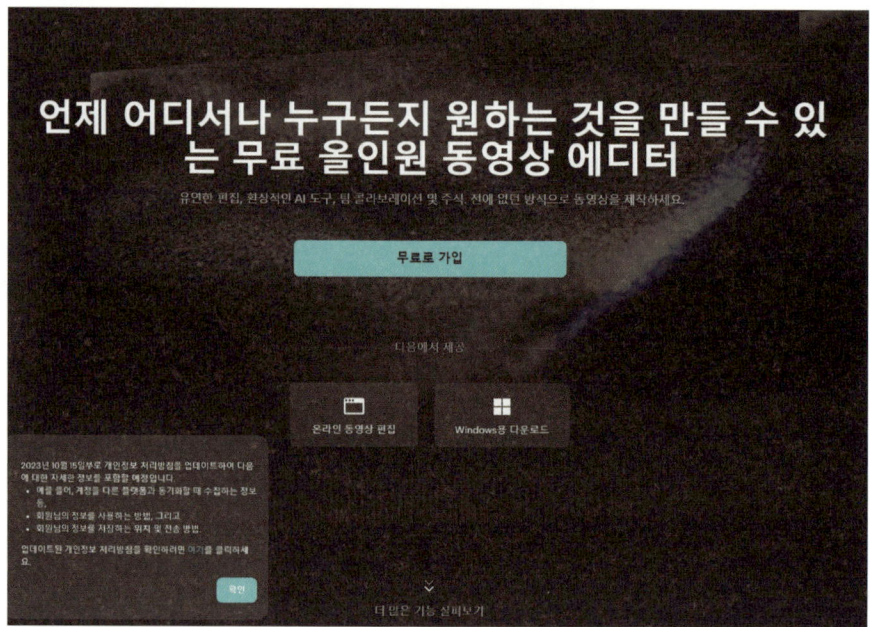

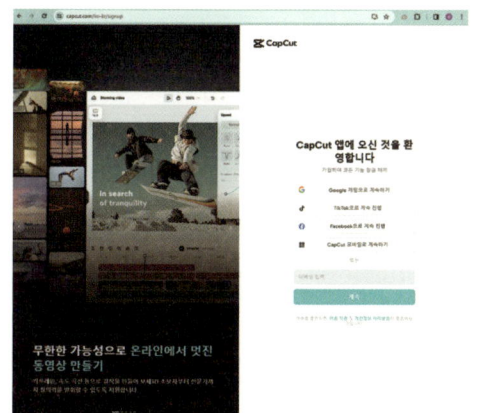

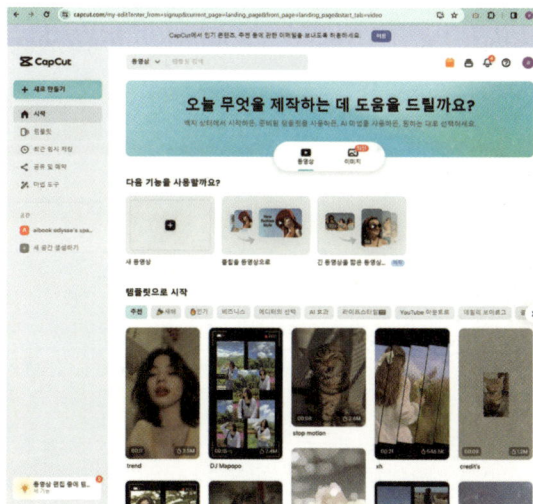

상단 오른쪽의 **새로만들기**를 누릅니다.

동영상을 클릭하고 내가 만들 영상의 비율을 클릭합니다. 우리는 앞에서 정사각형 이미지를 만들어왔으니 1:1을 클릭합니다.

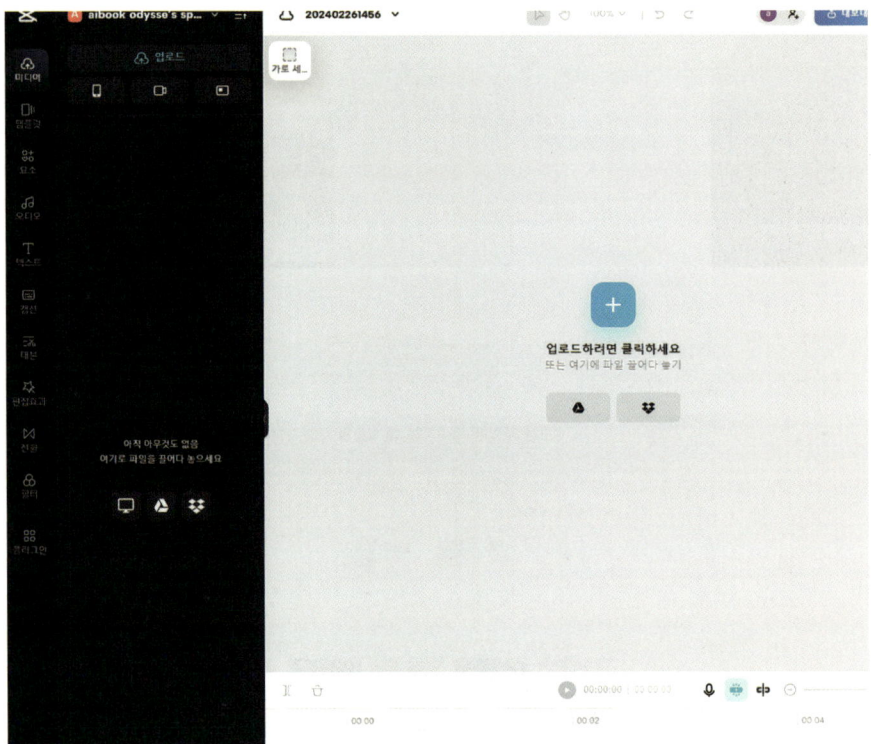

이미지 업로드 화면이 나오면 가운데 +를 클릭해 내 컴퓨터 안의 동영상과 mp3 파일, 이미지를 삽입합니다.

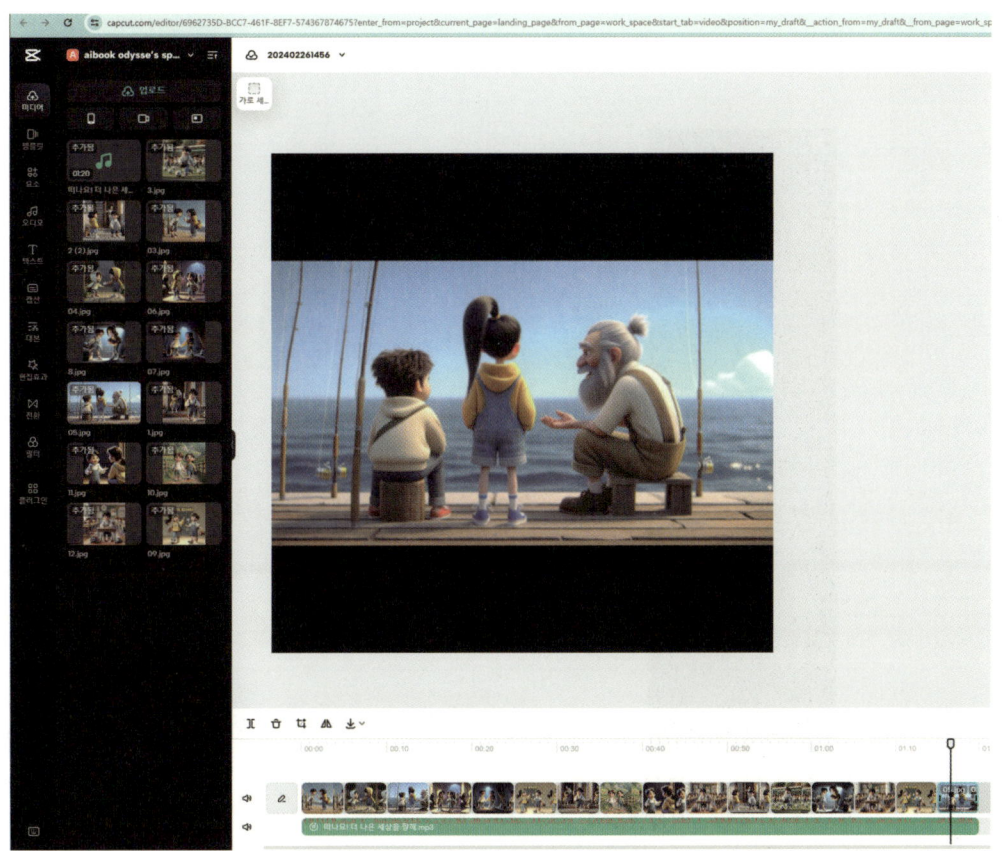

모든 이미지와 mp3, mp4 등의 영상 파일이 왼쪽에 들어오면 순서대로 왼쪽에 있는 파일을 하나씩 가운데 아래쪽에 가져다 놓습니다. 그러면 가운데 상단에 그림이 하나씩 나옵니다. 아래 상단의 가느다란 줄이 위치한 이미지가 상단에 표시됩니다. 이미지나 영상은 짧고 노래가 길기 때문에 노래가 끝나는 곳까지 상단에 이미지를 가져다 놓습니다.

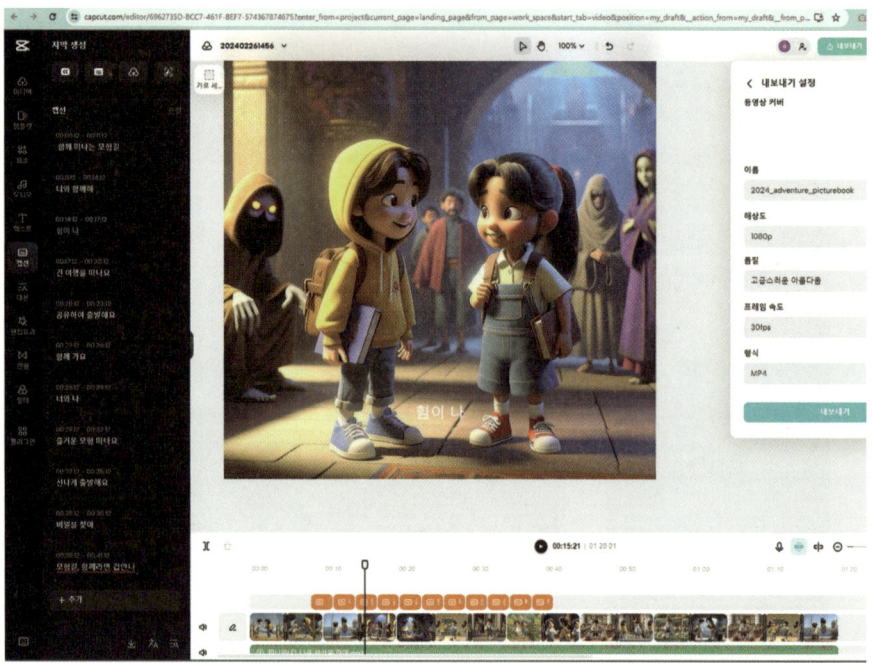

작업이 다 끝났으면 오른쪽 상단의 내보내기 버튼을 클릭합니다.
그러면 내보내기 설정 창이 나옵니다.

파일의 이름을 정하고 해상도와 품질을 정한(그대로 해도 됩니다) 후 내보내기를 클릭합니다. 그러면 내 컴퓨터 다운로드 폴더에 내 동화의 뮤직비디오 mp4 파일이 저장됩니다.

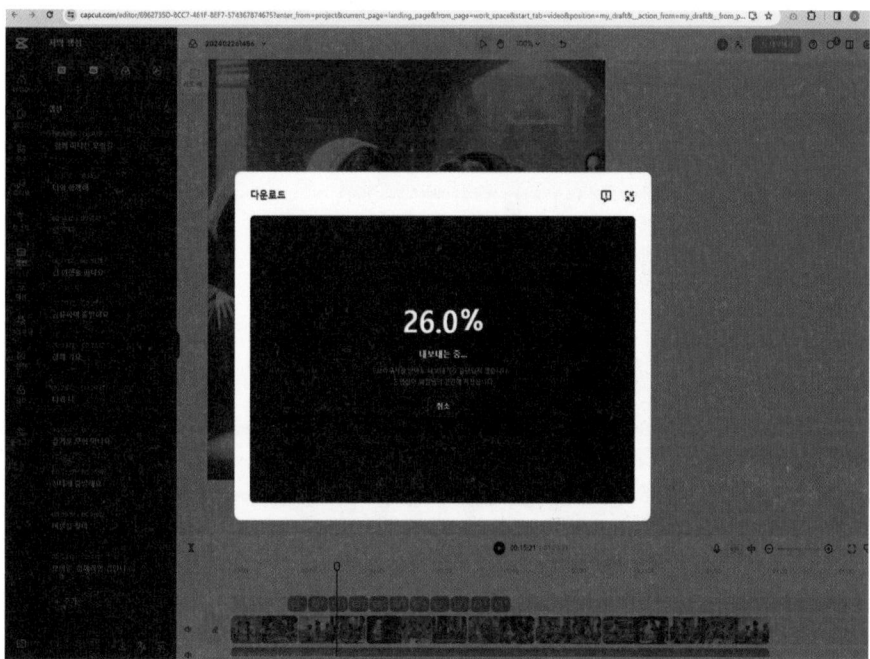

이렇게 영상 제작까지 마쳤습니다.

Chapter 8_온라인에서 건물주되기

Chapter 8. 온라인에서 건물주 되기

1장 동화 스토리를 기본으로 하는 홈페이지 만들기
2장 이미지 판매 사이트에 등록하기
3장 그림을 디지털 아트, NFT로 발행하기
4장 인형, 포스트잇, 메모지 등 다양한 상품으로 확장하기
5장 동화창작으로 디지털 자산가 되기

우리가 지금까지 창작한 동화 콘텐츠는 책 출간으로만 끝나지 않습니다. 모든 콘텐츠와 유통이 디지털화된 지금 우리가 만든 콘텐츠는 훌륭한 디지털 자산입니다. 이를 활용해 홈페이지를 만들어 나를 브랜딩할 수도 있고, 이미지 판매 사이트에 등록해 판매를 하고 NFT로 발행할 수도 있습니다. 클릭 몇 번으로 메모지나 티셔츠 같은 실물 굿즈로도 얼마든지 만들어볼 수 있죠. 당장 큰 수익이 나지 않더라도 내가 만든 콘텐츠를 다양한 프로덕트와 경로로 판매해보는 것은 그 자체로도 너무나 큰 경험과 공부가 될 것입니다.

1장 동화 스토리를 기본으로 하는 홈페이지 만들기

그림 동화를 창작하고 출간할 만큼 열정을 가지고 있다면 사이트도 상업용 사이트를 오픈하길 추천합니다. 저는 우리나라에서 대표적인 무료 쇼핑몰 사이트 중 하나인 cafe24를 추천합니다.

https://www.cafe24.com/

카페 24 사이트에 들어가면 아래 그림이 나옵니다.

무료 홈페이지 만들기 사이트
https://ko.wix.com/
https://www.sixshop.com/
https://wordpress.org/
https://blogpay.co.kr/
https://imweb.me/

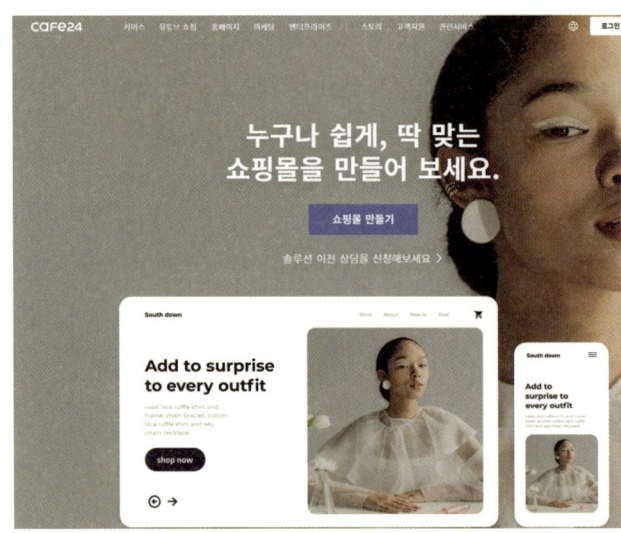

가운데 쇼핑몰 만들기를 클릭해 들어가서 우선 일반회원으로 가입합니다. 나중에 사업자등록증을 내면 개인사업자로 변경하면 됩니다. 가입한 후 첫 로딩을 하면 다음과 같은 화면이 나옵니다.

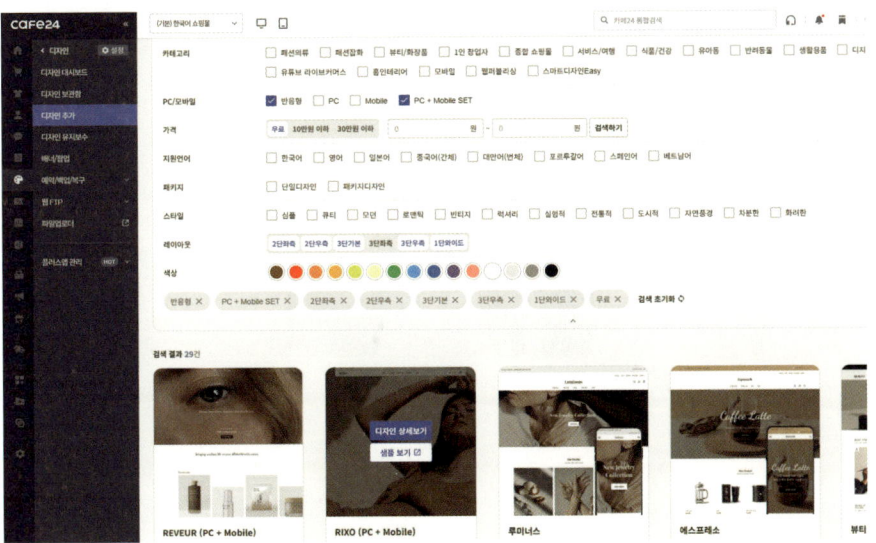

로그인하면 복잡한 관리자 화면이 나오는데요. 오른쪽 메뉴에서 디자인센터를 클릭합니다. 그리고 디자인 메뉴 하단에서 디자인 추가를 누릅니다. 그러면 오른쪽에 다양한 쇼핑몰 디자인 탬플릿이 보이는데요. 첫 번째 카테고리에서 먼저 선택해도 되고요. 두 번째 반응형, Pc+Mobill SET을 체크하고 가격 부문에서 무료를 누릅니다. 이후 지원언어, 스타일, 레이아웃 등 원하는 스타일이 있으면 클릭을 하면서 내려갑니다.
여기서는 네 번째 에스프레소를 선택해서 샘플 보기를 클릭했습니다.

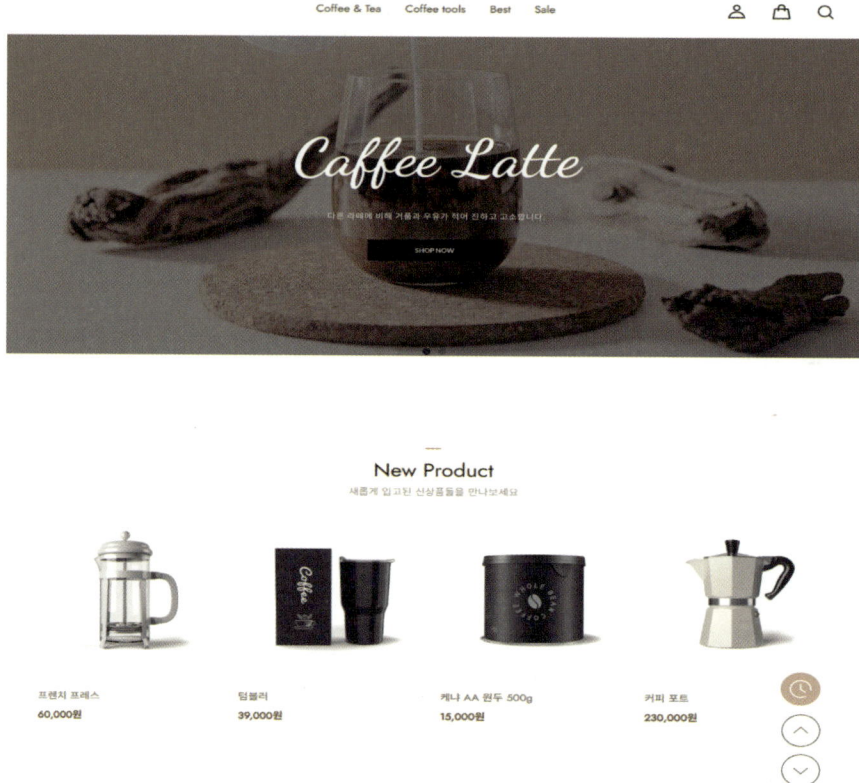

가장 위쪽을 보면 PC 뷰와 모바일 뷰를 선택할 수 있는 메뉴가 있습니다. 기본이 PC 뷰입니다. 아래로 쭉 내려가 둘러보고 나서 마음에 들면 디자인에 추가를 선택합니다. 그러면 내 디자인 보관함으로 들어옵니다. 금방 들어오는 경우도 있지만 10여 분 이상 소요되기도 합니다. 보관함에 추가한 에스프레소 디자인의 가운데 부분 디자인 편집을 누릅니다.

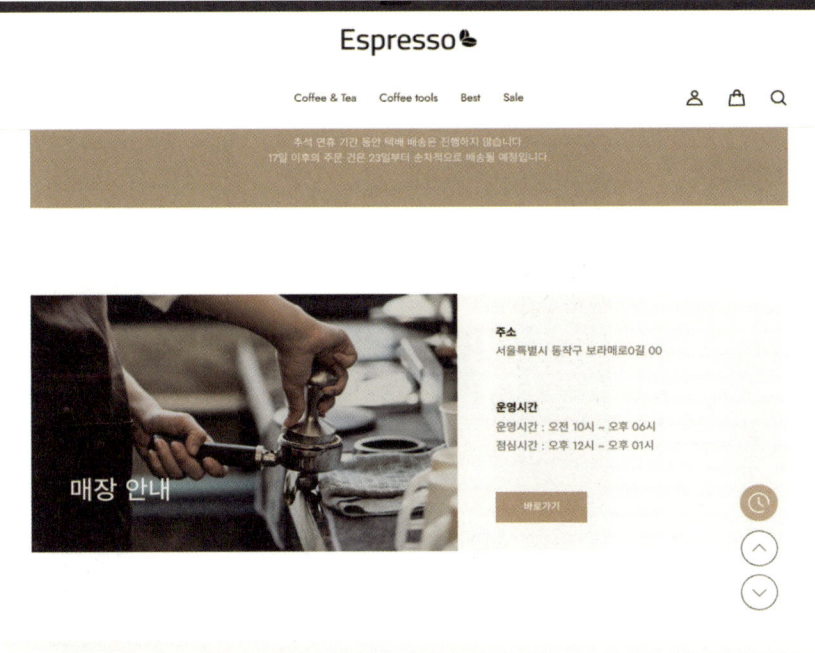

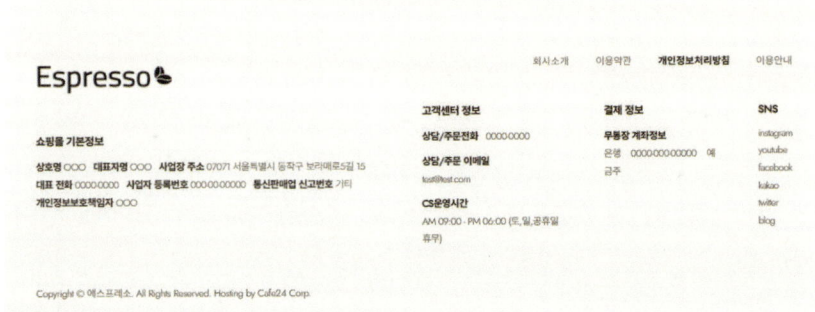

초기 설정이 완료되면 이제 내 스타일대로 홈페이지를 수정하면 됩니다.

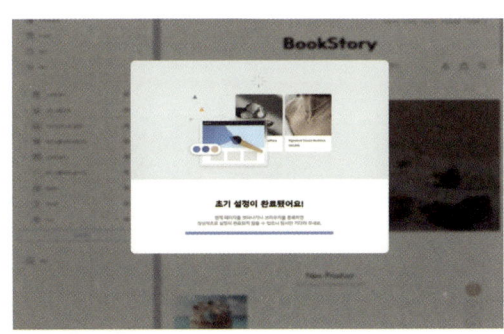

▶ 초기 설정 완료 화면

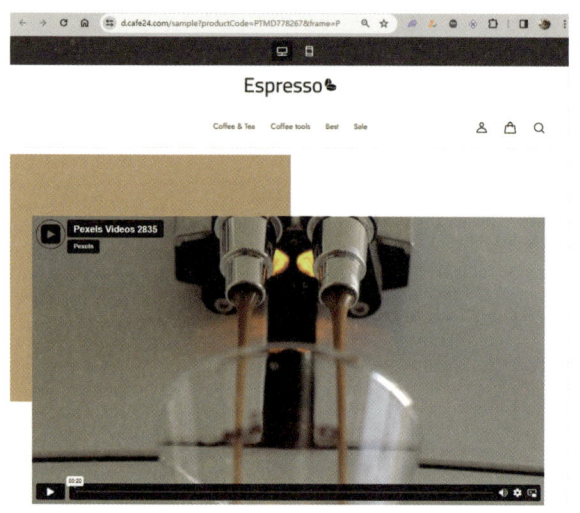
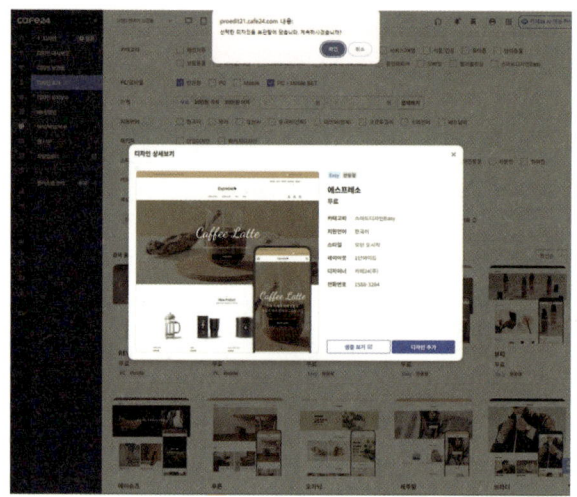

좌측을 하나씩 클릭해 보면 우측에서 활성화되는 부분이 있습니다. 그 부분을 수정한다는 뜻입니다. 이것저것 눌러보면서 수정을 해보고 오류가 생기면 쇼핑몰을 지우고 다시 설치하시길 권장 드립니다. 그렇게 연습을 하고 나서 진짜 내 쇼핑몰을 만듭니다.

마지막으로 회사 정보까지 입력하면 홈페이지 완성!
이제 이 홈페이지가 검색이 될 수 있도록 해야겠죠?
우선 도메인을 사서 연결해도 되고 회원가입할 때 쓴 아이디를 도메인으로 활용하셔도 됩니다. 우선은 무료로 사용 가능하니 회원가입할 때 만든 아이디를 도메인으로 활용하는 것이 좋습니다.

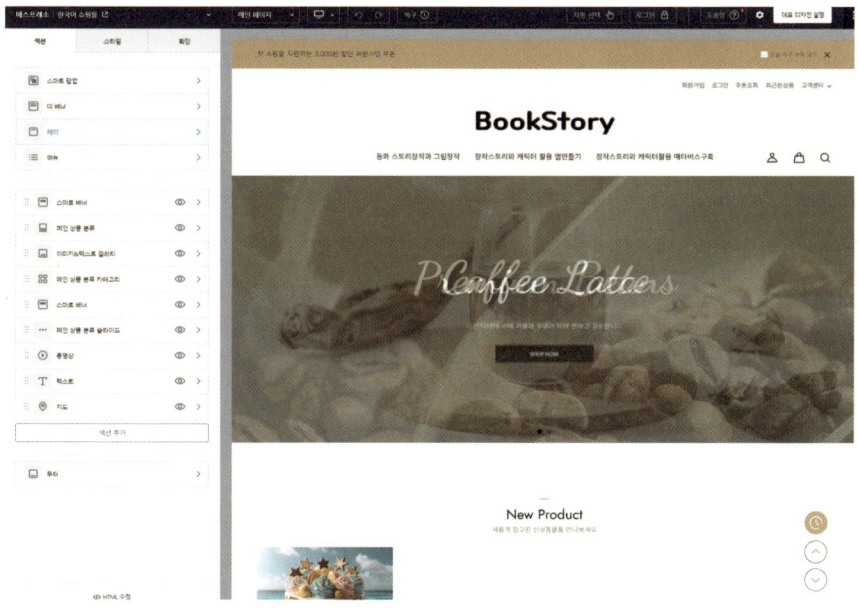

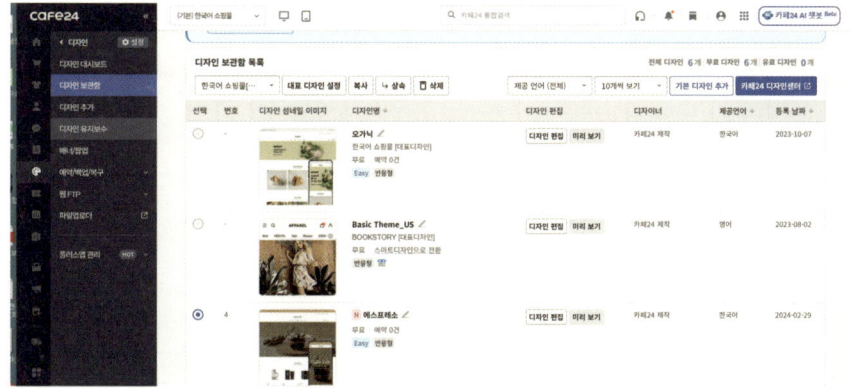

이 밖에도 우측 메뉴에 있는 것들을 클릭해 보면서 주문설정, 상품설정, 고객설정, 메시지 설정, 게시판 설정, 사이트 설정, 결제 설정, 배송 설정 등 설정을 하나씩 하면서 상업적 마인드를 키우는 것이 필요합니다. 이 모든 것은 거의 무료에 가깝습니다. 나중에 카드사를 연결해 결제를 받고자 할 경우 유료로 가입하면 됩니다.

▶ 쇼핑몰의 기본 정보를 입력합니다.

무료 이미지 사이트
https://unsplash.com/
https://pixabay.com/
https://www.shutterstock.com/
https://www.freepik.com/
https://www.istockphoto.com/kr

2장 이미지 판매 사이트에 등록하기

이미지를 AI로 생성할 때 상상한 것을 바로 프롬프트로 작성하는 것보다 구글에서 원하는 이미지를 찾아보고 영감을 얻어 이미지를 생성하는 프롬프트를 작성하면 좋은 이미지를 생성하는 데 도움이 됩니다. 또 아래 이미지 판매 사이트에 가서 검색해 보면 더욱더 많은 영감을 얻을 수 있습니다. 아래 사이트들은 무료 이미지를 제공하기도 하고 유료로 구매할 수도 있습니다. 마찬가지로 우리가 생성한 이미지도 판매할 수 있습니다.

1. 크라우드 픽 https://www.crowdpic.net

사진, 일러스트, 캘리그라피를 업로드할 수 있습니다. 모두 본인에게 저작권과 소유권이 있는 파일을 업로드하면 됩니다. 작가회원으로 가입 후 이미지 심사가 승인되면 판매할 수 있습니다. 가입부터 이미지 업로드가 간편하고 심사도 비교적 빠른 편입니다.

판매 금액의 30%가 수수료이고 판매 금액이 5000포인트 이상 모여야 수익금을 받을 수 있습니다. 보통 사진은 500원, 일러스트는 1000원에 판매됩니다. 상단의 작가 신청란을 클릭해 회원가입을 하면 됩니다.

2. 셔터스톡 https://submit.shutterstock.com/

뉴욕에 본사를 두고 있는 사이트. 사진, 일러스트, 동영상을 판매할 수 있습니다. 가입과 업로드가 까다롭지 않지만, 영어로 키워드와 이미지 설명을 넣어야 합니다. 구글 번역이나 파파고 번역, chat GPT를 활용하시길 바랍니다.

판매량에 따라 작가 레벨이 달라지며, 판매가 많을수록 작가 레벨이 올라가고 수익도 많아집니다. 페이팔, 파이오니아 등으로 선택해 입금받을 수 있습니다. 최소 35달러(약 4만원)는 되어야 현금화할 수 있습니다.

3장 그림을 디지털 아트, NFT로 발행

오픈씨(https://opensea.io/kr)는 세계에서 가장 큰 NFT(Non-Fungible Token, 대체 불가능 토큰) 마켓 플레이스입니다. NFT는 디지털 자산으로, 각각의 NFT는 고유하고 대체 불가능한 값을 가지고 있어요. 오픈씨는 사용자들이 NFT를 구매하고, 판매하고, 경매에 부치는 것을 가능하게 해요. 이곳에서는 예술 작품, 게임 아이템, 수집품 등 다양한 형태의 디지털 자산이 거래됩니다.

오픈씨는 2017년에 데빈 핀저(Devin Finzer)와 알렉스 아탈라(Alex Atallah)가 설립했어요. 이 두 창업자는 각각 스탠포드 대학교와 브라운 대학교 출신으로, 애플, 구글, 핀터레스트 같은 유명한 기술 회사에서 일한 경험이 있어요. 오픈씨는 2021년 7월에 $1.5 billion의 가치 평가를 받았고, 2022년 1월에는 $13.3 billion의 가치가 있다는 평가를 받고 있습니다. 이 사이트는 회원가입을 직접 하는 것이 아니라 내가 가지고 있는 지갑으로 로그인을 해요. 지갑의 종류에는 여러 가지가 있는데, 가장 인기 있는 지갑 중 하나가 MetaMask입니다. 이 책에서는 메타마스크에서 지갑을 만들고 오픈씨에 로그인하여 NFT를 판매하거나 구매할 수 있는 방법을 알려드리려고 합니다.

오픈씨는 NFT 거래 금액의 2.5%를 수수료로 받아요. 또한 거래를 위해 블록체인 네트워크에 지불하는 가스 비용(gas fee)도 있어요. 이 비용은 네트워크가 거래를 처리하는 데 필요한 비용으로, 거래가 블록체인에 기록되기 위해 필요해요.

NFT를 오픈씨에서 판매하는 방법은 간단해요. 먼저, 오픈씨 홈페이지에 접속해 'Create' 버튼을 클릭하고, 새로운 아이템을 추가한 다음, 이 아이템을 시장에 올려 판매할 수 있습니다. 자, 그럼 시작해 볼까요?

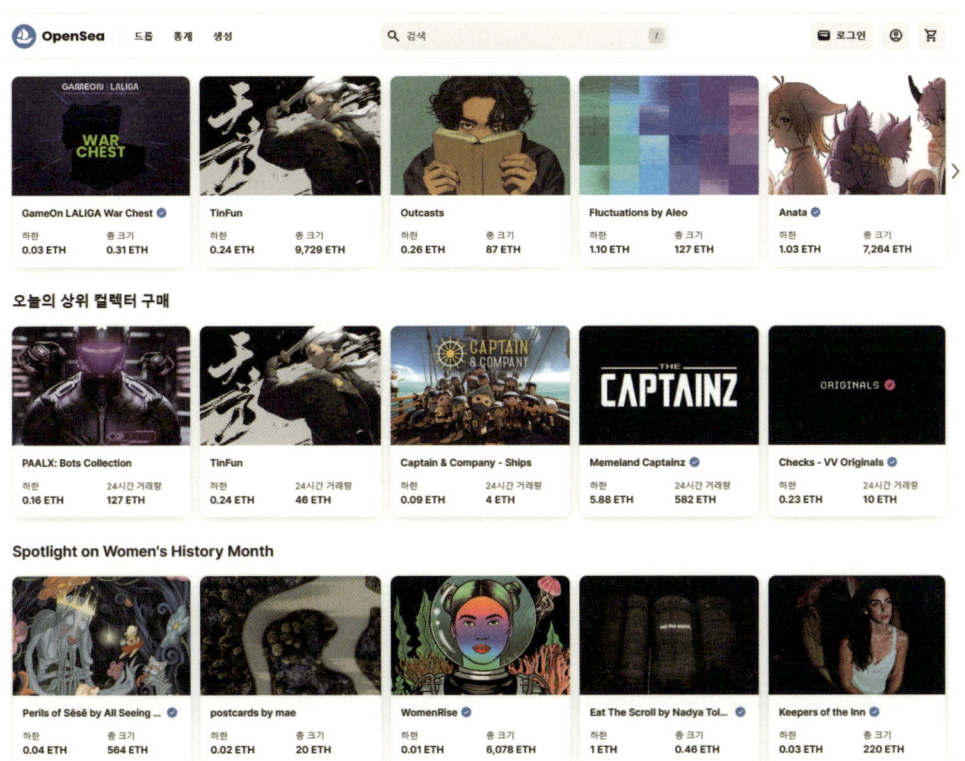

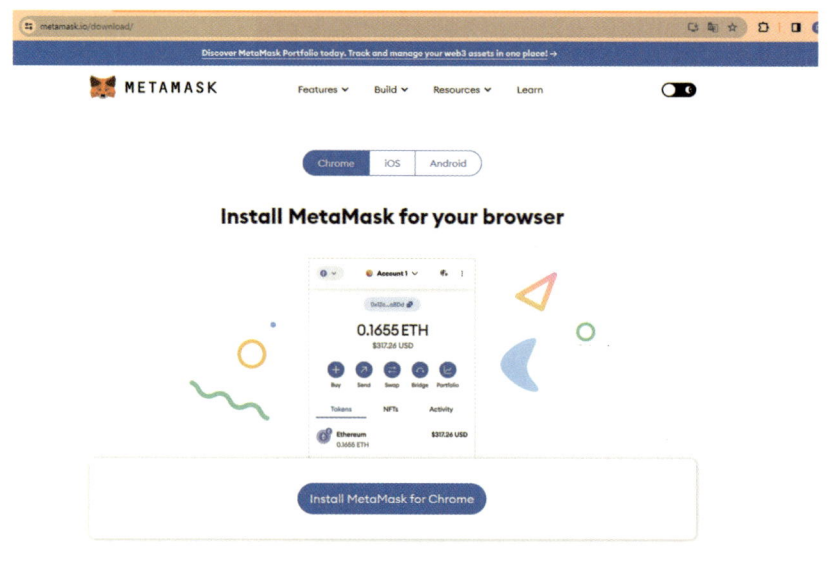

오픈씨에 접속해 우측 상단의 로그인 버튼을 누르면 지갑을 연결하라고 나옵니다. 앞서 말씀드린 것처럼 오픈씨는 자체 사이트에서 회원가입하는 것이 아니라 자기 지갑에 로그인하고 나서 오픈씨에 연결하는 구조로 사이트가 구성되어 있습니다. 그래서 우리는 먼저 메타마스크에서 지갑을 만들겠습니다.

구글에서 메타마스크를 검색해서 클릭하고 들어가면 크롬 브라우저를 인스톨하라고 나옵니다. 제가 여러 번 해본 결과 NFT 거래할 때는 브라우저를 크롬을 쓰는 것이 오류가 덜 나고 안정적입니다. 인스톨 메타마스크를 누르면 다음 화면 우측에 크롬에 추가라는 파란 메뉴 바가 나옵니다. 클릭하고 '메타마스크를 추가하시겠습니까?'라는 팝업창이 뜨면 '확장프로그램 추가'를 클릭합니다. 그러면 주소창 옆에 동물 모양의 아이콘이 나옵니다. 시작하기 화면이 나오면 이용 약관 동의 앞에 클릭을 체크하고 새 지갑 생성을 클릭합니다.

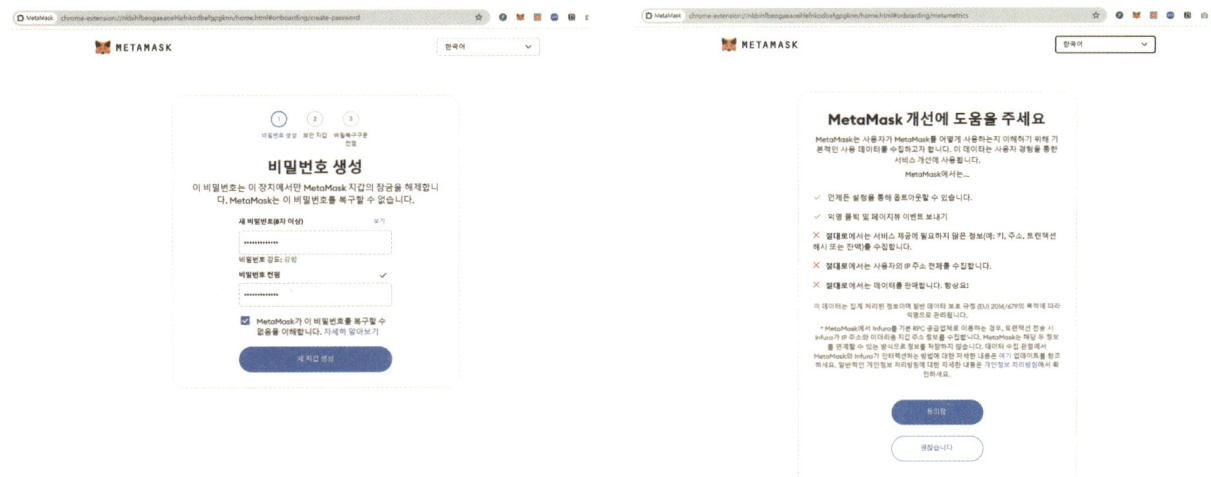

보이는 단추를 누르면 다음으로 넘어갑니다.

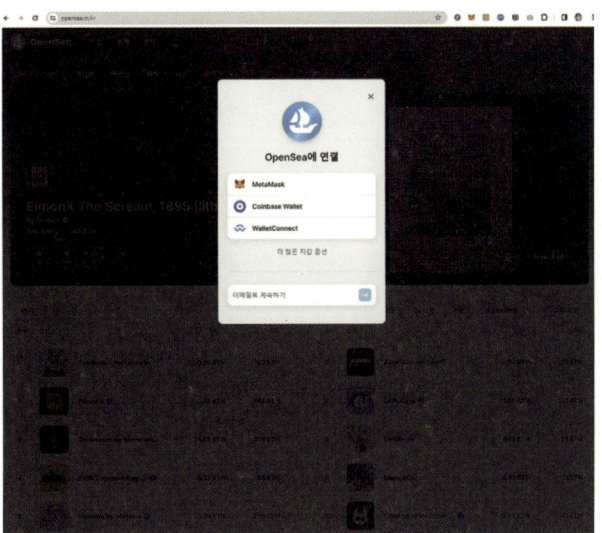

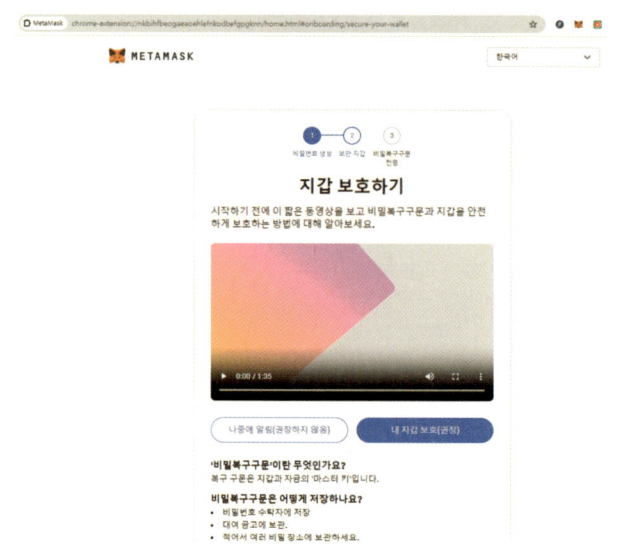

이 창에서 비밀번호를 생성하고 나서 비밀번호를 잊지 않도록 잘 보관하는 것이 중요합니다. 다음에 다시 접속할 때 비밀번호를 잊었다고 해서 네이버나 구글처럼 비밀번호찾기를 할 수 없기 때문입니다. 전자지갑 비밀번호는 한번 잊어버리면 영원히 찾을 수 없습니다.

실제로 비밀번호 적어둔 종이를 잃어버려 비트코인을 7000개 넘게 보유하고 있는데 현금화하지 못하는 사람도 있습니다. 암호화폐 영상을 제작해 준 대가로 1비트코인이 2~6달러할 때 7002개를 받은 토마스라는 미국 사람이 있는데, 그는 비트코인을 전자지갑에 넣어두고선 그대로 잊고 있었다고 해요. 그랬다가 1비트코인이 우리 돈 4000만원으로 올랐을 때 찾으려 했지만 비밀번호를 잊고 적어둔 종이도 분실해 지금까지도 찾지 못하고 있다고 합니다.

토마스라는 프로그래머처럼 이렇게 비밀번호를 잃어버려 현금화하지 못하는 비트코인이 1850만 개 중 약 20%인 370만 개나 된다고 합니다. 그러니 지갑을 만들어 매매할 때는 꼭 비밀번호를 잘 보관하시길 바랍니다.
클릭을 누르면 비밀복구 구문을 기록하라는 메시지가 나옵니다. 공개를 누르시면 12개의 단어가 나옵니다. 이 단어를 복사해 보관하시면 됩니다.

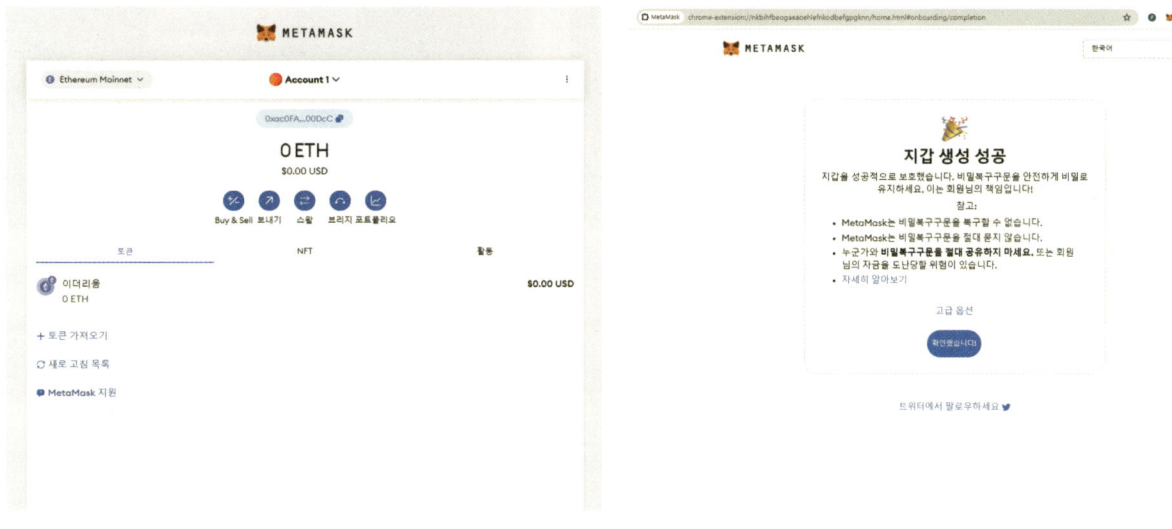

지갑 생성 성공 메시지가 나오고 완료를 누르면 메타마스크 설치가 완료되었다는 메시지가 나옵니다. 우측 상단에 동물 모양의 아이콘이 나옵니다. 다음부터 접속할 때는 이 아이콘을 누르면 메타마스크에 접속할 수 있습니다.

▶ 메타마스크 설치 완료 화면

메타마스크에 접속해 로그인한 상태에서

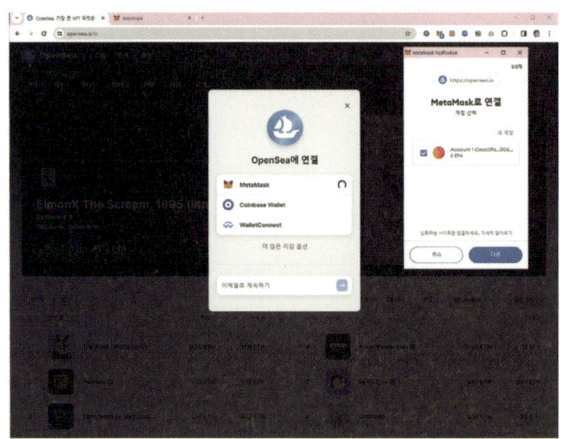
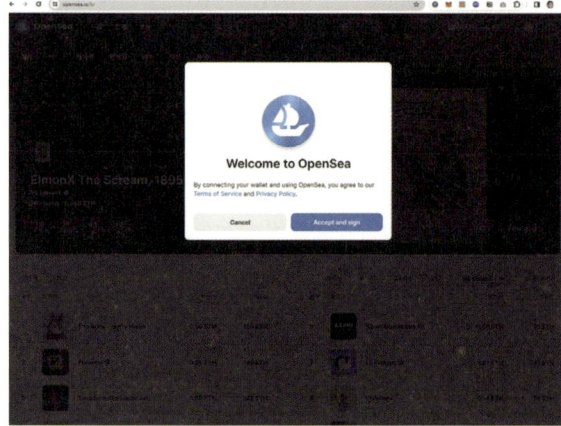
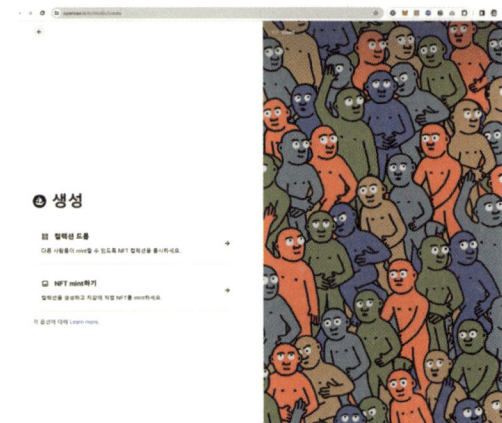

https://opensea.io/kr 사이트에 들어가 로그인을 하면 메타마스크가 가장 먼저 뜹니다. 더블클릭하면 메타마스크에 연결됩니다.

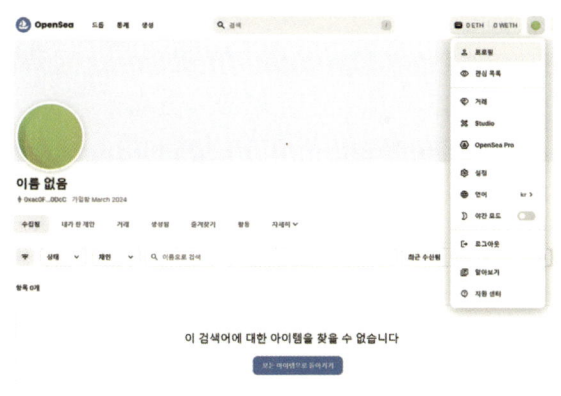
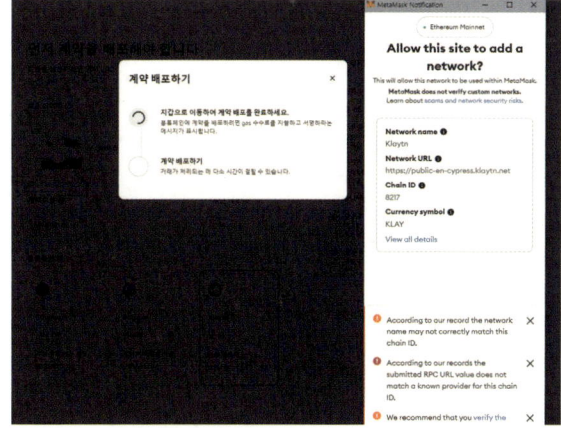

이더리움 기반 블록체인 네트워크에서 민팅을 하면 50달러의 수수료가 들고 클레이튼(카카오 계열) 기반 블록체인 네트워크에서 민팅을 하는 것은 0.01달러의 수수료가 듭니다. 클레이튼을 클릭하고 다음을 누르면 지갑으로 이동하여 계약을 체결합니다. 이때 당연히 지갑 거래에 사용할 수수료가 있어야 계약이 완료되어 배포가 이루어집니다.

▶ 민팅
민팅은 NFT 발행을 의미합니다.

이더리움 기반 블록체인 네트워크와 클레이튼 기반 블록체인 네트워크의 가장 큰 차이라면 이더리움 기반 블록체인에서 매매가 더 활발하게 이루어진다는 점입니다. 그렇지만 빠른 트랜잭션 처리 속도와 저렴한 가스 비용을 생각한다면 클레이튼을 선택하는 것도 좋습니다.

NFT가 4~5년 전에 비해 시들해진 게 사실입니다. 그렇다고 사람들에게 외면받고 있는 것은 아닙니다. 현재까지 가장 비싼 NFT 작품은 'The Merge'라는 이름으로, 디지털 아티스트 Pak이 만든 작품이에요. 이 작품은 무려 9000만 달러, 우리 돈 1000억원 넘는 돈에 팔렸어요! Pak은 이 작품으로 역사상 가장 비싼 작품을 판 생존 아티스트가 되었습니다. 다음으로 비싼 작품은 'Everydays: The First 5000 Days'로, 아티스트 Beeple, 즉 Mike Winkelmann이 만든 작품이에요. 이 작품은 69.300만 달러에 팔렸고, Christie's에서 경매됐어요.

최근 거래 동향을 보면, NFT 가격이 전에 비해 많이 하락했지만, 매매는 계속 이루어지고 신규 아티스트들이 늘어나는 추세입니다.

NFT는 여전히 많은 사람이 관심을 갖고 있고, 특히 희귀하거나 독특한 작품들은 여전히 높은 가격에 팔리고 있어요. 예를 들어 'CryptoPunk' 시리즈 중 하나인 'CryptoPunk #5822'는 23.700만 달러에 팔린 적이 있습니다. 이 시리즈는 디지털 아트의 선두 주자로, 희귀한 '외계인' 특성을 가진 작품들은 수집가들 사이에 높은 가격에 거래되고 있답니다.

인공지능을 활용해 그림을 그리고 NFT를 만들어 판매하고자 한다면, 그림 공부와 NFT에 대해 더 많은 공부하시길 권합니다.

잠깐 상식

NFT에 대해 좀 더 자세히 알아보겠습니다.

NFT란? NFT는 'Non-Fungible Token'의 약자로 '대체 불가능하다'는 뜻이죠. 다른 것으로 바꿀 수 없는 것이죠. NFT는 예술 작품, 음악, 게임 속 아이템 같은 디지털 아이템을 '특별하고 하나뿐인 것'으로 만들어 주는, 일종의 디지털 인증서라고 할 수 있습니다. 컴퓨터나 인터넷 세계에서 이것을 활용해 '이 그림은 이 사람 것이고, 다른 것과는 전혀 다르다'라고 증명해 주는 것이죠. 그래서 사람들은 이런 특별한 디지털 물건을 사고팔 수도 있습니다. 내가 산다고 해서 그 그림을 나만 사용할 수 있다는 뜻은 아닙니다.

중요한 건, NFT가 그림이나 음악 자체가 아니라 그냥 그 디지털 작품이 '특별하다'는 걸 증명해 주는 인증서입니다. 그래서 누군가 NFT를 사면, 그건 그들이 그 디지털 작품의 '특별한 소유권'을 가진다는 의미입니다.

NFT가 기업과 일반인에게 어떤 도움이 될까요?

NFT로 기업은 돈을 벌거나, 브랜드를 알리거나, 새로운 고객을 찾는 데 도움이 될 수 있고, 일반인은 새로운 취미나 투자 기회, 또는 창작을 통한 수익을 창출할 수 있습니다. 예를 들어, 아티스트나 회사는 디지털 예술 작품이나 음악을 NFT로 만들어 팔 수 있습니다. 이렇게 하면 새로운 수익원이 생기겠죠. 또 특별한 NFT를 만들어, 브랜드의 독창성과 현대적인 이미지로 브랜드 가치를 향상시킬 수 있습니다. 기업은 특별한 이벤트에 초대하거나, 한정판 상품에 접근할 수 있는 권한을 NFT로 줄 수 있어 고객과 소통할 수 있는 새로운 통로를 만들 수 있습니다.

일반인의 관점에서 NFT는 투자의 수단이 되기도 하고 좋아하는 작가의 작품을 우표 모으듯 모을 수도 있습니다. 또한 인공지능을 활용해 자신만의 독특한 그림을 생성해 NFT로 만들어 오픈씨 등에 올려 수익화할 수 있습니다.

4장 인형, 포스트잇, 메모지 등 다양한 상품으로 확장하기

1. 굿즈 제작 사이트, 마플샵 https://marpple.shop/kr

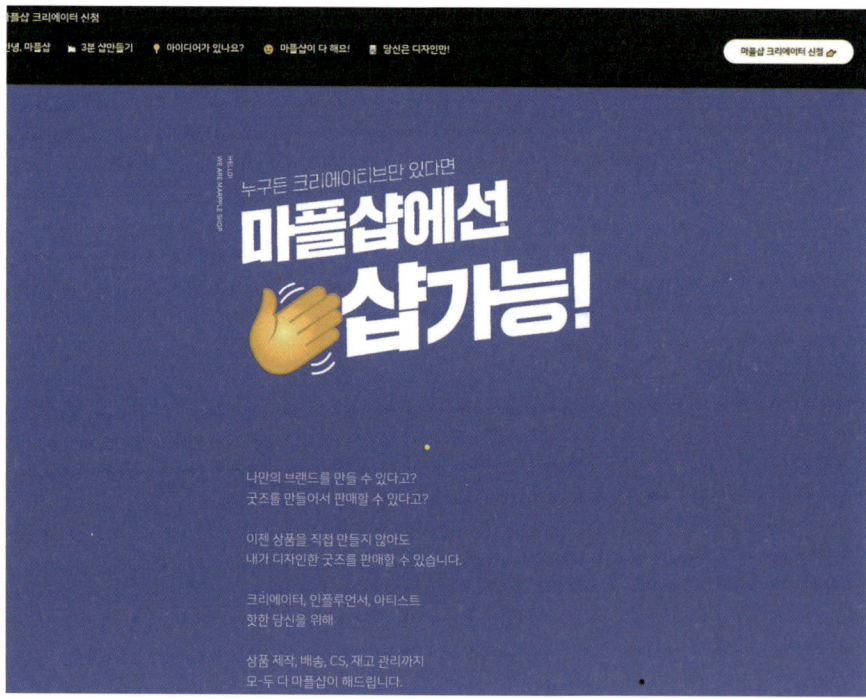

마플샵 작가는 만 14세 이상이면 누구나 신청 가능해요. 물론 개인이든 기업이든 상관없고요. 단 본인이 창작하거나 저작권을 보유하고 있는 콘텐츠만 판매 가능해요. 우리가 인공지능을 활용해 그림을 그릴 때 유료 사이트에서 그림을 그려야 판매 가능해요. 미드저니나 chat GPT에서 생성한 이미지는 프롬프트를 작성한 사람에게 권리가 있다고 합니다.

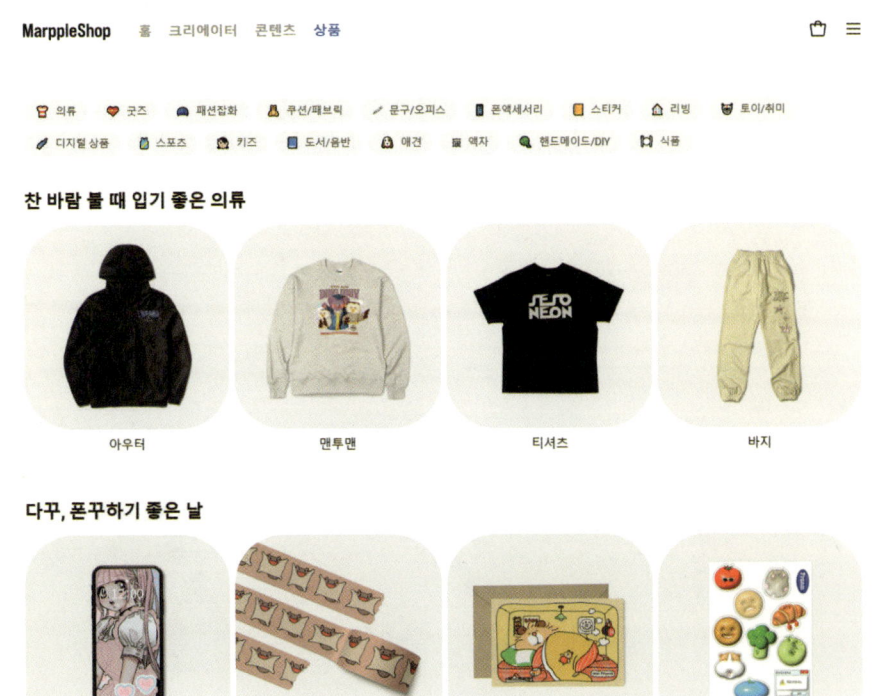

2. 국내 최대 작가 사이트 아이디어스 https://www.idus.com/

나의 콘텐츠로 상품을 만들어 판매할 수 있는 플랫폼입니다. 작가로 등록한 후 머그컵, 쿠션, 의류 등 다양한 상품에 내가 생성한 이미지를 활용해 판매하면 됩니다. 내 이미지만 등록해 놓고 제품을 선택하면 아이디어스에서 제품에 이미지를 프린트해 판매합니다.

우선 작가로 등록하기 위해선 브랜드명, 운영 중인 사이트, 운영 중인 SNS를 필수로 기입해야 하며 포트폴리오를 업로드해야 합니다. 크리에이터로 선정되면 연락할 이메일, 휴대전화 번호를 기입하고 마지막으로 본인이나 브랜드를 200글자 이내로 소개하면 신청 후 2~5일이면 답변이 옵니다.

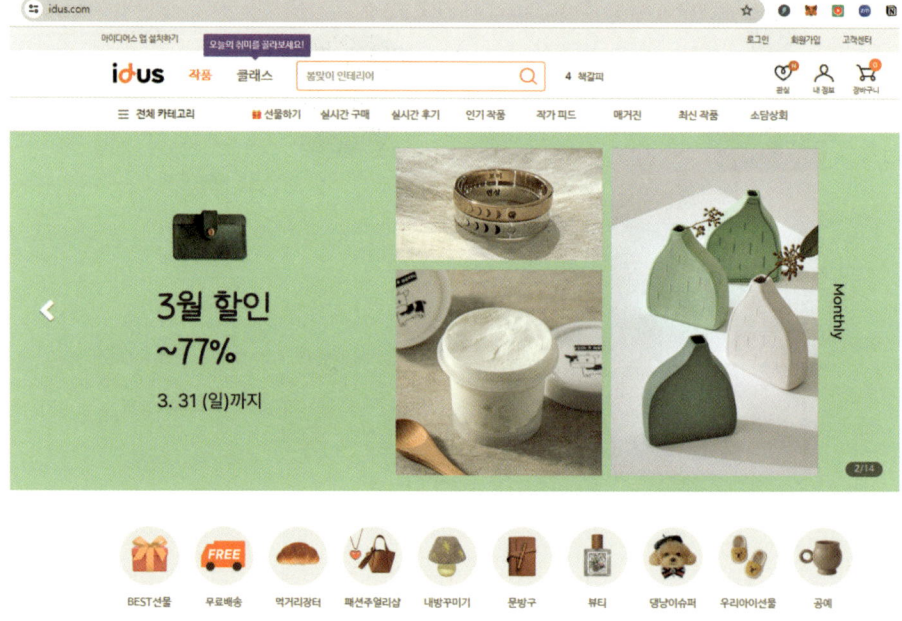

아이디어스(Idus)는 한국의 스타트업 백팩커(Backpackr Inc.)가 만든 온라인 핸드메이드 제품 마켓플레이스인데요. 2014년에 출시되어 국내에서 가장 큰 핸드메이드 제품 온라인 플랫폼으로 성장했습니다.

인쇄용 제품은 물론, 다양한 종류의 핸드메이드 제품을 판매하고 있어요. 여기에는 액세서리, 가죽 제품, 세라믹, 천연 화장품, 비누, 수제 음식 등이 포함되어 있죠. 아이디어스는 1600만 명이 넘는 월간 사용자와 8000명이 넘는 아티스트가 등록된 판매자로 활동하고 있어요. 그럼 작가로 등록해 내가 만든 그림, 캐릭터 상품을 기획하고 판매해 볼까요?

https://tally.so/r/n08D76 아이디어스 입점신청서 작성하기 우선 작가등록을 클릭하고 메일 정보를 입력합니다.

아이디어스에서 작가로 활동하는 사람이 많으니 작가로 등록하셔서 활동해 보시라는 안내에 따라 작가님의 작품에 대해 등록하면 됩니다. 작가로 승인을 받으면 우리가 가진 그림으로 가장 쉽게 할 수 있는 엽서를 다른 작가들은 어떻게 만들고 있는지 검색 후 영감을 얻어 등록을 합니다. 이 밖에도 내가 생성한 이미지로 노트, 액자 그림뿐 아니라 티셔츠의 앞판 그림, 머그컵 등 다양한 상품으로 판매 가능합니다.

5장 동화 창작으로 디지털 자산가 되기

지금까지 동화의 캐릭터나 배경을 활용해 티셔츠, 머그컵, 스티커, 포스터 등을 만들어 판매할 수 있는 사이트를 살펴보았습니다. NFT를 판매할 수 있는 사이트도 살펴보고 가입하는 방법을 알아보았습니다. 이때도 마찬가지로 동화 캐릭터와 스토리를 기반으로 한 독특한 NFT를 만드는 것이 중요합니다. NFT가 독특한 스토리나 배경을 가지고 있어야, 수집가들에게 매력적일 수 있겠죠.

지금은 어마어마하게 큰 금액으로 판매되는 고흐의 작품도 고흐 생전에는 단 한 작품 'The Red Vineyard'밖에 판매하지 못했다고 해요. 고흐 그림이 현재 그렇게 높은 가격을 받는 이유 중 하나가 바로 독특한 스토리와 배경이 알려졌기 때문입니다.

빈센트 반 고흐가 생을 마감한 후 그의 유일한 후원자이며 미술상이었던 동생 테오도 몇 달 후에 죽죠. 그가 죽고 테오의 아내가 그의 작품들을 상속받았는데, 테오의 아내는 고흐와 테오의 예술에 대한 열정과 괴로움을 적어서 교환했던 이들의 편지를 발견하고 이 편지들과 함께 그림을 전시해 대박을 터뜨리죠. 지금은 우리가 다 아는 그들의 예술에 대한 열정과 처절함, 형의 예술에 대한 동생의 믿음과 안타까움, 이런 독특한 스토리와 배경은 수집가들에게 매력적으로 다가왔고 너도 나도 그 매력을 사려고 했던 건 아닐까요?

현재까지 삶을 열심히 영위해 왔다면 이제 그간의 삶을 녹여 예술로 승화시키는 건 어떨까요? 글도 좋고, 그림도 좋고, 음악도 좋고 영상도 좋습니다.
앞에서 살펴본 것처럼 지금은 조금만 배우면 무엇이든 다 해볼 수 있으니까요!
그리고 인생 후반전에 프로 예술가로서 삶을 영위하고 싶다면 창작한 예술을 수익화하는 건 어떨는지요? 프로가 뭔가요, 그것을 업으로 하여 돈을 버는 사람을 프로라고 하잖아요.
그동안 사느라고 바빠서 못했던 책 읽기, 그림 보기, 음악 듣기, 영화 감상하기를 해보시고 그도 지겨울 즈음 직접 책도 써보고 그림도 그려 보고 음악도 작사·작곡해 보고 영상도 만들어 보시길 추천합니다.

동화 <풍차의 비밀>

Chapter 9. 그림 동화 소재 찾기

1장 동화작가가 들려주는 이야기 50
   1 엄마의 보물 상자_ 엄마에게 정말 소중한 것은 무엇일까요?
   2 엄마의 거실_ 사랑은 변하지 않는 걸까요?
   3 엄마의 부엌_이곳에는 어떤 이야기가 있을까요?
   4 엄마의 마음_희망이란 어떤 것일까요?
   5 엄마의 나들이_집밖에서 만난 사물에는 어떤 이야기가 있을까요?
   6 엄마의 문방구_엄마의 낡은 노트에 들어있는 진실은 무엇일까요?
   7 엄마의 숲_엄마의 마음은 무엇일까요?
   8 엄마의 동물원_엄마가 아기와 함께 하고 싶은 것은 어떤 것일까요?
   9 아빠의 동물원_아빠에게 아기는 어떤 존재일까요?
   10 아빠의 공간_멋진 아빠가 되는 비결은 무엇일까요?

2장 그림은 끝났지만 이야기는 계속된다

원하는 그림을 얼마든지 생성할 수 있게 된 지금, 그 어느 때보다도 스토리가 중요해지고 있습니다. 스토리의 소재는 내 주변의 내가 잘 아는 것에서부터 시작하는 것이 좋습니다. 이곳에 소개하는 50가지 그림 동화책이 여러분이 좋은 그림 동화책을 펴낼 수 있는 영감이 되길 기원합니다.

1장 동화작가가 들려주는 50가지 이야기

어느 분한테서 쪽지가 왔습니다.

"나는 중학교, 고등학교, 대학교 10년 동안 그림을 공부하고 있지만 아직도 작가가 되지 못하고 있는데 1년 동안 인공지능을 배우고 어떻게 당신들이 작가라고 할 수 있는가? 그림 동화를 너무 쉽게 생각하는 건 아닌가?"

한참 고민하다가 답장을 하지 않기로 했습니다. 그렇게 생각할 수도 있겠다는 생각이 들었습니다. 사실 저는 한 번도 동화를 가볍게 생각한 적은 없습니다. 10여 년 넘게 동화를 창작하면서 말이죠.

현재까지 100여 종의 동화를 쓰고 매해 동화를 출간하고 있지만 한 번도 동화를 쓰고 그릴 때 간단하게 생각한 적은 없습니다. 물론 전에는 동화를 쓰고 그림 작가분들과 작업을 해서 출간을 했죠. 그림 작가에 따라 조금씩 다르지만 작업을 빨리 하면 3개월, 천천히 작업하는 분은 1년 정도 그림을 그리셨어요. 글을 쓰고 그림을 기다리는 시간은 글 작가에게는 인고의 시간이지요. 게다가 그림이 내 의도대로 나오지 않으면 참으로 난감하기도 하죠. 그림책을 내면서 늘 내가 그림을 잘 그릴 수 있으면 얼마나 좋을까 생각했습니다.

그러다 인공지능으로 이미지를 생성할 수 있다는 것을 알게 되었죠. NFT 창작을 공부하던 분들과 함께 인공지능으로 그림을 그리는 작업을 시작했습니다. 2022년에 함께 작업한 작가분들의 책 9종이 2023년 5월에 출간되었습니다. 그리고 2023년 7월부터 함께 공부한 작가분들의 책이 2024

년 4월 이렇게 세상의 빛을 보게 되게 되었습니다. 원하는 그림을 얼마든지 생성할 수 있게 된 지금, 그 어느 때보다도 스토리가 중요해지고 있습니다. 스토리의 소재는 내 주변의 내가 잘 아는 것에서부터 시작하는 것이 좋습니다. 이곳에 소개하는 50가지 그림 동화책이 여러분이 좋은 그림 동화책을 펴낼 수 있는 영감이 되길 기원합니다.

1. 엄마의 보물 상자

엄마에게 정말 소중한 것은 무엇일까요?
엄마의 보물 상자에는 어떤 것이
들어 있을까요?

대나무의 비밀
소재 : 폭풍성장 / 키워드 : 끈기

색과 무늬의 비밀
소재 : 빛(해) / 키워드 : 색과 무늬

자동차 바퀴의 비밀
소재 : 앞뒤 바퀴 / 키워드 : 협력

케이크의 비밀
소재 : 달콤함 / 키워드 : 사랑

택배 상자의 비밀
소재 : 상자 안에는 / 키워드 : 사랑

대나무의 비밀

<대나무의 비밀>은 대나무의 성장 과정을 유쾌하게 그린 동화입니다. 산기슭에 사는 아기 대나무 죽순은 같은 동네에 사는 억새에게 작다고 날마다 놀림을 받아요. 하지만 죽순은 땅속으로 매일매일 뿌리를 키워요. 어느 날 갑자기 억새 옆에 커다란 나무가 나타나는데, 과연 이 나무는 누구일까요? 몇 년 동안 자라지 않았던 죽순이 어떻게 며칠 만에 억새의 몇 배나 자라게 되었을까요?
춘매추국 각유시(春梅秋菊 各有時)라는 말처럼 봄에는 매화가 꽃을 피우고, 가을에는 국화가 꽃을 피우듯 자신만의 꽃을 피우는 시기가 달라서는 아닐까요?

그림작가 이지연
ISBN 979-11-952655-2-7

색과 무늬의 비밀

색과 무늬는 어디서 왔을까요?

세상의 첫날, 동물들은 색과 무늬가 없어 서로를 부르는 데 어려움을 느낍니다. 나무나 꽃처럼 색과 무늬가 있었으면 좋겠다고 생각한 동물들은 해님에게 색과 무늬를 입혀 달라고 합니다. 해님은 동물들에게 색과 무늬를 하나씩 줍니다. 해님은 동물들에게 어떤 색과 무늬를 준 걸까요?

동물들은 저마다의 색과 무늬가 있습니다. 그 무늬와 색은 그냥 생긴 것이 아니라 자연과 그의 생존전략에 의해서 생긴 것이겠죠.

그림작가 선수아
ISBN 979-11-952655-3-4

자동차 바퀴의 비밀

세상 어떤 바퀴들보다 달리는 것을 즐기던 자동차 앞바퀴와 뒷바퀴는 어느 날 사소한 문제로 다툽니다. 앞바퀴만 쫓아다니던 뒷바퀴는 앞바퀴를 따라다니지 않고 자기가 가고 싶은 곳으로 가려고 했지만 잘 되지 않자 달리는 것을 아예 그만둡니다. 추운 겨울날 눈길을 달리게 된 자동차는 언덕에서 미끄러져 절벽으로 떨어질 위기에 처합니다. 앞바퀴와 뒷바퀴는 어떻게 되었을까요?

그림작가 한수민
ISBN 979-11-85847-05-4

케이크의 비밀

<케이크의 비밀>은 밀가루, 이스트, 설탕, 달걀흰자, 우유, 버터 그리고 생크림과 과일까지 케이크를 구성하고 있는 재료들이 재밌는 캐릭터가 되어 케이크가 만들어지는 상황을 보여줍니다. 서로 다른 모양을 하고 있고, 각각 다른 맛을 내지만 한데 모여 어우러지면 멋들어진 케이크가 됩니다. 예쁘고 먹음직스러운 케이크는 도대체 왜 만들어졌을까요? 하나의 케이크가 만들어지기 위해 이렇게 많은 재료가 힘을 합쳐야 의미 있는 존재가 된다는 것을 알게 됩니다.

그림작가 유한아
ISBN 979-11-952655-6-5

Chapter 9_그림 동화 소재 찾기 | 259

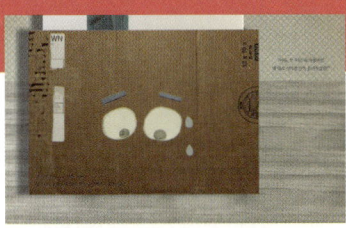

택배 상자의 비밀

<택배 상자의 비밀>은 각자 다른 곳에서 온 다섯 택배 상자의 이야기를 담고 있습니다. 크고 작은 상자들이 저마다 자신이 담고 있는 물건이 비싸다고 자랑합니다. 개중 노란 상자는 결국 우리가 담고 있는 건 모두 다 똑같다고 이야기하는데…. 도대체 다섯 택배 상자가 담아 온 것은 무엇일까요?
책을 끝까지 읽다 보면 겉모습이 모두 다르더라도 본질은 하나라는 것을 알 수 있습니다. 본질, 마음에 무엇을 안고 사는가가 겉모습보다 중요하지 않을까요?

그림작가 손정희
ISBN 979-11-952655-8-9

2. 엄마의 거실

사랑은
변하지 않는 걸까요?
혹 사랑을 잃었다면
다시
찾을 수는 있을까요?

블랙 다이아몬드의 비밀
소재 : 최고가 / 키워드 : 애정

유리구슬의 비밀
소재 : 도전 / 키워드 : 협력

청바지와 스커트의 비밀
소재 : 청춘 / 키워드 : 사랑

쿠션의 비밀
소재 : 푹신함 / 키워드 : 사랑

크리스마스트리의 비밀
소재 : 선물 / 키워드 : 더 큰 사랑

블랙 다이아몬드의 비밀

어느 날 화장대에 있던 블랙 다이아몬드가 없어졌어요. 돋보기 탐정이 블랙 다이아몬드 실종사건을 수사하러 왔어요. 돋보기 탐정은 엄마 손에게 블랙 다이아몬드에게 속상한 일이 있었냐고 물어요. 엄마 손은 그런 일은 없다고 해요. 그런데 화장품 친구들은 속상했을 수도 있다고 해요. 엄마 손이 블랙 다이아몬드를 소중하게 다루지 않았기 때문에 말이죠.

콧수염 돋보기도 마스카라도 제자리로 돌아간 밤. 화장대 친구들이 모두 잠들었어요. 달빛이 포근히 화장대를 감싸자 티슈 박스 뒤에서 환한 빛이 퍼져 나왔어요. 과연 누구일까요? 처음부터 거기 있었던 것은 블랙 다이아몬드 아닐까요, 아니면 나갔다가 돌아온 블랙 다이아몬드일까요?

그림작가 김현정
ISBN 979-11-85847-33-7

유리구슬의 비밀

할 수 있다고 믿는 한 못하는 것이 없다고 생각하는 유리구슬이 여행을 떠났어요. 그런데 얼마 가지 않아 위험에 빠졌어요. 여러 사물 친구들은 유리구슬을 구할 수 있는 방법을 찾아요. 과연 유리구슬은 이 위험에서 탈출할 수 있을까요? <유리구슬의 비밀>은 일상 속 친근한 사물들이 싸우고 화해하고, 협동하는 모습을 보며 아이들은 상대방에 대한 배려와 협동심에 대해 생각하는 계기가 될 거라고 믿어요. 또 실제 생활에서 할 수 있다는 것에 집중했을 때 자신들이 엄청난 일도 해낼 수 있다는 것을 알게 될 거예요.

그림작가 권호선
ISBN 979-11-952655-5-8

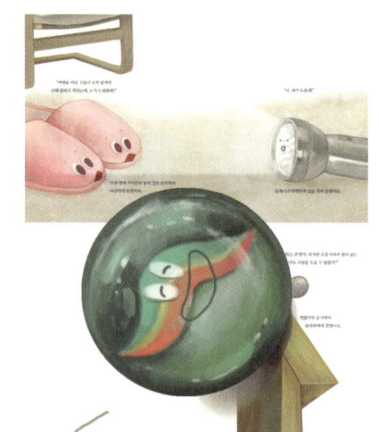

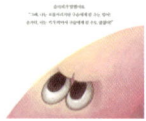

청바지와 스커트의 비밀

옷장 안에 있던 잘 다려진 양복바지가 청바지에게 물었어요. 얼마나 오랫동안 걸려 있었기에 이렇게 퀴퀴한 냄새가 나느냐고요?
청바지는 10년도 더 된 것 같다고 해요. 그런데 청바지는 양복바지보다 훨씬 작았어요. 주인이 같은데 말이죠. 그때 하얀 스커트가 청바지에게 인사를 했어요. 옷장 안의 모든 옷들이 스커트와 청바지가 어떻게 아는지 궁금해하자 스커트는 청바지를 만났을 때 이야기를 해주었어요. 청바지와 스커트의 비밀스러운 데이트에 관해서 말이죠. 그리고 그 데이트가 있고 나서 10년이 흐른 지금, 옷장 안에는 청바지와 하얀 스커트가 만들어 놓은 세상에 둘도 없는 보석이 있어요. 이 보석은 과연 무엇일까요?

그림작가 이윤영
ISBN 979-11-85847-04-7

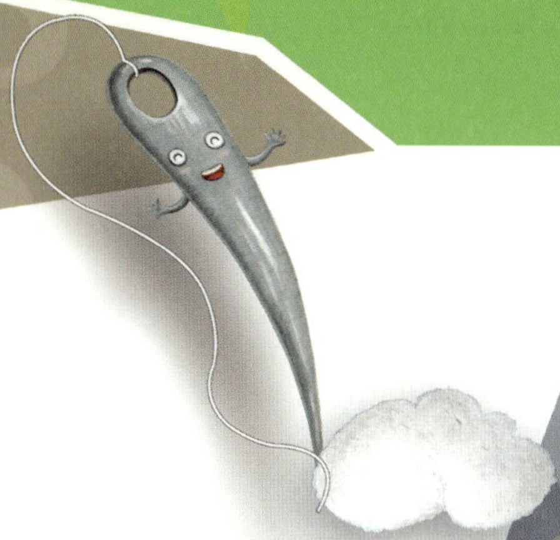

쿠션의 비밀

하늘나라에서 목소리가 묻습니다. 너는 누구냐고, 쿠션은 대답합니다. 쿠션이라고요.

그러나 목소리가 진정 듣고 싶은 것은 쿠션의 이름이 아니었습니다. 쿠션이 사랑한 것은 무엇이었는지, 누구로부터 사랑받았는지, 사랑하는 이들을 위해서 무엇을 했는지를 물었습니다. 목소리는 왜 그런 것을 물었을까요?

쿠션은 살아 있을 때 누구보다도 자신을 사랑해주었던 바늘을 생각하며 다시 태어나도 쿠션으로 태어나고 싶다고 합니다. 쿠션처럼 사랑받고 쿠션처럼 사랑하는 이들을 위해서 살았다면 하늘나라에 가서도 정말 행복하지 않을까요?

그림작가 김지형
ISBN 979-11-85847-39-9

크리스마스트리의 비밀

선물을 받았을 때보다 선물을 주고 나서 더 큰 행복을 경험하는 크리스마스트리. <크리스마스트리의 비밀>은 항상 선물을 받기만 한 크리스마스트리가 어느 날 자신이 받은 선물을 들고 세상으로 나가 형편이 어려운 아이들에게 선물을 주고 오는 이야기입니다. 선물을 받았을 때보다 더 큰 행복을 경험하는 크리스마스트리. 그리고 자신의 장식과 선물을 모두 나눠준 크리스마스트리를 바라보는 산타할아버지는 세상의 어떤 크리스마스트리보다 선물을 나눠준 크리스마스트리가 더 크리스마스트리답다고 생각합니다.

그림작가 신혜인
ISBN 979-11-85847-18-4

3. 엄마의 부엌

가족을 위해
엄마가 머무는 곳.
이곳에는
어떤 이야기가 있을까요?

냉장고의 비밀
소재 : 신선보관 / 키워드 : 고집

반코팅 장갑의 비밀
소재 : 작업용 장갑 / 키워드 : 꿈

아기 밥그릇의 비밀
소재 : 외부모 / 키워드 : 이혼

은수저의 비밀
소재 : 귀금속 / 키워드 : 시련

주방 가위의 비밀
소재 : 주방 도구 / 키워드 : 직업

냉장고의 비밀

<냉장고의 비밀>은 흰색 냉장고가 가전 제품 수리점에 오면서 시작됩니다. 낡거나 고장 난 제품이 오는 수리점에 자신이 와 있는 이유를 흰색 냉장고는 알지 못합니다. 냉기가 심하게 나와 수리점에 왔다고 하는데, 냉장고에서 냉기가 많이 나는 게 고쳐야 할 일이라는 것을 냉장고는 이해하지 못합니다. 냉장고는 냉기를 많이 내뿜는 것이야말로 진정한 냉장고라고 생각합니다. 정말 좋은 냉장고는 어떤 냉장고일까요?

그림작가 신혜인
ISBN 979-11-85847-11-5

반코팅 장갑의 비밀

늘 악기들을 고치는 반코팅 장갑에게는 꿈이 있어요. 오케스트라의 지휘자가 되는 거예요. 고장 나서 수리하러 온 악기 친구들은 그런 반코팅 장갑의 모습을 보고 놀려요. 반코팅 장갑의 친구인 나무망치는 반코팅 장갑의 꿈을 가장 잘 알고 있는 친구예요. 반코팅 장갑이 걱정이 되었지만 둘은 커다란 문을 만들기 시작해요. 벌써 몇 년째 만들고 있는 문이에요. 문의 이름은 내일로 가는 문.

반코팅 장갑이 내일로 가는 문을 열면 악기들이 최고로 아름다운 소리를 내는 웅장하고 아름다운 콘서트가 펼쳐질지도 몰라요. 정말 그럴까요? 궁금하네요.

그림작가 여창호
ISBN 979-11-85847-32-0

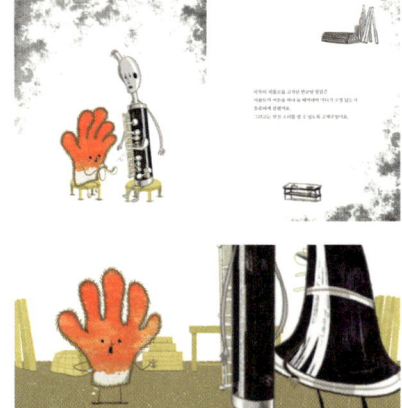

아기 밥그릇의 비밀

<아기 밥그릇의 비밀>은 어느 날 아빠 밥그릇과 헤어진 아기 밥그릇 가족의 이야기입니다. 한 부모 가정이 많아진 시대, 기존 가족 공동체가 해체되는 아픔을 느낄 틈도 없이 새로운 공동체에 적응을 해가야 하는 요즘 아이들에게 "그것은 너희들의 잘못이 아니야"라고 말하는 듯합니다. 하기 껄끄러울 수도 있는 이야기를 '아기 밥그릇'이라는 사물의 목소리로 전하고 있습니다.

그림작가   박기연
ISBN   979-11-952655-0-3

은수저의 비밀

<은수저의 비밀>은 아름다웠던 은수저가 어느날 젓가락 형제가 던진 달걀(황)을 뒤집어 써 검게 변하면서 이야기가 시작됩니다. 은색에서 갑자기 거무튀튀한 색으로 변하자 은수저는 슬픈 나날을 보냅니다.

젓가락 형제를 미워하며 복수를 하기위해 살지만 그러면 그럴수록 점점 더 몸과 마음은 황폐해집니다. 모든 것을 포기하고 울다 잠이 든 은수저에게 소금이 실수로 식초를 쏟습니다. 은수저는 다시 예전의 깨끗한 모습으로 돌아갈 수 있을까요?

그림작가   김경미
ISBN   979-11-85847-15-3

주방 가위의 비밀

<주방 가위의 비밀>은 잘 자르기 위해 뜨거운 용광로와 강하게 내리치는 망치, 몸이 터져라 누르는 프레스의 압력을 참았던 주방 가위의 이야기입니다. 공장에서 마트, 마트에서 가정집으로 온 주방 가위는 처음 만난 사물(친구)들이 모두 가위가 필요 없다고 말하는 바람에 실망이 큽니다. 다시 자신을 필요로 하는 곳을 찾아 찬장 아래로 내려갔는데 그곳에서는 여기저기서 가위를 찾는 소리에 즐거움이 한가득 신나게 친구들에게 갑니다.

그림작가 이지연
ISBN 979-11-85847-10-8

4. 엄마의 마음

엄마가 생각하는
희망이란 어떤 것일까요?
그리고 엄마와 아이가
찾은 희망은 무엇일까요?

숫자 2의 비밀
소재 : 두 번째 / 키워드 : 속마음

얼굴의 비밀
소재 : 눈, 코, 입, 귀 / 키워드 : 같음

전기의 비밀
소재 : 문명의 혈액 / 키워드 : 선택

전기 + - 의 비밀
소재 : 전기 / 키워드 : 분리

희망의 비밀
소재 : 희망 / 키워드 : 차이

숫자 2의 비밀

숫자 1과 숫자 2가 여행을 하며 여러 가지 상황에 맞닥뜨립니다. 매 순간마다 불평을 하는 자신에 비해 모든 사물에 감사하는 숫자 2의 모습을 보며 숫자 1은 숫자 2에게 어떡하면 감사하는 마음을 가질 수 있는지를 묻습니다.
숫자 2는 그 방법을 알려줍니다. 숫자 2가 말하는 비결은 무엇일까요?

그림작가 한지혜
ISBN 979-11-85847-01-6

얼굴의 비밀

우리는 정말 연결되어 있는 걸까요? 나는 나이면서 동시에 너이기 한 걸까요? 『얼굴의 비밀』은 감기에 걸려 신경질이 부쩍 많아진 코가 불평을 하면서 시작되는 이야기입니다. 콧물이 흐르고 냄새를 잘 맡지 못해 신경질을 부리는 코는 눈이 부럽기만 합니다. 아름다운 색깔을 볼 수 있고 맛있는 음식을 실컷 볼 수 있으니 말이죠. 그런데 눈은 코가 부럽다고 합니다. 그런데 입이 이상한 소리를 합니다. 음식을 먹을 때 눈이 예쁘다고 하고 코는 향기가 좋다고 하고, 귀가 소리가 좋다고 말해 줘야 음식의 맛을 느낀다고 말이에요. 눈, 코, 입, 귀는 어렴풋하게 서로 연결되어 있는 것 같다고 느낍니다. 그때 거울에서 나타난 얼굴이 말합니다. 눈, 코, 입, 귀는 모두 연결되어 있다고. 게다가 눈, 코, 입, 귀를 이루는 얼굴도 몸의 일부라고 합니다. 우리는 정말 연결되어 있는 걸까요?

그림작가 위싱스타
ISBN 979-11-952655-9-6

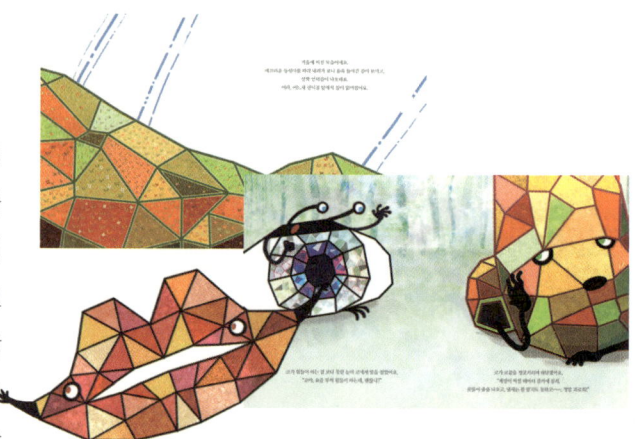

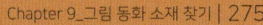

전기의 비밀

한 번쯤 자신의 한계라고 느낀 적이 있나요? 전기의 비밀은 자신의 한계에 부딪친 전기의 이야기입니다. 하루 종일 푹푹 찌는 더위를 식히려고 돌아다녔던 전기는 몸이 으슬으슬 아픕니다. 그 누군가의 품에 안겨 쉬고 싶다는 생각을 하죠. 그때 불꽃이 나타나 이야기합니다. 그만 쉬라고. 충분히 할 수 있는 데까지 다 했다고 말입니다. 전기는 정말 그럴지도 모른다고 생각합니다. 그러다 전기는 다시 한 번 생각합니다. 할 수 없다고 느낀 것을 해냈을 때는 어떤 기분일지 궁금합니다. 그리고 다음 날 아침 평소와 다름없이 전기는 힘차게 냉장고를 돌립니다.

살면서 자신의 한계를 느끼기는 쉽지 않습니다. 최선을 다하고 나서야 느낄 수 있는 경지니까요. 그런데 최선을 다하고 나서도 자신의 한계를 절감했을 땐 어떻게 해야 할까요? 전기는 그 한계를 벽이라고 생각하지 않는 것 같습니다.

그림작가 강빈
ISBN 979-11-85847-34-4

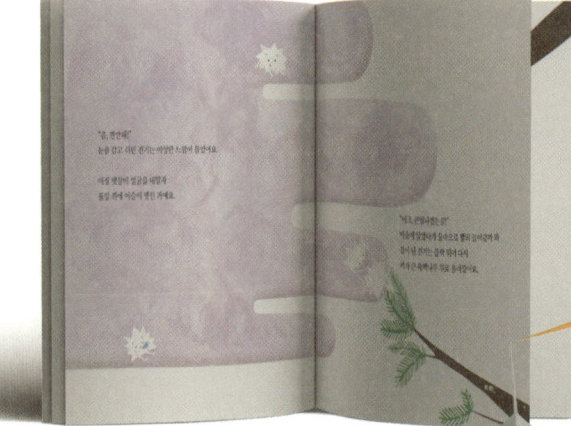

전기 + -의 비밀

갈라지면서 지그재그 빛을 뿜으며 내려오던 [+]와 [-]전기는 뾰족한 침이 나와 있는 빌딩으로 쏟아져 들어갔어요. 거기서 형광등을 만났지만 바로 빌딩을 빠져나와 땅 밑으로 흘러간 전기들은 다시 예쁜 장미꽃이 피어 있는 집으로 들어갔어요.

그곳에서 만난 예쁘고 귀여운 여자아이 손. 그런데 그 손에 그만 실수를 하고 말았어요. [+]와 [-]는 미안한 마음에 여자 아이 손에게 재미있는 전기 놀이를 알려줘요. 과연 무슨 놀이를 알려주었을까요?

그림작가 임지애
ISBN 979-11-85847-28-3

희망의 비밀

진정 살아 있다는 것은 무엇일까요? 희망이 있는 삶이 아닐까요?
<희망의 비밀>은 희망을 갖지 않은 사람은 아직 완전하지 않은 사람이라고 얘기합니다. 희망을 가질 때 비로소 완전한 사람으로 거듭난다고 합니다.
그럼 희망은 몇 개나 될까요? 하늘의 별만큼이나 많을지도 모릅니다. 개나리가 가진 희망, 병아리가 가진 희망은 노란별이, 장미가 가진 희망은 빨간별이, 푸른 바다가 가진 희망은 파란별이 품고 있을 거예요. 심장이 뛰어야 살아 있다고 하지만 꿈과 희망이 없는 삶이 진정한 삶이라고 할 수 있을까요? 진정한 삶은 희망이 있는 삶이 아닐까요? 설혹 희망이 보이지 않는 날이 오더라도 실망하지 마세요. 그럴 땐 밤하늘을 올려다보세요. 반짝이는 별은 모두 희망을 갖고 있대요. 당신을 위한 희망이 저 많은 별들 사이에 있을 거예요.

그림작가 선수아
ISBN 979-11-85847-19-1

5. 엄마의 나들이

집밖에서 만난 사물들에는 어떤 이야기가 있을까요?

빨간 신호등의 비밀
소재 : 공공예절 / 키워드 : 약속

수영장 꽃무늬 투명 튜브의 비밀
소재 : 바람주머니 / 키워드 : 두려움

시간을 파는 자판기의 비밀
소재 : 도전=땀방울 / 키워드 : 시간

야구장 빗자루의 비밀
소재 : 방망이 / 키워드 : 도전

풍차 날개의 비밀
소재 : 그루터기 / 키워드 : 기회

Chapter 9_그림 동화 소재 찾기 | 279

빨간 신호등의 비밀

도로의 신호등 앞에 서 있으면 차가 어찌나 빨리 달리는지 무섭습니다. 그래도 안심이 되는 건 자동차가 인도로 달려오지는 않을 거라는 거죠. 또 도로의 신호등이 빨간 불로 바뀌면 모든 차가 멈추고 사람들이 지나갈 수 있도록 기다린다는 사실이지요. 이처럼 신호등은 차와 사람들이 서로 멈출 때와 갈 때를 알려줍니다. 우리가 미리 약속을 했기 때문이지요. 그런데 오늘 아침 어린이집 사거리에 있는 신호등과 건널목이 이 약속을 어기려고 해요. 무슨 일 때문에 그럴까요? 그리고 신호등과 건널목이 약속을 어겼을 때 어떤 일이 일어났을까요?

그림작가 이정선
ISBN 979-11-85847-37-5

수영장 꽃무늬 투명튜브의 비밀

상처를 입었을 땐 어떤 마음 가짐을 가져야 할까요? 수영을 좋아하는 꽃무늬 투명 튜브는 어느 날 수영장에서 놀다가 무언가에 찔린 것 같은 느낌을 받습니다. 그래도 씩씩하게 놀던 꽃무늬 투명 튜브는 몸이 가라앉고 있다는 것을 느낍니다. 허리에 난 상처를 통해 물이 들어온 것을 본 순간 꽃무늬 투명 튜브는 당황해서 허우적거립니다.

다행히 물안경과 오리발이 꽃무늬 투명 튜브를 구했습니다. 그리고 병원에서 치료를 잘 받았지만 꽃무늬 투명 튜브는 그날 이후 더 이상 수영장에 들어가지 않게 되었어요. 이런 모습을 안타깝게 생각한 친구들이 수영장에 들어오라고 말했지만 꽃무늬 투명 튜브는 들어가지 않았어요. 그러던 어느 날 풍덩하고 꽃무늬 투명 튜브가 수영장에 들어왔어요. 꽃무늬 투명 튜브는 어떻게 다시 수영장에 들어갈 수 있게 되었을까요?

그림작가   김혜린
ISBN   979-11-85847-23-8

시간을 파는 자판기의 비밀

코끝이 예쁜 분홍 토슈즈는 60개의 땀방울을 내고 60초를 사서 높이 뛰기 연습을 했어요. 1초만 더 공중에 머물고 싶었던 분홍 토슈즈는 시간을 파는 자판기에게 1초를 달라고 하는데, 자판기는 3만6천 개의 땀방울이 필요하다고 해요. 1초를 더 머무는 데 왜 3만6천 개의 땀방울이 필요한지 토슈즈는 궁금하기만 합니다. 공중에서 1초를 더 머물기위해 분홍 토슈즈는 얼마나 많은 땀방울을 내야 할까요?

그림작가 이형은
ISBN 979-11-85847-09-2

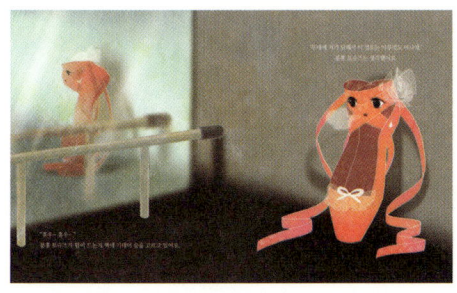  

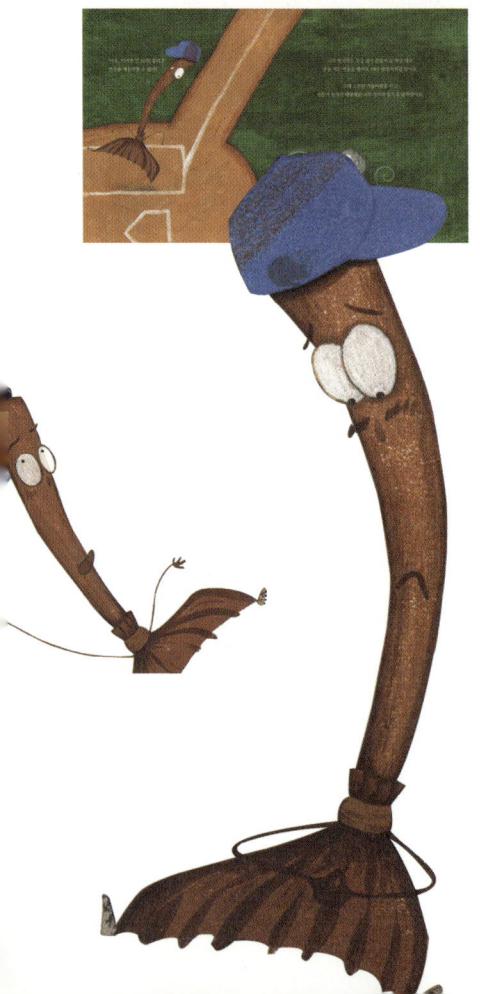

야구장 빗자루의 비밀

야구장의 한 귀퉁이를 청소하는 야구장 빗자루가 야구 경기가 끝나고 나서 야구장 더그아웃(벤치)에서 청소하러 나옵니다. 야구장 빗자루는 나무 방망이가 되어 외야석 너머로 홈런을 치고 싶어 했습니다. 마침 스산한 가을바람을 타고 신문지 뭉치가 데굴데굴 나무 빗자루 앞으로 옵니다. 빗자루는 신문지 뭉치를 야구공삼아 치는 연습을 합니다. 처음엔 바로 앞에 톡 떨어지는 신문지 뭉치. 하지만 연습을 거듭할수록 신문지 뭉치는 앞으로 나아갔어요. 어느새 1루까지도 칠 수 있게 되었지요. 신문지 뭉치는 그것만으로도 충분하다고 합니다. 그러나 빗자루가 원하는 것은 홈런. 충분한 것으론 부족하다고 합니다. 신문지 뭉치와 야구장 빗자루는 홈런을 만들 수 있을까요?

그림작가   송이정
ISBN   979-11-85847-25-2

풍차 날개의 비밀

앞이 보이지 않는 빽빽한 숲속에 살던 그루터기는 큰 꿈을 갖고 삽니다. 언젠가 넓은 세상에 나가 맘껏 자유를 누릴 것이라고. 지금 당장은 땅속 깊숙이 뿌리가 박혀 있어 나가지 못하지만 이것은 단지 '잠깐 움직이지 못하는 것'이라고 생각합니다. <풍차 날개의 비밀>은 앞이 보이지 않는 날이 계속되어도 큰 꿈을 꾸고 산다면 어느 순간 꿈을 실현할 수 있는 기회가 찾아올 것이라고 말합니다. 남들보다 못났다고 미리 자신을 단정 짓지 말라고 합니다. 꿈을 실현할 수 없는 이유나 변명 따위는 아예 생각하지도 말라고 합니다. 세상에는 못났다고 생각하던 그것 때문에 자신이 빛을 발할 수 있는 곳이 반드시 있다고 말이죠.

그림작가 장현진
ISBN 979-11-85847-20-7

6. 엄마의 문방구

엄마가 노트에 쓰려고 한 것은 무엇일까요?
엄마의 낡은 노트에 들어 있는 진실은 무엇일까요?

낡은 노트의 비밀
소재 : 화려한 표지 / 키워드 : 내용

막대자석의 비밀
소재 : 적성 / 키워드 : 능력

종이 에이포의 비밀
소재 : 낙서 종이 / 키워드 : 비상

칭찬 스티커의 비밀
소재 : 보상 / 키워드 : 만족

크레파스의 비밀
소재 : 색칠 / 키워드 : 확신

낡은 노트의 비밀

피아노 소리가 멈추자 커튼을 젖히며 검정노트가 무대 중앙으로 걸어 나왔어요. 객석에서는 큰 박수가 쏟아졌어요.
무대 조명에 비치는 검정노트는 표지가 닳고 등이 찢어져 있었어요. 그런데 낡은 모습이 더 멋져 보였어요. 젊었을 때는 멋진 표지에만 신경을 썼다는 노트는 어느 순간 글을 적어야 진짜 노트가 될 수 있다는 것을 깨달았다고 해요. 검정노트는 멋진 글이 가득한 노트가 될 수 있었던 비밀을 공개하는데….

그림작가　박기연
ISBN　979-11-85847-06-1

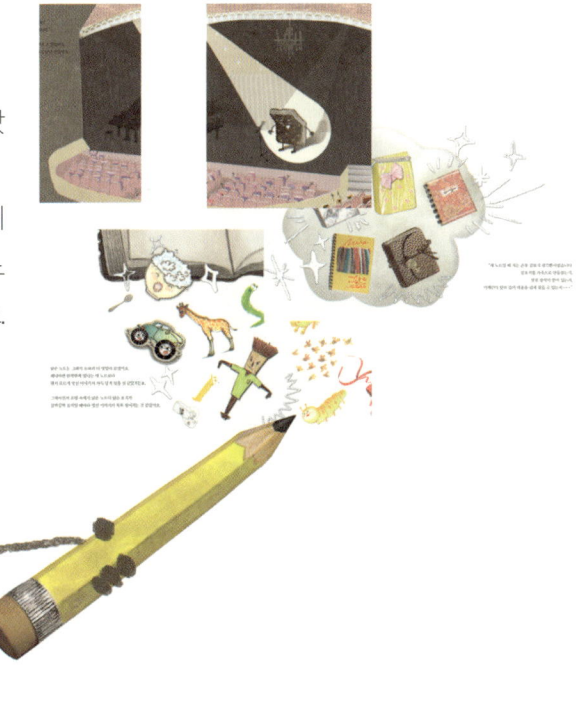

막대자석의 비밀

마법처럼 누군가에 붙을 수 있는 능력을 가진 자석에 관한 이야기입니다.

책상에 있던 막대자석이 떨어지면서 꼬마 막대자석으로 부서졌어요. 꼬마 막대자석들은 다시 뭉치려고 했는데 어찌된 일인지 서로 밀치기만 해요.

부서진 막대자석들은 모두 깜짝 놀라죠. 이제 더 이상 자신들이 자석이 아닌 줄 알고요. 그런데 가위와 화이트보드를 통해 자신들은 여전히 자석이고 세상에 쓸모가 많다는 것을 알고 안심하죠. 그러고는 자석이 필요한 곳으로 갑니다. 꼬마 자석들은 어디로 갔을까요?

그림작가   송수혜
ISBN   979-11-85847-22-1

종이 에이포의 비밀

언제나 그러하듯 종이들이 바닥에 누워 글이나 그림을 몸에 새기고 있었지만 에이포 종이는 하늘을 날고 싶었어요. 지금은 느릿느릿한 달팽이가 그려진 몸이지만 말이죠. 바람이 에이포 종이를 꽃집 처마 밑으로 데려갔어요. 꽃집 처마 밑에 있던 골판지가 에이포를 놀렸어요. 하늘을 나는 일을 누구보다 열심히 연구한 에이포 종이는 처마 밑에서 골판지 종이의 핀잔을 들으며 비가 그치기를 기다렸어요. 비가 그치고 햇볕이 나자 에이포의 몸을 서서히 말렸어요. 물기가 완전히 없어지고 뻣뻣해진 에이포는 바람을 따라 몸을 띄웠어요. 그리고 하늘로 날아올랐죠. 잠시 하늘에서 중심을 잃고 이리 비틀, 저리 비틀거리기도 했지만 에이포는 원래부터 하늘을 날던 새처럼 높이 날아올랐어요. 신나게 말이죠.

그림작가   김지은
ISBN   979-11-85847-38-2

칭찬 스티커의 비밀

어린이집에 다니는 정아가 동물병원에서 강아지를 만났어요. 강아지를 키우고 싶었던 정아는 엄마에게 착한 일을 100번 해서 칭찬 스티커 100개를 모으면 그때 강아지를 키울 수 있게 해달라고 부탁을 합니다.
엄마의 허락을 받은 정아는 칭찬 스티커를 모으기 위해 그동안 아무렇게나 행동했던 지난날과는 다르게 착하고 바르게 행동합니다. 그리고 칭찬 스티커를 하나씩 모아갑니다. 정아는 칭찬 스티커를 다 모으고 강아지 다나를 키울 수 있을까요?

그림작가   박기연
ISBN   979-11-952655-0-3

크레파스의 비밀

다른 크레파스들은 매번 실수를 하는 검정 크레파스에게 핀잔을 주지만 검정 크레파스는 자신이 그린 그림을 실수라고 생각하지 않아요. 비뚤배뚤이라도 그림을 그리는 것이 좋다고 말해요. 그리고 이런 실수는 더 좋은 그림을 그리기 위한 연습이라고 말해요.
크레파스의 이야기를 보고 나면 아인슈타인이 했던 말을 떠오릅니다. "남은 생애의 소원은 두 가지가 있습니다. 하나는 남은 생애에 더 많은 실패를 할 수 있게 해달라는 것이고, 다른 하나는 제가 저지르는 실수가 헛되지 않도록 해달라는 것입니다." 아인슈타인은 실수를 두려워하지 않으면 적극적으로 살 수 있고, 적극적으로 살다 보면 더욱 현명해질 수 있다고 믿었다고 해요.

그림작가 한수민
ISBN 979-11-85847-05-4

7. 엄마의 숲

엄마의 마음은 무엇일까요?
엄마에게도 위로가 필요할까요?

뭉게구름의 비밀
소재 : 희고 검은 / 키워드 : 다름

숲의 비밀
소재 : 깊은 산속 / 키워드 : 인내

팬지꽃의 비밀
소재 : 낯선 꽃 / 키워드 : 어울리기

허수아비의 비밀
소재 : 지킴이 / 키워드 : 좌절

흔들바위의 비밀
소재 : 행동 / 키워드 : 즐기기

뭉게구름의 비밀

세상 모든 것에는 존재하는 이유가 있을지도 모릅니다. 100% 같은 사람이 있다면 굳이 두 사람일 필요가 있을까요?
<뭉게구름의 비밀>은 한 가지 소리가 아름다운 음악이 되지 못하고 한 가지 색이 찬란한 빛을 이루지 못하듯, 다른 것은 서로 인정하고 자기가 가진 것이 진정 소중하다는 내용입니다.
모난 것들, 보기 싫은 것들, 평소에 잘 보이지 않는 것들이 사라졌을 때 오는 불편함과 혼란을 이 이야기에서 잘 보여주고 있어요.

그림작가 신혜인
ISBN 979-11-952655-9-6

숲의 비밀

<숲의 비밀>은 보이지 않는 곳에서 묵묵히 자신의 일을 하는 사람을 숲에 빗댄 이야기입니다. 동물들과 달이 숲을 위로하지만, 숲의 고독은 쉽사리 사라지지 않습니다.
누구의 아들, 누구의 딸 또는 누구의 아내, 남편. 아이의 엄마 또는 아빠 등 하는 일이 많고 책임은 무겁지만, 의논할 상대를 찾지 못하는 어른들의 마음이 <숲의 비밀>에는 잘 표현되어 있습니다. 숲은 그 어려움을 어떻게 해결했을까요?

그림작가   권호선
ISBN   979-11-952655-7-2

팬지꽃의 비밀

늦은 봄 베란다 안. 히아신스를 비롯해 베란다의 모든 꽃들은 팬지꽃을 부러워합니다.
지난겨울 추울 때도 아무렇지도 않다는 듯 웃고 있던 팬지꽃은 게으름뱅이 물통이 물을 주지 않아도 언제나 아름다움을 잃지 않고 있죠. 히아신스는 팬지꽃이 부럽기만 합니다. 물통이 물을 주었을 때는 누구보다 꽃향기로 베란다를 가득 채웠지만 말이죠.
어느 순간부터 물통은 팬지꽃에게는 물을 주지 않았어요. 물을 주어도 주지 않아도 싫다 좋다 말하는 법이 없었거든요. 아무도 팬지꽃에게는 말을 걸지 않았어요. 그러자 팬지꽃 위로 먼지가 소복하게 쌓여갔어요. 먼지가 소복하게 쌓여도 팬지꽃은 아름다운 채 혼자 있어요.
겉보기에 아름다워 보여도 주변인들과 어울려 지내지 않는 삶이 과연 살아 있는 삶이라고 할 수 있을까요?

그림작가 정민영
ISBN 979-11-85847-35-1

허수아비의 비밀

들판에서 열심히 벼를 지키던 허수아비가 어느 날 무료한 나머지 그 동안 바라만 보던 산속으로 놀러갑니다. 숲속의 모든 것이 신기하기만 한 허수아비는 온종일 숲속을 돌아다니다 피곤해 숲속에서 잠이 듭니다. 잠에서 깬 허수아비는 부랴부랴 들판으로 달려가는데 들판의 곡식은 이미 참새들이 쑥대밭을 만들어버렸습니다. 다리에 힘이 풀려 들판에 주저앉았던 허수아비는 어떤 이유에선지 자리에서 일어나 천천히 원래 있던 곳으로 갑니다.

살다 보면 늘 잘하다가도 허수아비처럼 한 번쯤 실수하게 됩니다. 그 실수가 너무나 커서 돌이킬 수 없을지라도 거기서 모든 것이 끝나지는 않습니다. 삶은 계속되어야 하기 때문에. 그래서 그 실수를 인정하고 거기서부터 다시 시작하는 것도 커다란 용기일 수 있습니다.

그림작가 이초혜
ISBN 979-11-85847-03-0

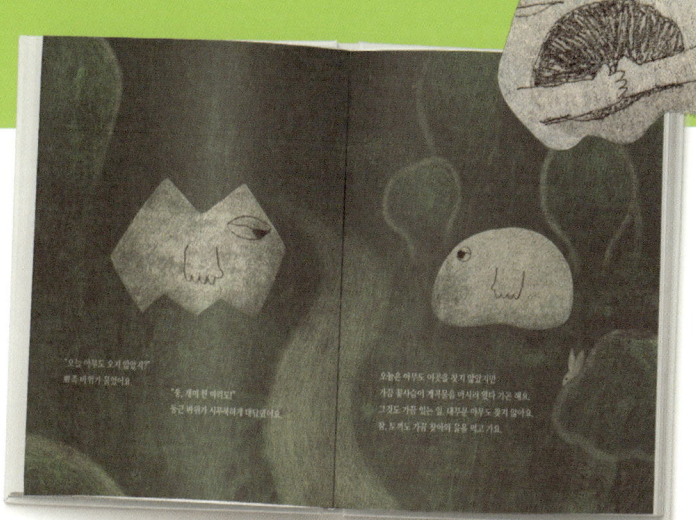

흔들바위의 비밀

지금은 세상에서 가장 재밌게 사는 흔들바위지만 흔들바위에게는 비밀이 있어요. 1만 년 전 흔들바위는 높은 산 숲속에서 살았어요. 하루 종일 기다려봐야 동물친구 하나가 올까말까 한 곳에서 말이죠. 그때 흔들바위의 이름은 뾰족바위였어요. 그런데 뾰족바위에게 무슨 일이 생겼어요. 그 일 이후 뾰족바위는 더 이상 가만히 지루함을 견디는 바위가 아니었지요. 자신을 흔들흔들 흔들어보고 재미있어 계속 흔드는 흔들바위가 되어 있었죠. 도대체 무슨 일이 있었던 걸까요?

그림작가 문승환
ISBN 979-11-85847-40-5

8. 엄마의 동물원

동물들을 통해 엄마가 아기와 함께 하고 싶은 것은 어떤 것일까요?

꿀벌의 비밀
소재 : 보기에 따라 / 키워드 : 관점

밍크고래의 비밀
소재 : 큰 물고기 / 키워드 : 후회

아기 북극곰의 비밀
소재 : 멸종동물 / 키워드 : 질서

애벌레의 비밀
소재 : 나비의 유년 / 키워드 : 희망

조개 눈물의 비밀
소재 : 고통 / 키워드 : 진주

꿀벌의 비밀

꿀 사냥을 처음 가는 봉봉이와 친구 방방이의 이야기입니다. 육각 벌집에서 대장 벌은 열심히 꿀을 모아 오라고 호통을 칩니다. 꿀 사냥이 처음인 봉봉이는 처음 나가는 꿀 사냥이 두렵습니다. 꿀을 따오지 못하면 무서운 대장 벌에게 혼날까 봐 걱정이 앞섭니다.
그때 친구 방방이가 걱정하지 말고 같이 나가자고 합니다. 둘이 꿀 사냥을 하고 돌아왔을 때 방방이는 꿀을 하나 가득, 봉봉이는 빈손으로 돌아옵니다. 둘이 같은 곳을 다녀왔는데 방방이는 꽃향기가 가득한 곳을, 봉봉이는 가시만 잔뜩 있는 곳을 다녀왔다고 합니다. 대장 벌과 친구 벌들은 봉봉이와 방방이가 어디를 다녀왔는지 도무지 알 수가 없었습니다.
두 벌 모두 거짓말을 하고 있지 않다는 것을 알게 된 벌들은 모두 그곳에 가보기로 합니다. 과연 누구의 말이 맞을까요?

그림작가 조명은
ISBN 979-11-85847-21-4

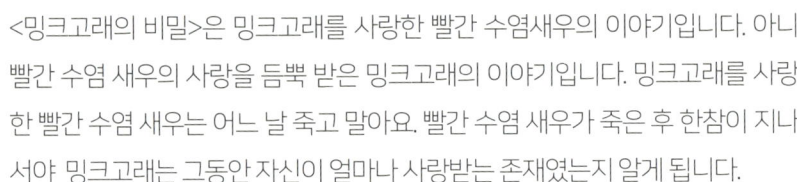

밍크고래의 비밀

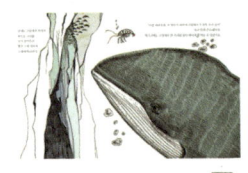

<밍크고래의 비밀>은 밍크고래를 사랑한 빨간 수염새우의 이야기입니다. 아니 빨간 수염 새우의 사랑을 듬뿍 받은 밍크고래의 이야기입니다. 밍크고래를 사랑한 빨간 수염 새우는 어느 날 죽고 말아요. 빨간 수염 새우가 죽은 후 한참이 지나서야 밍크고래는 그동안 자신이 얼마나 사랑받는 존재였는지 알게 됩니다.

이 글에 엄마는 나오지 않습니다. 그렇지만 아이에게 글을 읽어주다 엄마는 자신의 엄마를 떠올릴지도 모릅니다.

어렸을 때 엄마의 말을 통해 세상을 배우지만 자라면서 우리는 엄마가 하는 얘기는 그저 잔소리로 듣기 일쑤입니다. 어느 순간부터는 엄마가 말을 해도 듣는 둥 마는 둥 합니다. 그저 혼자 컸다고 생각하고 혼자 모든 걸 헤쳐나간다고 생각합니다. 심지어 엄마의 존재가 있는 것조차 잊기도 합니다. 돌아가시고 나서도 잠깐은 엄마가 생각나지 않을지도 모릅니다.

그러다 문득 외롭고 힘들 때, 서럽고 고달플 때 몹시 누군가를 그리워합니다. 바로 엄마입니다. 그제야 엄마가 자신이 얼마나 사랑받는 존재였는지 엄마가 자신을 얼마나 많이 사랑했는지 생각하게 됩니다.

그림작가 권호선
ISBN 979-11-85847-12-2

Chapter 9_그림 동화 소재 찾기 | 299

아기 북극곰의 비밀

기름이 가득 있는 찌그러진 깡통이 플라스틱 재활용 쓰레기통에 버려졌어요. 뒤이어 과일 쓰레기도 버려졌어요. 기름 깡통에서 검은 기름이 흘러나와 쓰레기통에 있던 쓰레기를 더럽혔어요.
재활용 공장으로 들어간 쓰레기통 안의 사물들은 검은 기름 때문에 재활용되지 못할까 봐 두려워하고, 찌그러진 깡통에서 나온 검은 기름은 하수구를 지나 바다로 흘러갔어요. 아기 북극곰이 사는 바다에도 검은 기름이 흘러가는데….

그림작가 손정희
ISBN 979-11-85847-07-8

애벌레의 비밀

알에서 깨어난 지 얼마 안 된 초록 애벌레와 노랑 애벌레는 친구입니다. 노랑 애벌레는 하루 종일 잎사귀만 먹는 건 진짜 사는 것이 아닐지도 모른다고 생각했습니다. 노랑 애벌레는 초록 애벌레가 비웃는데도 보라색 꽃이 있는 곳까지 올라가고 싶어 매일매일 그곳을 향해 갔어요. 그러던 어느 날 아침, 변함없이 잎사귀만 갉아먹고 있던 초록 애벌레의 머리 위로 날갯짓이 아름다운 노랑나비가 날아올랐어요. 왠지 낯설지 않은 노랑나비. 그동안 소식을 듣지 못했던 노랑 애벌레와는 어떤 관계가 있을까요?

그림작가 이윤영
ISBN 979-11-85847-04-7

조개 눈물의 비밀

<조개 눈물의 비밀>은 자신의 몸속에 들어와 아프게 찌르는 산호 조각을 밀어내지 않고 가슴으로 감싸안은 작은 조개의 이야기입니다. 어느 날 작은 조개의 몸속으로 산호 조각이 들어옵니다. 눈물을 흘리며 아파하던 작은 조개는 산호 조각을 가슴에 끌어안습니다. 작은 조개의 눈물을 먹으며 자란 산호 조각은 점점 작은 조개의 일부가 되었습니다. 그렇게 오랜 세월이 지난 어느 날 작은 조개는 모래 위에 올라왔습니다. 더 이상 숨을 쉬지 않지만 작은 조개의 몸속에서 반짝반짝 빛나는 보석이 나왔습니다. 작은 조개의 눈물을 먹고 자란 진주였죠. 진주는 세상 그 어느 것보다 아름다운 보석으로 다시 태어났습니다.
공방에서 보석함을 장식하는 나비로 다시 태어난 작은 조개는 진주로 다시 태어난 산호 조각을 그 후로도 오랫동안 안고 있었습니다.

그림작가 함초롬
ISBN 979-11-85847-16-0

9. 아빠의 동물원

아빠에게 아기는
어떤 존재일까요?
아빠는 어떤 마음으로
아이를 돌볼까요?

강아지 닥스훈트의 비밀
소재 : 반려동물 / 키워드 : 사랑

공룡 발자국의 비밀
소재 : 멸종 동물 / 키워드 : 결과

기린의 비밀
소재 : 긴 앞다리 / 키워드 : 고마움

까치집의 비밀
소재 : 넓은 날개 / 키워드 : 행복

독수리 수리수리의 비밀
소재 : 하늘의 제왕 / 키워드 : 도전

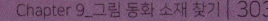

강아지 닥스훈트의 비밀

<강아지 닥스훈트의 비밀>은 이층집에 사는 강아지 닥스훈트와 맞은편 동물병원에 사는 강아지 이야기입니다. 이층집 강아지 닥스훈트를 통해 겉모습이 화려하다고 해서 그 뒤에 숨어 있는 삶이 무조건 행복하지는 않다는 것을 보여줍니다.

진정한 행복은 화려한 집과 물건에 있는 것이 아니라 사랑을 주고받고 함께 있어 주는 누군가가 있어야 하는 것은 아닐까요? 꽃을 사랑한다면서 꽃을 예뻐만 할 것이 아니라 물을 주는 것을 잊지 말아야 하잖아요. 강아지 닥스훈트의 이야기를 읽다 보면 사랑에는 책임이 뒤따른다는 것을 깨닫게 됩니다.

그림작가 위싱스타
ISBN 979-11-952655-4-1

공룡 발자국의 비밀

<공룡 발자국의 비밀>은 준비에 대해 이야기하고 있습니다. 지금은 발자국만 남아 있는 공룡들의 이야기이지요. 날이 따뜻해 먹을 것이 넘쳐나던 아주 오래전 공룡들은 하루하루 배부르고 걱정 없이 살았죠. 그때 바위 할아버지가 혹시 올지도 모를 추위에 대비하는 것이 좋다고 얘기했습니다. 그 이야기를 들은 어느 공룡이 말했죠. "어제 본 먹잇감이 그대로 있고 내일도 그대도 있을 텐데, 왜 겨울에 먹을 먹잇감을 준비해야 하냐"고요.
발자국들은 공룡의 얘기를 전해듣고는 한숨을 토해냈어요. 그리고 그 공룡이 어떻게 되었는지 발자국들은 보게 되었어요. 어떻게 되었을까요?

그림작가　장현진
ISBN　　　979-11-85847-31-3

기린의 비밀

기린은 앞다리가 길어 슬퍼요. 긴 앞다리 때문에 빨리 뛰지도 못하고 엎드려 물을 먹기도 힘들기 때문이지요.
만나는 친구들에게 불평을 하던 기린은 사자가 나타나자 자기도 모르게 발로 사자를 걷어차서 사자에게 부상을 입힙니다.
사자가 가장 무서워하는 것이 앞다리라니! 기린은 자랑스러운 자신의 앞다리를 다시 봅니다.

그림작가 권호선
ISBN 979-11-85847-08-5

까치집의 비밀

곧 태어날 아이를 기다리는 까치 부부의 이야기입니다. 까치 부부는 태어날 아이를 위해 집을 지으려고 합니다. 아기 까치를 위해 더 좋은 집은 어떤 집일까요? 화려하고 예쁜 집, 벽돌로 지은 튼튼한 집, 문도 있고 지붕도 있고 보일러도 있는 따뜻한 집?
까치 부부는 아기에게 필요한 집을 짓기 위해 집터를 찾고 집 지을 재료를 모으고 있습니다. 까치 부부가 지은 집은 어떤 집일까요?

그림작가 김지형
ISBN 979-11-85847-36-8

Chapter 9_그림 동화 소재 찾기 | 307

독수리 수리수리의
비밀

<독수리 수리수리의 비밀>은 마음에 품고 살아야 하는 커다란 꿈과 그 꿈을 이루기 위한 노력에 대해 말합니다. 눈에 보이지 않는 무형의 철학적 가치를 주인공 수리수리의 에피소드를 통해 아이들이 쉽게 이해할 수 있습니다. 어려운 철학책에서만 존재하던 가치들은 수리수리와 함께 하늘로 날아오릅니다. 과연 저 푸르고 높은 하늘에서 수리수리는 무엇을 보았을까요?

그림작가 최호준
ISBN 979-11-952655-1-0

10. 아빠의 공간

지금처럼
멋진 아빠가 되는 비결은
무엇일까요?

박물관의 비밀
소재 : 유물 / 키워드 : 미래

세탁소 드라이클리너의 비밀
소재 : 독불장군 / 키워드 : 외로움

시내버스의 비밀
소재 : 앉는 자리 / 키워드 : 양보

엘리베이터의 비밀
소재 : 승강기 / 키워드 : 꿈꾸기

여자 화장실의 비밀
소재 : 여자 / 키워드 : 남자

Chapter 9_그림 동화 소재 찾기 | 309

박물관의 비밀

박물관에 전시되어 있던 티라노사우루스, 오스트랄로 피테쿠스, 긴털 매머드 등은 자신이 더 이상 존재하지 않는다는 사실에 놀랍니다. 그리고 자신이 이곳에 존재하는 이유를 알고 싶어해요. 그러나 끝내 알아내지 못합니다. 다만 자신을 이곳에 만들어놓은 사람들도 언젠가는 멸종할 수 있다는 사실이 놀랍기만 합니다.
설마 공룡들이 걱정하는 일이 사람에게 일어나지는 않겠죠?

그림작가 백은주
ISBN 979-11-85847-02-3

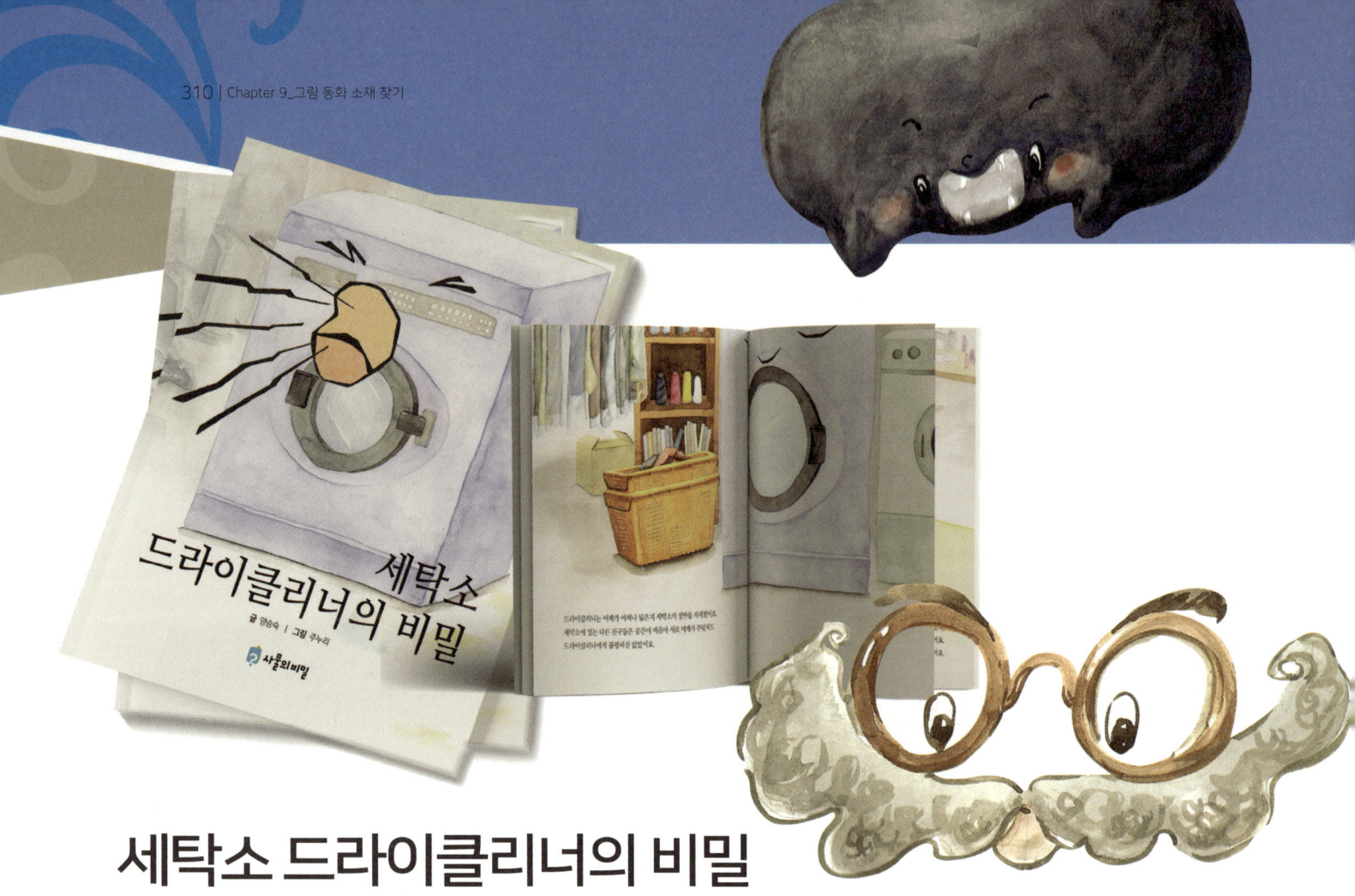

세탁소 드라이클리너의 비밀

세탁소에서 찾아 온 옷이 깨끗하게 보이는 이유는 드라이를 하고 나서 반듯하게 다리고 옷걸이에 걸려 있기 때문은 아닐까요? <세탁소 드라이클리너의 비밀>은 세탁소 안에서 일어난 일이에요. 세탁소 가면 가장 넓은 자리를 차지하고 있는 드라이클리너가 가장 먼저 눈에 띕니다. 집에서 세탁이 어려운 얼룩이나 가죽 재킷 등도 세탁소의 드라이클리너가 빨면 새것처럼 되지요. 그래서 늘 드라이클리너가 대단하다고 생각했습니다.

그런데 가끔 세탁소에 찾아 온 옷을 보면 드라이클리너가 세탁을 잘해서 새것이 된 것이라기보다 다림질이 잘 돼서 새것 같다는 생각이 들 때도 있습니다. 생각해보면 옷이 깨끗해 보이는 이유는 드라이클리너 하나 때문이 아니라 다리미, 옷걸이 등 다양한 이유 때문이지요. 세탁소 드라이클리너는 이 사실을 인정하지 않으려고 합니다. 세탁소 드라이클리너에게 어떤 일이 생길까요?

그림작가   주누리
ISBN   979-11-85847-13-9

시내버스의 비밀

더운 여름날 시내버스 안. 달걀을 프라이로 만들 만큼 더운 날 시내버스 안의 의자는 햇볕이 너무 따가워 괴로워합니다. 그러다 더위에 지친 책가방이 올라타자 좋아합니다.

그것도 잠시 책가방과 의자는 갑자기 버스가 멈추는 바람에 흠칫 놀라지요. 의자 앞에 있던 지팡이가 넘어지려고 합니다. 그때 힘들고 지쳐 있던 책가방은 고민합니다. 지팡이가 더 힘들어 보였기 때문이지요. 책가방은 갈등합니다. 지팡이에게 자리를 내주어야 하나 말아야 하나?

버스 창문에 달라붙은 플라타너스 나뭇잎도 버스 의자도 책가방에게 무어라 얘기합니다. 책가방에게 무슨 얘기를 한 걸까요? 그리고 책가방은 어떻게 행동했을까요?

그림작가 여창호
ISBN 979-11-85847-24-5

엘리베이터의 비밀

엘리베이터의 희망에 관한 이야기입니다. 매일 1층에서 21층을 오르내리는 엘리베이터에 관한 이야기입니다.

10년을 한결같이 오르락내리락하던 엘리베이터는 어느 날 문득 꿈을 꿉니다. 미래로 가는 버튼, 과거로 가는 버튼, 바다로 가는 버튼 등 지금과는 다른 버튼이 있는 자기 모습을 말이죠. 그리고 언젠가는 그 꿈을 이룰 거라고 믿어요. 엘리베이터의 꿈은 정말 이루어질 수 있을까요? 엘리베이터는 어려운 것을 꾸는 것이야말로 진짜 꿈이라고 믿고 있어요. 기다리면 오는 버스처럼 그저 다가오는 미래를 꿈이라고 하진 않잖아요.

그림작가 정진영
ISBN 979-11-85847-26-9

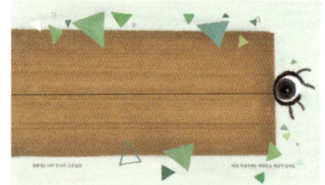

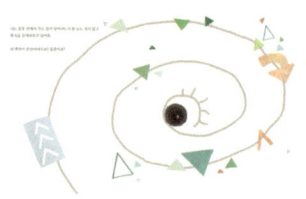

여자 화장실의 비밀

남자 화장실에 있는 변기와 뚜러뻥, 그리고 벽에 붙어 있는 타일이 나오는 이야기예요.

남자 화장실을 깨끗하게 하는 데 온힘을 다하는 타일은 뚜러뻥에게 어제 여자 화장실에 갔다 온 얘기를 물어요. 그곳이 이곳처럼 깨끗한지를. 뚜러뻥은 이곳과 그곳은 많이 다르다고 얘기해요. 소변기가 다르다고요. 여자 화장실엔 소변기가 없다고 하자 남자 화장실의 친구들은 모두 놀라요. 왜 소변기가 없지? 그럼 소변은 어디에다 하지? 모두들 궁금한 게 많았어요. 뚜러뻥은 어제 다녀온 여자 화장실의 얘기를 해줘요.

여자 화장실은 어떤 곳일까요? 남자 화장실과 어떤 게 다른 걸까요? 그리고 왜 다른 걸까요?

그림작가 김지영
ISBN 979-11-85847-27-6

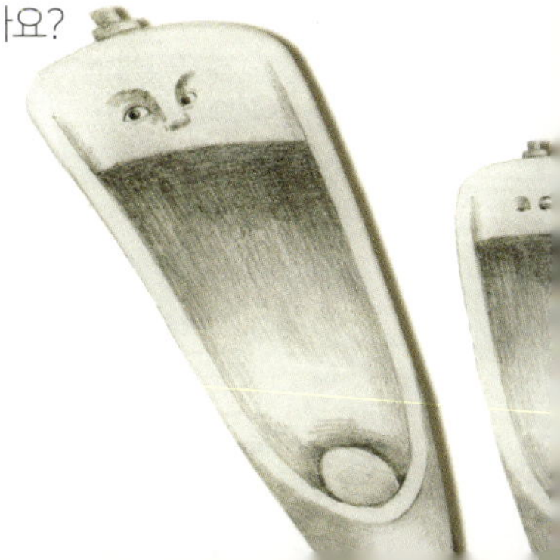

2장 그림은 끝났지만, 이야기는 계속된다

아주 어릴 때 엄마 무릎을 베고 잠들었던 기억이 납니다. 잠결에 들었지만 엄마의 흥얼거리는 노랫소리와 함께 '세상에는 재미있고 신기한 비밀이 많단다. 인생은 그 비밀을 알아가는 과정이야'라시던 말씀이 어렴풋이 기억납니다.

엄마는 인생의 신비와 비밀에 대해 자주 들려주었습니다. 하지만 엄마는 그 비밀을 다 알려주진 않았습니다. 그 비밀을 한창 알아가던 40대 중반, 그러니까 제 아이가 세 살 무렵 저는 큰 병에 걸렸습니다. 앞에서 말씀드린 것처럼 늦은 나이에 힘들게 얻은 아이였습니다. 항암 치료를 하면서 덜컥 겁이 나더군요. 만약 엄마 없이 아이가 자란다면 아이는 앞으로 어떻게 세상을 살아갈 수 있을까, 엄마와 함께 한 일상을 좀 더 오래 기억하게 할 수는 없을까. 그런 고민으로 쓰고 시작한 이야기가 <사물의 비밀>입니다.

사물들의 의인화를 통해 미처 발견하지 못한 인생의 소중한 가치를 발견했으면 하는 마음으로 적어 내려간 것 같습니다.

<사물의 비밀>은 아이의 주변에 존재하는 사물들을 의인화해 복잡하고 지친 삶 속에서 우리가 미처 발견하지 못한 인생의 소중한 가치를 그리고 있습니다. 보잘 것없거나 늘 그 자리에 있는 사물이지만 제각각 소중한 의미를 간직하고 있으며, 저마다 흥미로운 이야기를 품고 있습니다. 제 아이만을 위해 썼던 <사물의 비밀> 이야기를 출간하고 공개하게 된 이유가 있습니다.

우리 아이들은 언젠가부터 걸음마를 떼자마자 스스로에 대한 '자존감', 친구에 대

한 '공감', 타인을 위한 '배려', 생명에 대한 '존중' 같은 가치를 배우기도 전에 각종 사교육에 길들어지기 시작해 초등학교에 진학하면서 본격적으로 경쟁을 함으로써 삶을 배우고 있습니다. 이러한 경쟁 속에 삶의 아름다움, 경이로움, 호기심은 뒷전으로 밀려나 있는 것 같습니다. 경쟁을 통해 자신이 원하는 위치에 도달하면 삶의 아름다움과 경이로움, 행복감이 밀려올까요? 고민해 보았습니다. 그리고 경쟁으로 가는 이 순간에도 우리 아이들이 즐겁고 행복하고 감성이 충만했으면 하는 마음으로 <사물의 비밀>을 공개했습니다.

<사물의 비밀>에 호기심을 갖고 책을 읽는 동안 아이가 자존감과 인간관계의 즐거움, 미래에 대한 호기심과 희망을 찾길 바랐습니다. 책을 통해 점점 더 심해지는 경쟁 속에서 살아가는 아이들이 스스로에 대한 자존감과 바른 인성, 올바른 가치관을 바탕으로 건강하고 튼튼한 사회인으로 성장하리라 믿으면서 말입니다.

이런 분들께 추천 드립니다.

01. AI가 처음인 분 | AI 사용 경험이 없어 처음부터 차근차근 배우실 분
02. 한 두 번 써보신 분 | AI 활용을 제대로 못하고 있지만 고퀄리티 콘텐츠를 만들고 싶은 분
03. 실무에 활용하고 싶으신분 | 직장인, 사업가로 실무에 바로 적용 가능한 AI 노하우를 알고 싶은 분
04. 커리어를 쌓고 싶은 분 | 새로운 시대, 나의 커리어를 위해 포트폴리오를 만들고 싶은 분
05. 부수입을 얻고 싶은 분 | 굿즈 제작, 콘텐츠 제작 등으로 N잡, 부 캐릭터로 수익화 하고 싶은 분
06. 전문가가 되고 싶으신 분 | 글쓰기, 그림에 관심이 있어 AI를 활용해 작가가 되고 싶은 분